掌尚文化

Culture is Future

尚文化·掌天下

聊城大学学术著作出版基金

聊城大学黄河学研究院

RESEARCH REPORT

ON HIGH-QUALITY DEVELOPMENT OF INDUSTRIES

IN THE YELLOW RIVER BASIN(2023)

黄河流域高质量发展丛书

黄河流域
产业高质量发展研究报告
2023

黄河流域产业质量指数研究课题组　著

经济管理出版社
ECONOMY & MANAGEMENT PUBLISHING HOUSE

图书在版编目（CIP）数据

黄河流域产业高质量发展研究报告. 2023 / 黄河流域产业质量指数研究课题组著. -- 北京：经济管理出版社，2024. 6. -- ISBN 978-7-5096-9752-8

Ⅰ. F269.2

中国国家版本馆 CIP 数据核字第 2024DV2201 号

组稿编辑：张　昕
责任编辑：张　昕　范美琴
责任印制：张莉琼
责任校对：蔡晓臻

出版发行：经济管理出版社
　　　　　（北京市海淀区北蜂窝 8 号中雅大厦 A 座 11 层　100038）
网　　址：www.E-mp.com.cn
电　　话：(010) 51915602
印　　刷：唐山昊达印刷有限公司
经　　销：新华书店
开　　本：720mm×1000mm/16
印　　张：15.5
字　　数：292 千字
版　　次：2024 年 7 月第 1 版　　2024 年 7 月第 1 次印刷
书　　号：ISBN 978-7-5096-9752-8
定　　价：98.00 元

编撰指导委员会

前　言

　　黄河流域是我国重要的生态屏障和重要的经济地带，黄河流域生态保护和高质量发展是重大国家战略。党的十八大以来，习近平总书记多次考察黄河流域生态保护和经济社会发展情况，强调要"共同抓好大保护，协同推进大治理"，"让黄河成为造福人民的幸福河"。加强黄河治理保护，促进全域高质量发展，有助于建设现代化产业体系，全面推进乡村振兴，促进区域协调发展，加速全面建成社会主义现代化强国进程。

　　高质量发展有三方面内涵。从企业经营层面理解，高质量发展包括一流竞争力、质量的可靠性与持续创新、品牌的影响力，以及先进的质量管理理念与方法等。从产业层面理解，高质量发展是指产业布局优化、结构合理，不断实现转型升级，并显著提升产业发展的效益。从宏观层面理解，高质量发展是指经济增长稳定，区域城乡发展均衡，以创新为动力实现绿色发展，让经济发展成果更多、更公平地惠及全体人民。

　　黄河流域人口占全国总人口的30%以上，地区生产总值约占全国的1/4，在我国经济社会发展中的地位十分重要。但是黄河流域传统产业转型升级步伐滞后，内生动力不足。因此，实现黄河流域产业高质量发展意义重大。这是践行"绿水青山就是金山银山"理念、防范和化解生态安全风险、建设美丽中国的现实需要，是强化全流域协同合作、缩小南北方发展差距、促进民生改善的战略需要，是解放思想观念、充分发挥市场机制作用、激发市场主体活力和创造力的内在需要。

　　本书以黄河流域产业为研究对象，但不失一般性，评价体系、评价方法适用于长江流域、环渤海地区、省、市等评价对象。

　　黄河流域产业高质量发展水平可以用产业高质量发展指数进行测度。产业高质量发展指数构建的合理与否，直接关系到对产业高质量发展水平的测度是否准确。产业高质量发展指数的构建至少涉及以下三个方面的问题：

一是如何选择黄河流域产业高质量发展指标体系。单个指标与高质量发展的相关关系最强，其组成的一组指标与高质量发展的相关关系不一定最强，这与指标间的相关性等因素有关。选择的指标太少，则无法准确地表征高质量发展水平；选择的指标太多，则会出现指标冗余、计算时间过长等问题。这就是指标选择的问题。

二是如何对黄河流域产业高质量发展指标进行赋权。相同的指标若权重不同，其评价结果也会大相径庭。只有把对产业高质量发展影响大的指标赋予较大的权重，整个评价体系才会更好地对产业的高质量发展水平进行评价。这就是指标赋权的原理和标准。

三是如何构建黄河流域产业高质量发展指数。产业高质量发展指数涉及农业、工业、服务业及资源环境四个方面。现有的指数构建方法较多，如加权平均法、等权重法、因子加权法等。不同的计算方法会得到不同的指数值，其中肯定有一个是符合黄河流域产业高质量发展的指数。这就是指数构建的原理。

黄河流域产业高质量发展指数通过数据分析方法，挖掘农业、工业、服务业及资源环境的发展质量特征和规律，对黄河流域地级市、省（区）、上中下游地区的高质量发展水平进行测定。

本书通过一系列的数据分析方法、技术，向读者展示了黄河流域产业高质量发展指数构建的原理、模型和过程，旨在对黄河流域产业高质量发展水平进行分析。

黄河流域产业高质量发展研究的难点是，如何挖掘数据背后真实的产业发展规律，探究产业高质量发展水平与指标、权重之间的关联关系。本书围绕指标遴选、指标赋权、高质量发展指数构建等关键环节，系统地阐述了如何利用数据分析的方法构建产业高质量发展指数。

本书共七章，包括农业、工业、服务业及资源环境四个方面的高质量发展指数。

第一章是绪论，包括问题提出，指数编制的原理，黄河流域产业、资源环境特点，研究背景及意义，研究方法与模型，主要工作及框架。

第二章是研究进展，包括黄河流域农业高质量发展研究现状，黄河流域工业高质量发展研究现状，黄河流域服务业高质量发展研究现状，黄河流域资源环境高质量发展研究现状，研究视角、方法对比，文献评述与展望。

第三章是黄河流域产业发展现状，包括产业发展现状、生态环境现状、资源禀赋现状、文化发展现状、科技发展现状。

第四章至第七章介绍了黄河流域农业、工业、服务业高质量发展评价与时空分异以及资源环境承载力评价与时空分异，包括内容提要、行业和资源环境高质量发展基本理论、数据来源及预处理、实证结果、结论。

本书在黄河流域研究现状、发展现状分析的基础上，通过数据分析的方法，对以下三个主要内容进行研究：

（1）构建了能够评价产业高质量发展的指标体系。通过文献梳理、专家访谈、实地调研等方式获得了四套黄河流域产业高质量发展指标体系。产业高质量发展指数以创新、协调、绿色、开放、共享五大发展理念为基础，农业包括农业经济增长率、产业结构调整指数、外贸依存度等 16 个指标；工业包括 R&D 经费投入、固定资产投资占比、单位工业产值能耗等 15 个指标；服务业基于第三产业增加值和第三产业从业人员人数数据，选择劳动生产率作为衡量服务业高质量发展的指标；资源环境包括人均土地面积、人均能源消耗、单位 GDP 耗电量等 13 个指标。

（2）确定了每个指标的权重。一是针对传统熵值法只能对横截面数据进行综合评价，无法对不同年份的横截面数据进行纵向对比的不足，运用全局熵值法为指标体系确定权重；二是运用解决多目标复杂问题的定性和定量相结合计算决策权重的研究方法——层次分析法确定指标的权重；三是考虑到熵值法的客观性和层次分析法的主观性，为了更好地测度黄河流域农业高质量发展水平，采用最小相对熵的方法确定组合权重。

（3）构建了产业高质量发展指数。在组合赋权获得指标权重的基础上，通过指标的加权和，对沿黄流域 76 个地级市的产业高质量发展指数进行测定，从而获得了农业、工业、服务业和资源环境的高质量发展指数，并对其进行了总体评价、区位评价、时间变化等分析，以期从多个角度对黄河流域产业高质量发展进行评价。

本书的主要特色包括：①研究范围方面，由于黄河流域经四川省内只有两个州，且其地域情况较为特殊，故考察了除四川省外的黄河流域八省（区）76 个地级市的农业高质量发展水平；②研究方法方面，借助熵值法与层次分析法对指标体系进行组合赋权，测度黄河流域产业高质量发展水平；③研究视角方面，从整体、区位、时序变化等角度考察黄河流域产业高质量发展水平时空分布格局，并进行区域差异分析。

本书是关于黄河流域产业高质量发展的报告。黄河流域产业高质量发展指数丰富了黄河流域生态保护和高质量发展的理论内涵，为黄河流域发展实践提供了强有力的智力支持，为推动我国黄河流域生态保护和高质量发展提供了一定的理论参考和决策依据，开创了黄河流域生态保护和高质量发展新局面。

本书是黄河流域产业质量指数研究课题组集体智慧的结晶。编制团队讨论确定理论分析框架，构建指标体系，收集整理数据，确定指标权重，测算产业高质量发展指数，反复讨论完善，最终形成本书，力图为推动我国黄河流域生态保护和产业高质量发展提供一定的理论参考和决策依据。

在本书编制过程中，聊城大学和相关处室给予了大力支持，国内黄河流域相关研究机构和专家学者给予了指导帮助，团队成员付出了辛勤努力。在此，对关心与支持《黄河流域产业高质量发展研究报告（2023）》编制工作的各位领导、专家学者和团队成员表示衷心感谢！

感谢聊城大学学术著作出版基金、聊城大学黄河学研究院对我们团队研究黄河流域产业高质量发展的资助。

经济管理出版社编辑就本书内容的表述提出了很多宝贵的意见，谨致谢忱。

本书的读者对象可以是与产业高质量发展相关的科研、管理及教学人员，以及经济学、管理学、生态学等专业的师生，也可以是对黄河发展感兴趣的读者。

尽管我们付出了艰苦的努力，但由于著者的学识水平所限，书中难免存在疏漏与不当之处，敬请读者批评指正。

黄河流域产业质量指数课题组
2023 年 5 月

目　　录

第一章　绪　论

第一节　问题提出

黄河流域生态保护和高质量发展是重大国家战略，是事关中华民族伟大复兴的千秋大计。习近平总书记强调要共同抓好大保护，协同推进大治理，着力加强生态保护治理、保障黄河长治久安、促进全流域高质量发展、改善人民群众生活、保护传承弘扬黄河文化，让黄河成为造福人民的幸福河。因此，如何实现黄河流域生态保护和高质量发展这一时代问题逐渐成为学者研究的焦点。

广阔且平坦的土地、多样化的生态类型、丰富的能源资源与化工原材料等优势是黄河流域成为我国粮食生产核心区、生态屏障及能源富集区的重要因素。同时，黄河流域也已成为全国规模最大的农业与工业等基础产业基地。2021年10月，中共中央、国务院印发《黄河流域生态保护和高质量发展规划纲要》，明确提出"因地制宜发展现代农业服务业"，还指出黄河流域还存在高质量发展不充分的机遇挑战，如沿黄各省（区）产业倚能倚重、低质低效问题突出，以能源化工、原材料、农牧业等为主导的特征明显，缺乏有较强竞争力的新兴产业集群。黄河流域的高质量发展离不开产业发展的支撑。为实现黄河流域生态保护和高质量发展的国家战略需紧抓农业、工业、服务业及资源环境四个方面，探究其发展现状与存在的问题，多方面、多角度地解决问题，进而促进黄河流域产业实现高质量发展。

黄河流域作为保障我国生态安全与促进经济高质量增长的一条重要保护带和经济带，在推动我国经济实现高质量发展中起着至关重要的作用，但目前仍存在一些较为突出的问题。一方面黄河流域有一半以上的城市为资源型城市，长期以自然资源开采和加工为主导产业，在资源开采的过程中水资源开发利用率较高，造成了水源涵养功能弱化、水土流失严重等生态问题。在黄河水资源总量不到长江7%的背景下，黄河流域总体呈现出水资源总量和人均占有量较少的态势，水资源短缺问题突出，而水资源利用粗放、农业与工业用水效率偏低又加剧了水资源匮乏的严峻形势。2018~2022年黄河流域劣Ⅴ类水质断面占比从12.4%下降至3.4%，虽有所进步，但与无劣Ⅴ类水质断面的长江流域相比，仍存在化工、钢铁与有色冶金等重化工业发展粗放，推行城镇化时未重视保护城市水环境，以及农业面源污染等问题，致使黄河流域水环境污染严重和水治理任务繁重。黄河流域存在的这些水资源问题是该流域在实现高质量发展过程中面临的巨大压力来源之一，亟须通过产业调整、借助产业高质量发展助推问题的缓解。另一方面黄河流域传统重化工产业占主导地位，展露出了产业结构不合理的现状，具体表现为第三产业发展水平严重落后于其他区域。这一问题令经济长期处于利用资源效率低下的粗放型发展阶段，不利于经济高质量发展。近些年，黄河流域部分城市产业结构仍不合理，其第三产业比重在产业结构中虽有缓慢增长，但由于第三产业发展水平低、时间短、在黄河流域占比小，仍未实质性地转变落后的产业结构，产业结构未得到升级转变，存在发展不合理的问题。2020年，黄河流域第三产业比重还处于较低的水平，仅为51.2%，低于全国平均水平。总体而言，黄河流域大部分城市产业倚能倚重、低质低效与发展落后问题仍存在，以能源化工、原材料、农牧业等为主导的特征明显，缺乏有较强竞争力的新兴产业集群，存在产业升级改造及新产业、新业态发展壮大缺乏强大动力驱动，产业提升机制不完善，相关技术人才稀缺等诸多障碍因素，导致了黄河流域产业结构失衡、资源利用粗放、生态环境日益恶化及经济增长缓慢等一系列问题，严重阻碍了黄河流域产业高质量发展。

目前，黄河流域基础产业已得到较大的提升，但仍面临上述诸多问题，产业竞争力亟待通过质量升级得以加强。因此，本书基于创新、协调、绿色、开放、共享五大发展理念，以"农业、制造业、服务业、资源环境"四个方面为切入点，研究黄河流域各个产业质量升级的理论模型、路径与对策，对推进供给侧结构性改革，推动黄河流域实现生态保护与高质量发展，保持经济中高速增长具有重要现实意义。

第二节 指数编制的原理

一、概念界定

1. 高质量发展

高质量发展是指能够满足人民日益增长的美好生活需要的发展，核心内涵是能够充分展现创新、协调、绿色、开放、共享组成的五大新发展理念（赵涛等，2020），涉及社会经济各个领域，是生产要素投入少、经济社会效益好、资源环境成本低、资源配置效率高的发展。经济高质量发展实现了从关注经济发展速度到重视发展质量和效益的变化，以及由增长到发展的转变。经济发展的速度与质量是对立统一的，没有一定的发展速度作为基础，就难以提升发展的质量。高质量发展既要关注经济发展的"量"，也要重视发展的"质"，具有四大显著特征：一是由重视经济发展规模和增长的过程转变为重视经济增长的结果及其带来的效益；二是由聚焦经济增长这个单一维度转变为聚焦生态环境保护、经济发展质量等多个维度；三是由片面关注能够实现高增长的产业转向关注产业协同发展与构建现代化产业体系；四是由强调经济增长的要素投入转向强调提升投入要素的生产率和实现要素的优化配置。

黄河流域高质量发展的基本内容：一是坚持新发展理念，构建新发展格局。坚持以供给侧结构性改革为主线，准确把握"重在保护、要在治理"的战略要求，将黄河流域生态保护和高质量发展作为事关中华民族伟大复兴的千秋大计，统筹推进山水林田湖草沙综合治理、系统治理、源头治理，着力保障黄河长治久安，改善黄河流域生态环境，优化水资源配置，促进全流域高质量发展，改善人民群众生活，保护、传承、弘扬黄河文化，让黄河成为造福人民的幸福河。二是坚持生态优先、绿色发展。牢固树立"绿水青山就是金山银山"的理念，顺应自然、尊重规律，从过度干预、过度利用向自然修复、休养生息转变，改变黄河流域生态脆弱现状；优化国土空间格局，重点保护好生态功能区生态环境，不盲目追求经济总量；调整区域产业布局，把经济活动限定在资源环境可承受范围内；发展新兴产业，推动清洁生产，坚定走绿色、可持续的高质量发展之路。

三是坚持因地制宜、分类施策。黄河流域上中下游地区自然条件千差万别，生态建设重点各有不同，要提高政策和工程措施的针对性、有效性，分区分类推进保护和治理；从各地实际出发，宜粮则粮、宜农则农、宜工则工、宜商则商，做强粮食和能源基地，因地施策促进特色产业发展，培育经济增长极，打造开放枢纽，带动全流域高质量发展。四是坚持量水而行、节水优先。把水资源作为最大的刚性约束，坚持以水定城、以水定地、以水定人、以水定产，合理规划人口、城市和产业发展；统筹优化生产、生活、生态用水结构，深化用水制度改革，用市场手段倒逼水资源节约集约利用，推动用水方式由粗放低效向节约集约转变。

2. 产业高质量发展指数

农业高质量发展指数以五大发展理念为基础，从创新、协调、绿色、开放与共享五个维度作为选取指标。创新包括农业经济增长率、农业机械化水平、农业劳动生产率、土地生产效率和单位面积粮食产量五个指标；协调包括产业结构调整指数、农林牧渔服务业占比和粮食作物播种面积占比三个指标；绿色包括绿地覆盖率、万元农业 GDP 耗电量和化肥施用强度三个指标；开放包括单位产值农业保险、劳动力非农就业两个指标；共享包括农村恩格尔系数、城乡收入比和城镇化率三个指标。借助组合赋权法计算得到指标的综合权重依次为 0.032、0.036、0.125、0.167、0.069、0.054、0.034、0.030、0.043、0.174、0.035、0.012、0.089、0.027、0.040、0.033。由此编制出黄河流域 76 个地级市农业高质量发展指数并进行综合评价，可见创新和绿色是黄河流域农业高质量发展的关键因素。

工业高质量发展指数以创新、协调、绿色、开放、共享五大发展理念为基础，并将其作为一级指标。创新包括工业企业 R&D 经费投入强度、R&D 人员投入强度与人均专利拥有量三个指标；协调包括工业投资效果指数、电子商务发展程度与固定资产投资占比三个指标；绿色包括单位工业增加值能耗、工业二氧化硫排放强度与绿地覆盖程度三个指标；开放包括工业进出口情况、利用外资程度与外资企业产值贡献度三个指标；共享包括在岗职工平均工资、劳动者报酬占工业增加值比重与全员劳动生产率三个指标。利用组合赋权法计算各个三级指标的综合权重依次为 0.162、0.108、0.083、0.056、0.042、0.081、0.077、0.047、0.011、0.062、0.047、0.068、0.086、0.042、0.029，可见创新维度是影响黄河流域工业能否实现高质量发展的至关重要的因素。

服务业高质量发展是能够有效适应、创造和引领市场需求，凸显创新、协调、绿色、开放、共享发展理念的系统性、整体性和协同性的发展，因此黄河流域服务业高质量发展指数以创新、协调、绿色、开放、共享五大发展理念为基础，并考虑统计的科学性和口径的一致性及数据的可获得性。本部分利用第三产业增加值和第三产业从业人员数量两个指标，选择服务业劳动生产率作为衡量服务业高质量发展的代理指标，通过编制黄河流域服务业高质量发展指数得出，山东省服务业高质量发展指数最高，河南省其次，且两省为服务业发展提供了坚实基础；甘肃省与内蒙古自治区服务业高质量发展指数较低，未能为服务业高质量发展提供良好的基础条件。

黄河流域是我国重要的水资源分布区、能源富集区和粮食生产核心区，是"水—能源—粮食"相互依存、耦合协调和复杂关联的特殊空间载体。基于此，本书所构建的资源环境承载力评价指标体系，将资源禀赋的重点放在了粮食产量、农作物播种面积上，将资源利用的重点放在了水资源的利用上。因此，本部分以资源禀赋、资源利用、环境压力、环境治理为二级指标构建资源环境承载力评价指标体系。在资源禀赋维度中，包括人均土地面积、人均粮食产量与人均农作物播种面积三个指标；在资源利用维度中，包括人均能源消耗量、居民人均生活用水量与居民人均生活用电量三个指标；在环境压力维度中，包括万元 GDP 废水排放量、单位 GDP 耗电量、万元 GDP 二氧化硫排放量与化肥施用强度四个指标；在环境治理维度中，包括绿地覆盖面积污水处理厂集中处理率、生活垃圾无害化处理率两个指标。采用组合赋权法计算出各个三级指标的综合权重依次为 0.051、0.016、0.014、0.125、0.074、0.086、0.085、0.079、0.089、0.099、0.068、0.108、0.107，表明环境压力与环境治理是衡量黄河流域资源环境高质量发展的核心要素。

二、指数编制原则

在编制指数时应遵循的一般原则主要包括客观性、可比性、科学性、可操作性、灵活性和实用性、反映黄河流域产业状况、系统性与层次性等原则，这些原则是指数编制的基础，必须严格遵循，以保证指数准确性和可靠性，更好地高质量发展体现出流域产业发展现状与存在的问题。

（1）客观性是指指数体系编制应以客观事实为依据，不能受个人意见的影响，尤其要保证指数的关键参数不易被人为操纵，以保证其准确性和可靠性。与此同时，指数编制应尽量做到简单、实用、客观和易于理解，并能够运用组合赋权法来计算指数，以达到与发布的指数相比较的目的。

（2）可比性是指指数体系编制应能够让不同时期、不同地区的指数相互比较，为经济社会发展提供可靠的参照。同时，应将样本选择原则、指数计算公式、指标选取标准、编制指数采用的研究方法与研究思路等公开发布，便于研究者进行验证与对比。

（3）科学性是指编制从经济高质量发展的科学内涵出发，指标概念必须明确，能够反映高质量发展的基本特征。指数编制应以科学的方法和技术进行，以保证其准确性和可靠性。此外，指数必须保持稳定，不能频繁改变，且指数的所有变更应简单易懂和可测，并根据经济的变化进行修正，以更加科学、准确地反映黄河流域产业发展状况。

（4）可操作性是指指数编制应能够方便用户使用，以满足不同类型用户的需求。

（5）灵活性和实用性是指指数体系编制应能够根据实际情况及时调整，在实践中可以接受学术界评判，既能反映产业高质量发展相关时间段的百分比变化，也能反映出不同产业结构的变化，以满足经济社会发展的需要。

（6）反映黄河流域产业状况原则。指数体系编制应既能反映和揭示黄河流域产业运行和发展的总体特征，也能反映黄河流域农业、制造业、服务业与资源环境四个方面具体的发展状况，以便明晰黄河流域产业高质量发展存在的不足与能够改进的地方，加快实现黄河流域产业高质量发展的目标。

（7）系统性与层次性。指标体系要系统而全面，能够从农业、制造业、服务业与资源环境四个领域的经济、社会和环境等方面表征高质量发展的状况。另外，经济高质量发展涵盖经济增长、社会生活和环境质量这三方面内容，每一个方面都要用不同的分指标去衡量，具有一定的层次性。

第三节　黄河流域产业、资源环境特点

1. 农业方面的特点

黄河流域拥有自然人文资源、农业产业特色突出与农村发展动能持续增强等优势，也存在农业用水效率与耕地综合生产力偏低、农业基础设施薄弱、农业面源污染形势较严峻、农业标准化生产水平较低与农产品附加值低等弱势。

农业发展存在三点优势。首先,自然人文资源优势明显。一是黄河流域气候条件优越,光照充足,雨热同期,适宜农作物生长。二是流域内耕地资源丰富,2020 年黄河流域总耕地面积 3.82 亿亩,占全国耕地面积的 19.9%,其中灌溉面积 1.23 亿亩,占全国灌溉面积的 11.8%,高于全国平均值,上游河套平原、中游汾渭盆地与下游引黄灌区等是我国重要的粮食生产基地(方琳娜等,2021)。三是黄河流域文化底蕴深厚,是中国最早进入农耕文明的区域,休闲旅游资源丰富,有利于发展休闲农业,拓展农业多功能性。其次,农业产业特色突出。一是黄河经过多次治理,流域内农业发展同工业建设齐头并进,生产和管理手段进步更新,孕育出黄河流域上中下游地区与农业、牧业、林业和渔业等五十多类特色产业区(李嘉豪等,2022)。二是黄河流域因其上中游多支流、下游地上河的特性及地形、气候等因素的影响,整体呈现出上游畜牧、中下游种植的空间发展特征,能有效对黄河流域的相关资源进行合理的配置,充分利用好资源禀赋。三是受益于各类惠农政策的贯彻落实和优秀的农业基因,黄河流域坚持培育发展特色农业,已形成蔬菜、粮食、畜牧、苗木、果品、水产、加工七大优势产业集群。加之国家多年的帮扶政策,黄河流域的特色农业在整个区域构建了鲜明的区域化格局,各地区均孕育出了具有地域特色的优势农产品。四是农业的产业结构经过多年的发展和调整规划已初显成效,全域形成了以粮食、蔬果、畜牧三大优势产业为主,以苗木、水产、加工等其他产业为辅的农业业态。最后,农村发展动能持续增强。黄河流域内农村集体产权制度改革顺利推进,新型农业经营主体快速成长,农村人居环境明显改善,农家乐、高科技农业、"互联网+"农业等新业态、新模式不断创新,农村发展动能持续增强。

农业发展存在一定的缺陷。第一,农业用水效率与耕地综合生产力偏低。根据赛迪智库《促进黄河流域节水的四点建议》,2018 年黄河流域总用水量达到 1271 亿立方米,比 2005 年增长 9.4%,水资源开发利用率高达 80%,已经远超国际公认的 40%警戒线。其中,农业用水总量为 815.9 亿立方米,占总用水量的 64.19%,超过全国平均水平。山西、青海、内蒙古和宁夏的灌溉水有效利用系数分别为 0.543、0.499、0.543 和 0.535,低于全国平均水平(0.554)。上游地区引黄灌溉用水粗放、大水漫灌等现象较为普遍,导致农业用水量大,农业用水效率偏低。另外,《2019 年全国耕地质量等级情况公报》显示,黄河流域内耕地质量等级主要为 4~6 级,中等质量耕地比例较大,部分区域耕地地力退化,土层浅薄，肥力低，产量低，相对效益差，耕地综合生产力有待提升。第二，农业基础设施薄弱，农业面源污染形势较严峻。黄河流域部分区域农业基础设施薄弱、标准低、配套性差，农田基础设施陈旧，灌溉渠道长期失修，水利设施投入不足，老化率高，抵御自然灾害能力较差；部分区域立地条件较差，山高坡陡，田块小，不利于机械化操作。在环境方面，长期以来的粗放式经营导致黄河流域农业化学品使用量较大。2019 年黄河流域农用化肥施用量占全国化肥施用量的35.9%。同时，农业生产中使用的地膜、农药包装、种子包装等农用废弃塑料产生量大且回收资源化利用率低，导致农业面源污染问题较严重。第三，农业标准化生产水平较低，农产品附加值低。黄河流域城市化率平均值低于全国平均水平，上中游和下游的多数地区属于欠发达地区，部分区域的农业生产仍然以分散经营为主，小、散、弱问题突出，农业标准化生产水平较低，二三产业滞后，农业结构有待优化。流域内普通农产品缺乏市场竞争力，供过于求，生态绿色产品供给不足；农业产业化发展纵深延展不够，深加工能力不足，产业链不健全，产业融合水平不高；黄河流域地理标志产品虽然数量较多，但是部分农产品品牌影响力小，产品附加值低，资源优势有待发展为产业优势和经济优势。

2. 工业方面的特点

黄河流域工业具备明显的工业发展优势与先进工业初具规模的优势，但也具有产业结构非均衡性、劳动力要素及人才供给不足、基础能力相对薄弱与产业链关键环节控制力不强等缺点。

工业发展优势明显。从黄河流域 9 省（区）国内生产总值的相关数据看，2019 年 9 省（区）第二产业总产值为 101141.65 亿元，占国内生产总值的40.88%，第二产业所占比重仍然较大。黄河流域工业基础雄厚，以陕西省、内蒙古自治区、山西省等省（区）为代表的煤炭生产基地和石油输出重要省份充分利用资源优势，因地制宜，发展能源化工产业，带动了黄河流域各地区经济的快速发展。结合黄河流域各省（区）经济发展水平可知，第二产业发展优势明显，对区域经济的贡献率仍然较大（任保平、豆渊博，2022）；黄河流域中下游中心城市先进工业初具规模。近年来，山东、河南、陕西日益成为黄河流域中下游产业和人口的重要聚集区，三省分别以济南、郑州、西安为发展的核心，依托城市优越的区位条件、良好的工业基础和丰富的人才资源，聚焦黄河流域中下游中心城市建设，积极发展先进制造业，取得了较好的成绩。

与此同时，黄河流域工业发展也存在一些问题。首先，黄河流域整体上呈现阶梯状空间分布格局,产业结构存在供需失衡的缺陷。由于黄河流域各地区存在不同的地理区位、要素禀赋、政策环境等条件,因此黄河流域内各地区的工业发展呈现较大差异性,整体上呈现"上游省份发展水平较低、中游省份发展水平一般、下游省份发展程度较高"的阶梯状空间分布格局(张守凤等,2022)。工业系统由行政区域管辖,经济互补性薄弱及产业结构水平低下限制了制造业的高质量发展进程,对黄河流域制造业的高质量发展产生了负面影响。另外,产业结构的高层次需求与产业水平的低层次供给之间的矛盾日益尖锐,制造业的产业结构迫切需要优化和升级。其次,黄河流域劳动力要素及人才供给不足。黄河流域人口数量增长与人口结构不协调问题日益突出,尤其是在制造业方面,劳动力一直处于收缩状态,且人才引进力度严重不足,致使高端人才供给短缺。劳动力和高端技术人才供给不足是制约黄河流域制造业转型升级的重要因素,同时也是阻碍经济高质量发展的主要原因。最后,基础能力比较薄弱,对产业链的重要环节把握力度不强,供应链、价值链水平亟须得到提升。黄河流域的制造业总体位于全球价值链的中低端,制造业的核心控制能力相对处于劣势,在全球产业链、价值链中缺乏发言权和掌控力,一些高端装备、重要的原材料、先进的技术和核心的零部件等普遍依靠对外贸易,极易引发黄河流域产业链、供应链的断裂,导致流域内的制造业遭受猛烈冲击(杨威、郑腾飞,2022)。在制造业基础能力方面,黄河流域关键原材料、核心基础零部件、先进技术工艺与产业技术基础等工业领域和软件基础等方面处于较为严重的劣势,能力不强,专精特新"小巨人"企业数量不足。在制造业企业类型方面,黄河流域缺乏具有行业话语权的企业和品牌,拥有生态主导力的产业链"链头"企业不足,带动能力相对较弱。在2020年中国制造业民营企业500强名单中,黄河流域共有110家,仅为全国的22%,且这些企业的主营业务主要是石化、有色金属、食品、钢铁与纺织等行业,其中77家企业属于钢铁、石化与有色金属等原材料行业,普遍位于产业链的前端与价值链的中低端。

3. 服务业方面的特点

在服务业方面,主要存在服务业占比日益提升、发展水平逐步提高、能够促进经济高质量发展等优势,以及流域服务业总体规模偏小、服务业竞争力偏弱、发展层次不高、产业结构层次偏低与重工业化特征明显等缺点。

服务业发展层次和水平不断提升体现在以下方面:黄河流域服务业占比日益提升。一是黄河流域第三产业占比呈不断上升趋势,从2016年的46.92%到2020年的51.22%,上升了4.30%。2016年的第三产业产值超过了第二产业产值,在随后四年也一直保持超越态势。并且于 2020 年，第三产业产值达到 129908.51 亿元，占比达到 51.22%，超过 GDP 半数，服务业占比日益提升，发展速度较快。二是 2020 年黄河流域服务业在我国国内的市场占有率是 25.8%，比黄河流域 GDP 占全国的比例略高，服务业占比整体上呈现上升的趋势。三是黄河流域服务业发展水平在总体上虽然不高，但是其整体发展水平呈现上升趋势，具体表现在服务业内部交互服务化已经展开并且日益呈现稳步发展的良好态势（王成亮等，2021）。2007~2017 年黄河流域服务业发展水平综合评价值从 0.31 增加到 0.35（赵瑞、申玉铭，2020），呈上升趋势，尤其是黄河流域下游地区服务业依托于先进的信息技术与良好的经济基础，使得下游地区服务业发展水平明显高于中上游地区。总体而言，黄河流域服务业发展水平具有逐渐提高的显著优势。黄河流域服务业存在能够促进经济高质量发展的重要特征。一是近年来，服务业加速崛起，对经济发展的影响力日益凸显，在新时代改革开放中成为经济发展的主动力和新引擎，有力提升经济发展的质量和效率，构筑经济高质量发展的新优势。二是黄河流域服务业集聚后能够助推制造业从高能耗的价值链发展至低能耗的价值链，不仅降低资源的消耗而且能减少工业污染排放，进一步实现制造业转型升级的目标。同时，有研究表明，黄河流域服务业集聚将明显改善黄河流域城市绿色经济效率（张娜、郭爱君，2022），这将有力促进经济实现高质量发展。

但是服务业发展水平仍然不高，主要体现在以下方面：一是黄河流域除下游省份外，服务业总体规模偏小，发展层次不高。2020 年黄河流域服务业国内市场占有率为 25.80%，略高于该流域 GDP 的全国占比。从细分行业看，市场占有率高的行业主要集中在公共服务领域，其他行业市场占有率基本低于服务业整体水平。在传统服务业中，批发和零售业、住宿和餐饮业市场占有率在 2015~2020 年均低于 25.00%；现代服务业中，信息传输、软件和信息技术服务业市场占有率逐年下滑，由 2015 年的 20.30% 降至 2020 年的 17.00%，租赁和商务服务业的市场占有率始终未超过 18.00%（徐唯燊，2022）。此外，2020 年黄河流域除公共服务行业区位商普遍大于 1 外，经营性服务行业区位商多数小于 1，专业化水平偏低，普遍缺乏竞争优势。特别是信息传输、软件和信息技术服务业，租赁和商务服务业区位商均在 0.8 以下，竞争力偏弱。二是产业结构层次偏低，重工业化特征明显。2019 年黄河流域三次产业结构为 8.5∶40.7∶50.8，实现了"三二一"的产业分布，与全国产业结构平均水平（7.1∶38.6∶54.3）相比，第三产业比重仍旧较低，滞后于全国 3.5 个百分点；与长三角地区的三次产业结构

（4.0∶40.2∶55.8）相比，第三产业滞后5个百分点。第三产业比重仅甘肃省超过全国平均水平，其余8省份均低于全国平均水平，产业结构层次偏低（宋洁，2021）。从2019年采矿业从业人数来看，全国共367.5万人，其中黄河流域218.4万人，占比59.4%。由此可以看出，目前黄河流域产业结构层次仍旧偏低，且资源型产业和传统制造业占据主导，高端服务业和现代服务业发育不够。

4. 资源环境方面的特点

黄河流域拥有诸多生态资源、具有丰富的能源储备和生态环境明显向好等优势。同时存在资源环境高度脆弱、黄河上游地区生态修复和环境治理难度大、黄河中游地区资源环境负荷增速过大及黄河下游地区资源消耗量接近极限等问题。

黄河流域自然资源丰富。一是黄河流域地理位置优越。黄河流域是我国重要的生态功能区，它是连接青藏高原、黄土高原、华北平原的生态廊道，流域内外拥有三江源、祁连山、水源涵养与生物多样性保护重要区等多个国家公园和国家重点生态功能区。二是黄河流域拥有丰富的水资源。黄河流域湖泊和沼泽众多，拥有扎陵湖、鄂陵湖等重要湿地和一些关键的水源涵养地，已形成以自然湿地为主导的重要生态系统。虽然总体湿地面积不大，但湿地质量较高。三是黄河流域矿产资源丰富。黄河流域被称为"能源流域"，黄河上游水能丰富、中游煤炭丰富、下游石油丰富，拥有蒙西、晋西和陇东等大型能源基地，总体上黄河流域煤炭、石油、天然气和有色金属资源较为丰富，是中国重要的能源、化工、原材料和基础工业基地（高玉玲等，2002）。近年来，随着国家推进西部大开发、促进中部崛起等发展战略的实施，黄河流域能源、原材料工业发展极为迅速，随着能源基地开发、西气东输、西电东送等重大战略工程的建设，黄河流域在全国的能源和原材料供应方面持续彰显着重要的战略地位（马丽等，2020）。四是黄河流域的生态环境也具有独到之处。国家和地方政府实施了一系列生态保护和恢复工程，如退耕还林还草、建设水土保持林带等，有效改善了生态环境。特别是黄河三角洲的湿地生态系统，具有重要的生物多样性保护价值，为多种鸟类和水生生物提供了栖息地。五是文化资源是黄河流域的另一大优势。黄河流域是中华文明的重要发源地，拥有众多历史文化遗址和世界文化遗产，如殷墟、太原古城、龙门石窟等，这些丰富的文化资源不仅对研究中国古代历史文化具有重要意义，而且吸引了大量国内外游客，对推动文化旅游业发展具有重要作用。

黄河流域生态较为脆弱，生态保护迫在眉睫。开发利用矿产资源虽然拉动了经济增长，但是也导致区域不同程度地出现了资源耗竭、环境污染、生态破坏与区域发展衰退等问题。第一，黄河流域较好的生态环境与能源资源等条件是带动我国经济快速发展的关键要素，随着经济的不断发展，流域内资源环境逐渐得到重视，但仍高度脆弱。受限于不同行政区域与职能部门的管理，长期以来资源环境的治理日益演化为"纵向分级、横向分散"的特性，流域内资源要素流动性差、转换效率极低且发展处于失衡状态。第二，由于自然环境、地理区位和综合实力的差异，黄河流域内的城市生态水平在空间上呈现"头尾高，中间低"的特点。黄河流域上游的兰州—西宁城市群和呼包鄂榆城市群水土资源组合条件好，但生态脆弱，生态修复和环境治理难度大；下游的中原城市群和山东半岛城市群自然条件与经济基础好，但资源消耗量较大，生态环境约束加剧；中游生态功能突出，但人口和产业的快速集聚使资源环境负荷增速过大。人均水资源量不足全国平均水平的1/3，分布不均衡，而渭河、汾河等支流又存在严重污染，加剧了中游资源环境压力（杨屹等，2022）。另外，中游产业发展的资源依赖性很强，污染物排放强度居高不下，以煤为主的能源消费结构调整难度大，重度以上污染天气频发，空气质量难以从根本上得到改善，大气污染较严重。

黄河流域产业高质量发展指数研究意义重大，包括但不局限于以下几点：

一是为后续学者研究黄河流域提供理论基础和文献资料。通过构建黄河流域农业、工业、服务业高质量发展水平及资源环境承载力指标体系，为推动黄河流域产业高质量发展和生态环境保护提供了新的研究视角与研究方法，有助于丰富相关理论研究。

二是为国家治理黄河流域提供决策依据。全面测度黄河流域农业、工业、服务业高质量发展水平及资源环境承载力，有助于了解黄河流域产业发展现状，因地制宜、因时制宜制定相关政策，促进黄河流域经济由高速发展向高质量发展转变；有利于黄河流域水资源、生态环境等的保护，促进历史文化的传承；有助于推动产业体系现代化，促进经济协调发展，具有深远的历史意义和重大战略意义。

三是为黄河流域高质量发展提供政策建议。以创新为产业高质量发展的重要驱动力，注重科技水平的提升、发展方式的创新；协调推进各地区、各产业之间的发展，整合优势资源，协调要素配置，增强发展的整体性与规律性；坚持保护优先、绿色低碳的发展模式，促进产业结构转型升级，走可持续发展道路；依托国内市场大力发展进出口，畅通国内国际双循环；坚持区域协调发展，全面推进乡村振兴，加快农业农村现代化发展。

四是为社会主体提供保护生态环境、发展绿色经济的警示信息。在资源环境约束日益趋紧的背景下，高污染、高耗能、低效率的粗放型生产方式已不适应新的经济增长态势，亟须尽快调整。这就要求市场主体贯彻"绿水青山就是金山银山"的理念，转变生产方式，真正做到节能减排。

第四节 研究方法与模型

一、研究方法

1. 文献研究法

通过收集相关文献来获取资料，全面、正确地了解与掌握黄河流域产业高质量发展情况，包括其他研究学者对产业质量的概念界定、研究方法等，能帮助我们了解黄河流域相关问题的历史背景和发展现状。本书从黄河流域农业、工业、服务业及资源环境承载力角度分析黄河流域产业高质量发展问题。

2. 计量分析法

为测算黄河流域产业高质量发展水平，需要先测算综合评价指数。由于传统熵值法只针对横截面数据，不能处理面板数据，因此对其加以改善，采用全局熵值法确定指标体系的权重。考虑到熵值法的客观性与处理复杂多目标决策问题的层次分析法具有的主观性，为了更好地测度黄河流域产业高质量发展水平，最终选择两者相结合的方法进行测算。

本书为了探究黄河流域产业高质量发展水平的动态演进情况，运用高斯核密度函数进行分析；为了探究产业质量在空间水平上是否存在相关性，采用局部莫兰指数和全局莫兰指数进行空间自相关检验；为了分析产业质量在不同区域间存在的差异性，采用 Dagum 基尼系数及其按子群分解的方法进行测算；为了研究城市间的空间联系，采用引力模型进行分析；为了进一步研究影响产业高质量发展水平的障碍因子，构建障碍度模型。

3. 分析法与综合法相结合

结合理论模型与实证模型，将黄河流域产业划分为农业、工业、服务业、资源环境承载力四种类型，通过构建指标体系，评价各产业高质量发展水平，进行时空格局分析与分区位、分省区、分维度的异质性比较分析。综合法就是将黄河流域各部分的内容进行研究视角、方法与现状的对比，将其各方面内容联结起来，形成对黄河流域的统一认识。

4. 定性分析法与定量分析法相结合

通过确定黄河流域各指标数量与质量的关系，认识和分析各产业的发展水平和空间差异。定量分析就是通过各种方法测算产业发展的水平，对农业、工业、服务业和资源环境承载力的范围、规模、数目等数量关系的情况及变化进行精确的统计、分析与对比，弄清黄河流域产业体系发展中量的变化关系。定性分析法是明确黄河流域农业、工业、服务业、资源环境承载力高质量发展的基本内涵或概念界定，划清各产业的界限。

5. 静态分析法与动态分析法相结合

动静结合是指静中有动、动中有静，既研究黄河流域农业、工业、服务业和资源环境承载力高质量发展水平的动态状况，又研究黄河流域各产业发展水平在静止状态下的内部结构，同时将外在动态表现深入到内部组件间的交互与协同中。静态分析法就是横截面分析，研究黄河流域产业高质量发展水平每年的总体情况及各地区、各产业等之间的差异，进行空间格局分析；动态分析法是引入时间维度，研究黄河流域产业高质量发展历程和时空演变格局，侧重点为不同产业在不同流域的动态发展情况。

6. 归纳演绎法

全书先进行归纳分析，由具体到抽象，然后再进行演绎分析，构建黄河流域农业、工业、服务业和资源环境承载力高质量发展水平的理论模型。本书先介绍黄河流域产业高质量发展的研究背景与主要内容，为了进一步理解黄河流域农业、工业、服务业、资源环境承载力发展水平的基本内涵，构建相应的指标体系进行测算与评价，然后对黄河流域产业不同层面的总体情况及农业、工业、服务业、资源环境承载力各部分产业的具体情况进行相关分析。

二、模型介绍

1. 全局熵值法

熵值法也称熵权法，是基于信息熵（简称熵）的一种信息管理方法。根据熵的特性，可以据此判断出一个事件的随机性及无序程度，也可以基于熵值判断某个指标的离散程度。一般来说，某个指标的信息熵越小，表明指标值的变异程度越大，反映的信息量越多，在综合评价中所发挥的作用越大，其权重也就越大。反之，某个指标的信息熵越大，表明指标值的变异程度越小，提供的信息量越少，在综合评价中所起到的作用越小，其权重也就越小。熵值法的基本思路是，根据指标变异性的大小来确定客观权重，因此该方法只需要考虑数据内部的信息量大小，是一种客观赋权法，有效地避免了人为主观因素带来的偏差，这种方法一般较为客观。同时，熵值法也有一些缺点，如不能减少评价指标的维数、忽略了指标本身的重要程度、有时确定的指标权数会与预期的结果相差甚远等不可忽略的劣势。

由于传统熵值法只能对横截面数据进行综合评价，无法对不同年份的横截面数据进行纵向对比，因此本书在传统熵值法的基础上引入全局思想，采用全局熵值法为指标体系确定权重，具体计算步骤如下：

（1）设有 m 个地区的 n 个变量，在引入全局思想之后，将 T 张截面数据表按时间顺序排列，构建全局熵值评价矩阵，记作：

$$X = (X^1, X^2, \cdots, X^T)_{mT \times n} = (X_{ij})_{mT \times n} \tag{1-1}$$

（2）为消除量纲的不统一，对全局熵值评价矩阵进行标准化处理，公式为：

$$X'_{ij} = (1 - 0.99) + 0.99 \times \frac{X_{ij} - minX_{ij}}{maxX_{ij} - minX_{ij}}, \ (1 \leqslant i \leqslant m, \ 1 \leqslant j \leqslant n；正向指标) \tag{1-2}$$

$$X'_{ij} = (1 - 0.99) + 0.99 \times \frac{maxX_{ij} - X_{ij}}{maxX_{ij} - minX_{ij}}, \ (1 \leqslant i \leqslant m, \ 1 \leqslant j \leqslant n；逆向指标) \tag{1-3}$$

（3）计算第 i 个地区第 j 个变量在该指标体系中所占的比例，公式为：

$$y_{ij} = \frac{X'_{ij}}{\sum\limits_{i=1}^{mT} X'_{ij}}, \ (1 \leqslant i \leqslant mT, \ 1 \leqslant j \leqslant n) \tag{1-4}$$

其中，m 表示地区数量，T 表示截面数据数，n 表示变量数。

（4）计算第 j 个指标的信息熵，公式为：

$$e_j = -\frac{1}{lnmT} \sum\limits_{i=1}^{mT} y_{ij} lny_{ij}, \ (1 \leqslant i \leqslant mT, \ 1 \leqslant j \leqslant n) \tag{1-5}$$

（5）计算信息效用值，公式为：

$$d_j = 1 - e_j \tag{1-6}$$

（6）计算评价指标权重，公式为：

$$W_{2j} = \frac{d_j}{\sum\limits_{j=1}^{d_j} d_j} \tag{1-7}$$

2. 层次分析法

层次分析法是美国运筹学家 Saaty 于 20 世纪 70 年代初提出的处理复杂多目标决策问题的综合评价方法（Thomas，1979）。

层次分析法的主要思路是先进行分解然后整理出相应的权重。该方法的原理在于，整理并综合人们的主观判断结果，把定性分析和定量分析有机统一起来，完成定量化决策。具体而言，首先需要将分析的问题划分成不同的层次，按照问题的性质与计划实现的总目标，把问题分解为不同的部分。其次根据组成部分间的相互关系和从属关系，将各部分按照不同层次组合，构成一个多层次分析结构模型。最后将其汇总成最低层（措施、方案与指标等）与最高层（总目标）相比其重要程度的权重值或者相对优劣次序的问题。层次分析法具有三大优点：首先，它是一种比较系统的分析方法。该方法将研究对象视为一个系统，利用分解、比较判断与综合分析的思维方式进行决策，是进行系统分析的重要工具。其次，它是决策时选用的一种简洁而实用的方法。该方法既不单一地考虑高深的数学，也不片面地关注行为、逻辑与推理，而是将定性方法与定量方法结合起来，其结果较为准确。最后，该方法所需的定量数据比较少，重视从评价者对研究问题的本质、要素的理解出发，比其他定量方法更重视定性的分析和判断。层次分析法也存在较多的缺点，如指标过多时数据统计量大且权重难以确定、特征值和特征向量的精确求法比较复杂、定量数据较少而定性成分多、不易令人信服、只能从原有方案中进行选取而不能为决策者提供解决问题的新方案等。

运用层次分析法计算层次总排序的步骤如下：

（1）分析系统中元素之间的关系，建立系统的递阶层次结构模型，将决策目标、考虑因素和决策对象依次划分为目标层、准则层和方案层。

（2）对同一层次元素对上一层次准则的重要性进行两两比较，构建两两比较判断矩阵，采用 1—9 的比例标度。

（3）计算判断矩阵最大特征根的特征向量，公式为：

$$\lambda_{max} = \sum_{i=1}^{n} \frac{(AW)_i}{nW_i} \tag{1-8}$$

其中，A 表示判断矩阵，W 表示标准化的判断矩阵。

（4）经归一化处理后，确定同一层次元素对上一层因素的相对重要性排序权值，并计算一致性指标 CI、平均随机一致性指标 RI 和随机一致性比率 CR，公式为：

$$CI = \frac{\lambda_{max} - n}{n-1} \qquad (1-9)$$

$$RI = \frac{\sum CI}{n} \qquad (1-10)$$

$$CR = \frac{CI}{RI} \qquad (1-11)$$

其中，若 $CI = 0$，说明该判断矩阵具有完全一致性；CI 的值越接近 0，具有的满意一致性越高。考虑到随机因素的不确定性，需对随机一致性比率 CR 进行判定，若 $CR < 0.1$，说明判断矩阵通过一次性检验；若 $CR > 0.1$，说明判断未通过一致性检验。

（5）计算各层次元素对系统目标的合成权重 w_{1j}，并计算随机一致性比率，公式为：

$$CR = \frac{a_1 CI_1 + a_2 CI_2 + \cdots + a_m CI_m}{a_1 RI_1 + a_2 RI_2 + \cdots + a_m RI_m} \qquad (1-12)$$

其中，CR 是各层次元素的加权平均，当 $CR < 0.1$ 时，说明层次总排序通过了一致性检验。

3. 组合赋权

本书中四个指数的编制原理是通过客观的全局熵值法与主观的层次分析法相结合的组合赋权法来构建产业高质量发展指数。首先利用熵值法和层次分析法分别测算出评价指标的权重 W_{1j} 与 W_{2j}，采用最小相对熵的方法确定两者的组合权重 W_j；其次构建方程并应用拉格朗日乘数法解出最优权重 W_j^*；最后采用加权求和公式计算样本的综合评价得分 U_i。这种方法在原理上克服了较为主观的层次分析法所具有的主观随意性较强与评价结果波动性较大的缺陷，同时避免了客观熵值法有可能会违背指标本质意义从而难以真实体现指标自身价值或重要性的不足，能对黄河流域产业高质量发展状况作出准确的评价，便于全面清晰认识流域目前产业发展的现状及问题，进而推动黄河流域高质量发展。

借鉴李帅等（2014）的研究方法，采用最小相对熵的方法确定组合权重，计算步骤如下：

（1）设层次分析法计算的权重为 W_{1j}，熵值法测算的权重为 W_{2j}，两者的组合权重为 W_j，构建方程为：

$$\begin{cases} F = \sum_{j=1}^{m} \left[W_j(\ln W_j - \ln W_{1j}) + \sum_{j=1}^{m} W_j(\ln W_j - \ln W_{2j}) \right] \\ s.t. \sum_{j=1}^{m} W_j = 1 \end{cases} \quad (1-13)$$

（2）用拉格朗日乘数法解出 W_j，即对 F 求 W_j 偏导，令其为零解，得：

$$W_j = \frac{(W_{1j} \cdot W_{2j})^{1/2}}{\sum_{j=1}^{m} (W_{1j} \cdot W_{2j})^{1/2}} \quad (1-14)$$

（3）采用加权求和公式计算样本的综合评价得分，公式为：

$$U_i = \sum_{j=1}^{n} W_j X'_{ij} \quad (1-15)$$

4. 核密度估计

核密度估计主要通过随机变量的概率密度进行估计，利用其密度曲线的分布位置、形态延展性、极化等趋势反映随机变量的动态演变趋势。设 $f(x)$ 为农业高质量发展水平 x 的密度函数，分式为：

$$f(x) = \frac{1}{Nh} \sum_{i=1}^{N} \frac{K(X_i - x)}{h} \quad (1-16)$$

其中，X_i 为独立同分布的变量，x 为平均值，N 为样本个数，h 为宽带，K 为核密度函数。本书运用高斯核密度函数对高质量发展水平进行估计，公式为：

$$K(x) = \frac{1}{\sqrt{2\pi}} e^{(-x^2/2)} \quad (1-17)$$

5. 空间自相关检验

空间自相关被解释为空间距离上接近的地区具有相似的取值，具体表现为：高值与高值、低值与低值聚集称为空间正相关；高值与低值聚集称为空间负相关。目前，空间自相关的主流检验方法为莫兰指数，其中莫兰指数的取值范围为 $[-1, 1]$。若莫兰指数介于 $(0, 1]$，表示农业高质量发展指数相似的地区聚集在一起；若莫兰指数介于 $[-1, 0)$，表示农业高质量发展指数相异的地区聚集在一起；若莫兰指数接近 0，表示地区指数随机分布或不存在空间自相关性。

（1）全局莫兰指数的计算公式为：

$$I = \frac{\sum\limits_{i=1}^{n} \sum\limits_{j=1}^{m} W_{ij}(X_i - \overline{X})(X_j - \overline{X})}{S^2 \sum\limits_{i=1}^{n} \sum\limits_{j=1}^{m} W_{ij}} \qquad (1-18)$$

其中，S_2 表示样本方差；$\overline{X}$ 表示样本均值；X_i 表示第 i 个观测值；X_j 表示第 j 个观测值；W_{ij} 是二级制的空间邻接权重矩阵①，具体表示为 $W_{ij} = \begin{cases} 1, & \text{城市 i 与 j 相邻} \\ 0, & \text{城市 i 与 j 不相邻}\end{cases}$。

（2）局部莫兰指数的计算公式为：

$$I_i = \frac{X_i - \overline{X}}{S^2} \sum_j W_{ij}(X_j - \overline{X}) = \frac{nZ_i \sum\limits_{j} W_{ij} Z_j}{Z^T Z} = Z'_i \sum_j W_{ij} Z'_j \qquad (1-19)$$

其中，Z_i、Z_j 表示第 i、第 j 个观测值标准化的标准差，Z 表示观测值标准差组成的矩阵，即 $Z(I_i) = \dfrac{I_i - E(I_i)}{\sqrt{Var(I_i)}}$。

6. Dagum 基尼系数分解法

根据 Dagum（1997）提出的基尼系数及其按子群分解的方法进行区域差异分析，其计算步骤如下：

（1）农业高质量发展水平的基尼系数定义式为：

$$G = \frac{\sum\limits_{j=1}^{k} \sum\limits_{h=1}^{k} \sum\limits_{i=1}^{n_j} \sum\limits_{r=1}^{n_h} |y_{ji} - y_{hr}|}{2n^2 \overline{y}} \qquad (1-20)$$

其中，k 为区域个数；n 为全流域地市个数；$n_j(n_h)$ 为 j（h）区域内地级市个数；$y_{ji}(y_{hr})$ 是 j（h）区域内任意地级市的农业高质量发展水平。

（2）在分解之前，分别计算各区域农业高质量发展水平的均值，并进行排序，即：

$$\overline{Y}_h \leqslant \cdots \leqslant \overline{Y}_j \leqslant \cdots \leqslant \overline{Y}_k \qquad (1-21)$$

（3）按照 Dagum 基尼系数分解方法，将基尼系数分解为组 G_w、组 G_b、超变

---

① 根据所取地区在地图上的邻接关系做部分调整，对通辽市和呼伦贝尔市，赤峰市和乌兰察布市、西宁市和兰州市、武威市进行联结。

密度 G_t，三者满足 $G = G_w + G_{nb} + G_t$。

第一，j 区域内农业高质量发展水平的区域内基尼系数 G_{jj} 和区域内差异的贡献 G_w 计算公式如下：

$$G_{jj} = \frac{\dfrac{1}{2\overline{Y_j}} \sum\limits_{i=1}^{n_j} \sum\limits_{r=1}^{n_j} |y_{ji} - y_{jr}|}{n_j^2} \tag{1-22}$$

$$G_w = \sum_{j=1}^{k} G_{jj} p_j s_j \tag{1-23}$$

第二，j 和 h 两区域的区域间基尼系数 G_{jh} 和区域间差异的贡献 G_{nb} 计算公式如下：

$$G_{jh} = \frac{\sum\limits_{i=1}^{n_j} \sum\limits_{r=1}^{n_h} |y_{ji} - y_{hr}|}{n_j n_h (\overline{Y_j} - \overline{Y_h})} \tag{1-24}$$

$$G_{nb} = \sum_{j=2}^{k} \sum_{h=1}^{j-1} G_{jh} (p_j s_h + p_h s_j) D_{jh} \tag{1-25}$$

第三，超变密度的贡献 G_t 计算公式如下：

$$G_t = \sum_{j=2}^{k} \sum_{h=1}^{j-1} G_{jh} (p_j s_h + p_h s_j)(1 - D_{jh}) \tag{1-26}$$

其中，$p_j = n_j \overline{Y}$，$s_j = n_j \overline{Y_j}/n\overline{Y}$，$j=1，2，3，\cdots，k$。$D_{jh}$ 为 j 区域与 h 区域指标间的相互影响；d_{jh} 为两区域的农业高质量发展水平的差值，即两区域中满足 $y_{jh} - y_{ji} > 0$ 条件的所有样本值加总的期望；p_{jh} 表示两区域中满足 $y_{hr} - y_{ji} > 0$ 条件的所有样本值加总的期望。D_{jh}、d_{jh}、p_{jh} 的定义式如下：

$$D_{jh} = \frac{d_{jh} - p_{jh}}{d_{jh} + p_{jh}} \tag{1-27}$$

$$d_{jh} = \int_0^\infty dF_j(y) \int_0^y (y - x) dF_h(x) \tag{1-28}$$

$$p_{jh} = \int_0^\infty dF_h(y) \int_0^y (y - x) dF_j(x) \tag{1-29}$$

7. 空间联系指数

城市间空间联系多采用引力模型进行研究（李林山等，2021），其计算公式如下：

$$T_{ij} = W \frac{P_i P_j}{d_{ij}^b} \tag{1-30}$$

其中，P_i、P_j 为 i 城市和 j 城市的农业高质量发展水平；W 为引力系数，一般取 1；d_{ij} 为两地最短距离；b 为距离衰减系数。

8. 障碍度模型

为进一步研究影响农业高质量发展水平的障碍因子，构建障碍度模型，计算公式如下：

$$A_j = \frac{r_{ij} \times W_j}{\sum\limits_{i=1}^{n} r_{ij} \times W_j} \times 100\% \ ; \ r_{ij} = 1 - X_{ij} \tag{1-31}$$

其中，A_j 为指标障碍度；r_{ij} 为指标偏离度；X_{ij} 为指标标准化值；W_j 为指标贡献度，具体取值为组合赋权法测算的指标权重。

（1）层次分析法赋权。美国运筹学家 Saaty 于 20 世纪 70 年代初提出了层次分析法，其目的是利用该方法处理复杂多目标决策问题，通过层次分析法进行赋权的步骤是：

第一步，邀请领域内专家采用 1—9 比例标度法对同一层次的指标重要性进行逐对比较，并根据专家打分得到 a_{ij}（指标 G_i 相对于同一层次指标 G_j 的重要程度），构建判断矩阵 A，具体如下：

$$A = \begin{bmatrix} a_{11} & a_{12} & \cdots & a_{1n} \\ a_{21} & a_{22} & \cdots & a_{2n} \\ \vdots & \vdots & \ddots & \vdots \\ a_{n1} & a_{n2} & \cdots & a_{nn} \end{bmatrix}_{n \times n} \tag{1-32}$$

其中，a_{ij} 为专家打分得到的数值，用来表示指标 G_i 相对于同一层次指标 G_j 的重要程度；a_{ij} 与 a_{ji} 互为倒数；$a_{ii}=1$；i=1，2，…，n；j=1，2，…，n。

第二步，采用和积法对矩阵 A 中的元素进行标准化处理，公式为：

$$\bar{a}_{ij} = \frac{a_{ij}}{\sum\limits_{i=1}^{n} a_{ij}} \tag{1-33}$$

第三步，对标准化后的矩阵求行和，公式为：

$$m_i = \sum\limits_{j=1}^{n} \bar{a}_{ij} m \tag{1-34}$$

第四步，进行行和归一化处理，得到：

$$w_i = \frac{m_i}{\sum\limits_{j=1}^{n} m_i} \tag{1-35}$$

第五步，进行一致性检验，公式为：

$$\lambda_{max} = \frac{1}{n} \sum_{i=1}^{n} \frac{(Aw_i)}{w_i} \qquad (1-36)$$

其中，λ_{max} 为矩阵 A 的最大特征值；n 为评价指标个数。

$$CI = \frac{(\lambda_{max} - n)}{(n-1)} \qquad (1-37)$$

其中，CI 为一致性指标。

$$CR = \frac{CI}{RI} \qquad (1-38)$$

其中，CR 为随机一致性比率，当 CR<0.1 时，认为判断矩阵的一致性良好，通过了一致性检验；RI 为矩阵的平均随机一致性指标。

（2）熵值法赋权。运用熵值法进行赋权，其步骤如下：

第一步，数据标准化处理公式为：

$$x_{ij} = \frac{x_{ij} - \min(x_j)}{\max(x_j) - \min(x_j)} \qquad (1-39)$$

第二步，计算第 j 项指标第 i 个评价对象的指标权重，公式为：

$$P_{ij} = \frac{x_{ij}}{\sum_{1}^{m} x_{ij}} (j = 1, 2, \cdots, n) \qquad (1-40)$$

第三步，计算第 j 项指标的熵值，公式为：

$$e_j = -\frac{1}{\ln(m)} \sum_{1}^{m} P_{ij} \ln(P_{ij}) \qquad (1-41)$$

第四步，计算第 j 项指标的差异系数，公式为：

$$g_j = 1 - e_j \qquad (1-42)$$

第五步，计算第 j 项指标的权重，公式为：

$$W_{2j} = \frac{g_j}{\sum_{i=1}^{m} g_j} \qquad (1-43)$$

（3）组合赋权。根据最小相对熵原理，用拉格朗日乘数法进行确定综合权重，公式为：

$$w_i = \frac{(w_{1i} w_{2i})^{0.5}}{\sum_{i=1}^{m} (w_{1i} w_{2i})^{0.5}} (i = 1, 2, 3, \cdots, m) \qquad (1-44)$$

其中，w_i 为综合权重；w_{1i} 为主成分分析法得到的权重；w_{2i} 为熵值法得到的权重。

通过上述步骤，可确定黄河流域工业高质量发展评价体系中各项二级指标的权重，一级指标权重由对应二级指标的权重相加得到。确定工业高质量发展的各项指标权重后，通过线性加权计算工业发展质量指数，其计算公式为：

$$Q = \sum_{i=1}^{n} w_i p_{ij} \tag{1-45}$$

其中，Q 为工业高质量发展指数；p_{ij} 为标准化后的指标值。

第五节　主要研究内容及框架

本书按照由浅入深的研究逻辑，采用总分的结构来构建研究框架，从四个方面对黄河流域产业高质量发展进行分析。本书的研究框架、研究内容与研究方法如图 1-1 所示：

第一章为绪论，主要介绍了黄河流域行业、资源环境特点，并对产业高质量发展指数构建需要的模型进行了介绍。

第二章为研究进展，主要介绍了黄河流域农业、工业、服务业和资源环境的产业质量研究现状，并进行了研究视角和方法的对比，对各产业质量的相关文献进行评述，并针对其存在的问题与不足进行展望。

第三章为黄河流域产业发展现状，分别从经济、生态、资源禀赋、科技和文化层面进行论述。

第四章到第七章分别介绍了黄河流域农业、工业、服务业资源环境高质量发展水平与时空分异，包括黄河流域各产业高质量发展的理论内涵与指标体系的构建、水平测度与综合评价，以及时空格局演变特征、区域差异和影响因素、研究结论与对策建议等。

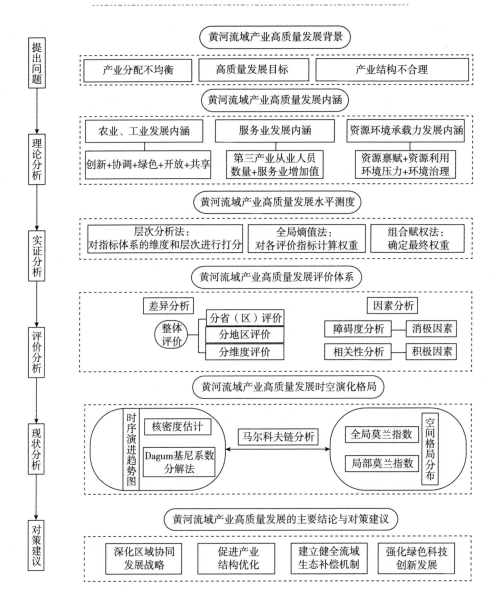

图 1-1 研究框架

第二章 研究进展

第一节 黄河流域农业高质量发展研究现状

"黄河宁，天下平"，对黄河进行综合、系统、源头治理有助于推动黄河流域生态环境保护和高质量发展。黄河流域是我国农产品的主要产区，粮食和肉类产量大约占全国1/3，其农业发展对保障国家粮食安全具有重大意义。我国经济已进入高质量发展阶段，社会的主要矛盾也已发生变化，人们对农产品的追求已经从"量"向"质"转变，农业高质量发展越来越受到人们的关注。黄河流域农业高质量发展对提升国内农产品质量、保障国家粮食安全与维护生态安全具有重要意义。

目前有关黄河流域农业高质量发展的研究主要集中在农业生态发展、农业高质量发展指标及农业高质量发展实现路径三方面。袁培和周颖（2021）研究发现，黄河流域农业生态效率呈现出从上游向下游递减的趋势，但区域差异不大。黄河流域农业高质量发展体现在农业产业结构调整、自然资源匹配及农业产业效益的提升上。为实现黄河流域农业高质量发展，学术界在水资源利用效率、生态建设力度、区域发展等方面作了很多探索研究，提出了完善农业产业发展制度、促进农业产业结构升级、加快"三产"融合发展等政策建议。

一、黄河流域农业生态发展研究

黄河流域是我国重要的农产品生产基地。不同区域农业的发展受到不同因素的影响，研究黄河流域农业生态发展的影响因素对促进我国农业经济健康稳定发展具有积极的意义。王东波等（2022）认为研究黄河流域农业发展状况，提高农业生态效率有利于保障粮食安全、保护生态环境、促进农业高质量发展。杨昕蕾和凡启兵（2022）认为化肥使用强度、农药使用强度、对外开放度均在1%的显著性水平下对黄河流域农业生态效率有负向影响，说明这些变量的增加会降低该流域农业效率值，减少这些变量的投入会对农业效率产生提升作用。李菲菲和蔡威熙（2022）的研究发现黄河流域上中下游农业效率存在差异，表现为上下游高、中游低，区域差异先增后减，提出要注重"因时制宜、因地制宜"。袁培和周颖（2021）指出黄河流域农业生态效率均值呈波动上升趋势，地级市间农业生态效率的差异呈波动下降趋势，但随着时间的推移出现了两极分化的现象。李文启和赵家未（2022）采用耦合协调度模型评价黄河流域农业生态效率与绿色全要素生产率耦合协调度，得出黄河流域农业生态效率在时序上稳步增长，在空间上下游农业生态效率始终最高，上游有超越中游的趋势。

综上所述，学者经过研究得出生态效率是影响黄河流域农业高质量发展的重要因素，由于时空差异，黄河流域各分段农业生态效率呈现出不同的特点，农业要素投入过剩和农业面源污染产出冗余是导致黄河流域农业生态非效率的重要内部影响因素。目前现有研究大多是研究黄河流域农业生态效率的测定，缺乏对黄河流域各分段农业高质量发展的具体研究。本书以地级市为研究对象，详细深入研究黄河流域农业高质量发展现状并提出针对性建议，以期促进农业发展。

二、黄河流域农业高质量发展指标研究

国家"十四五"规划以推动高质量发展为主题，推动黄河流域农业产业高质量发展，保障国家的粮食安全。黄河流域农业具备雄厚的高质量发展潜力。上游宁蒙河套平原、中游汾渭盆地、下游引黄灌区是主要的农业生产基地。做好关于黄河流域农业高质量发展指标的研究，不仅有利于深入了解农业高质量发展现状及面临的障碍，而且可以针对性提出建议，促进农业可持续、健康发展。参考现有文献，农业高质量发展指标各有差异，但均围绕着创新、协调、绿色、开放、共享的新发展理念构建。例如，辛岭和安晓宁（2019）以绿色引领发展、供给提质增效、规模化生产、产业多元融合四个指标为准则层衡量农业高质量发展。矫健等（2020）从绿色发展、支持水平、可持续发展、经营管理、人才质量、优质农业、供给质量、物质装备八个维度对农业高质量发展进行研究。曾小春等（2023）从农业低碳经济、农业碳汇量、农业碳排量、农业碳吸量四个方面

构建指标体系，对区域农业高质量发展状况进行时序评价。王琳等（2023）从创新驱动、集约高效、协调普惠、绿色生态、开放共享五个方面构建农业经济高质量发展评价指标体系。李本庆和岳宏志（2022）从创新发展、结构升级、协同共享三个维度构建农业高质量发展综合指标体系。赵敏等（2022）基于创新、协调、绿色、开放、共享五个维度构建黄河流域农业高质量发展评价体系。徐呈呈等（2023）选取了经济、社会、生态、创新能力水平、开放程度水平5个一级指标和24个二级指标，构建了一套反映都市农业高质量发展的评价指标体系。

黄河流域农业高质量发展指标建设并未形成统一的标准，现有文献均是以各地区农业特点综合农业宏观发展方向构建指标体系。正如前文所述，现有文献关于农业高质量发展的研究均围绕新发展理念构建指标体系，因此本书综合前述研究以新发展理念为主体构建各产业多层次、多方面的评价指标，以期对黄河流域各产业有深入细致的了解。

三、黄河流域农业高质量发展实现路径研究

黄河流域农业高质量发展主要从创新、协调、绿色、开放、共享五个维度改变以往粗放式的农业发展模式。任保平和巩羽浩（2023）指出数字经济能促进黄河流域自然资源市场建设，加强生态保护；保障黄河流域协同治理分类发展，赋能系统发展；助力黄河流域向着共同富裕发展。文玉钊等（2021）指出黄河流域经济发展路径的重塑可重点从以流通和开放为导向强化黄河流域内外经济联系、打造黄河流域经济多层级增长极、构建以中心城市为极核面向周边的放射状开发开放新模式、以区域功能差异化为引领构建黄河流域现代产业体系、探索黄河流域内部多元化区域合作五个方面展开。为促进黄河流域农业高质量发展，应加强生态保护，探索不同生态类型区的农业发展重点、推进农业生产"三品一标"，构建乡村绿色发展体系，拓展农业多功能性，培育全产业链体系，促进产业融合，推进绿色农田试点示范建设，探寻农业高质量发展路径支撑。柏梦婷和吕秀芬（2023）认为实现农业高质量发展，必须强化优质农产品供给，加快农业产业数字化转型，推动农业产业链深度融合。一方面推进绿色优质农产品基地建设，加强农产品质量监督管理，推进主体品牌提升，鼓励地方培育优良品种和特色鲜明的区域品牌。另一方面大力推进农业生产数字化基础设施建设，强化数字技术在农业中的应用，多层次推进农业深度发展，依托于当地的历史文化开展"农业+文旅"的融合发展，同时完善产业融合发展体制机制，强化农业供给侧结构

性改革，借鉴国外先进经验合理布局，促进黄河流域农业高质量发展。

综上所述，现有文献对黄河流域农业生态发展、农业高质量发展指标及农业高质量发展实现路径已有较多研究，并且针对建立黄河流域农业产业基地、打造自主品牌、推动农业产业链深度融合给出了建议。但是现有文献较少论述黄河流域各地区应采用什么技术来发展特色林业、畜牧业及种植业，忽视了农业生态污染对农业高质量发展的阻碍作用。因此，本书构建黄河流域农业高质量发展评价指标体系，对黄河流域农业产业高质量发展水平进行测算。实质上黄河流域农业高质量发展是绿色发展、技术提升和产业融合问题，需要通过大力发展地方特色农业，发展节水农业，提升产业融合的力度，加大科技投入和人才的引进力度，来完善黄河流域农业产业结构。

第二节　黄河流域工业高质量发展研究现状

黄河流域能源资源丰富，具有大量煤、原油、天然气和有色金属等自然资源，是国家主要的原料储备区和制造业基地。为贯彻落实习近平总书记关于推动黄河流域生态保护和高质量发展的重要讲话和重要指示批示精神，要进一步深入推动黄河流域产业绿色发展，实现资源优质增长，促进经济发展方式向绿色转变，落实全面节能战略，促进全区统筹发展和经济绿色增长。利用黄河流域不同区位的优越条件、有利资源和优势产业，按照共同保护策略、协同推进治理要求，加快推进黄河流域工业整体布局和结构调整，加强技术创新和政策支持，推动传统制造业改造升级，提高资源能源利用效率和清洁生产水平，以构建高效、可持续的黄河流域工业绿色发展新格局。

目前有关黄河流域工业高质量发展的研究主要集中在工业绿色发展、空间发展格局、影响因素及"双碳"政策下工业产业竞争力的分析等方面。黄河流域与全国平均水平相比水资源短缺，传统重工业比重比较大，导致黄河流域重工业污染比较严重。在国家绿色发展的规划下，黄河流域工业绿色转型成为重中之重。

一、黄河流域工业高质量发展影响因素研究

近年来，许多学者从多元视角对影响工业高质量发展的影响因素进行了深入探讨，为实现总体经济高质量发展的理论建设和实践应用提供了宝贵经验。王韶华等（2023）认为工业高质量发展是创新、协调、绿色、开放、共享新发展理念在工业领域的生动实践。与此同时，工业高质量发展还应是以满足人民日益增长的美好生活需要为目标的一种更优质的发展状态。基于工业高质量发展的内涵，越来越多的研究围绕影响因素展开分析（付晨玉、杨艳琳，2020）。有学者发现，营商环境与工业高质量发展之间存在紧密联系，各要素分别对工业高质量发展产生影响。侯冠宇（2023）认为，营商环境作为一个国家或地区经济发展的关键基石，通过"政府效率与市场公平"驱动型和"政府关怀"驱动型两种路径影响工业高质量发展。同时，由于地区要素禀赋、经济发展水平、开放水平和制度环境等诸多方面的差异，营商环境推动工业高质量发展的提升路径存在差异（于卓熙等，2022）。

当前，我国正处于经济结构转型升级和新一轮科技及产业革命突破爆发的历史交汇期。数字经济作为一种新兴业态，对传统经济和生产组织带来的影响成为国内外学者重点研究的领域。赵建伟等（2023）着眼于数字经济与制造业高质量发展的内在逻辑，探究了数字经济与制造业高质量发展的耦合协调关系，围绕推动产业转型升级和制造业高质量发展提出相关政策建议。同样，田时中等（2023）围绕制造业高质量发展，从创新要素流动和税制结构两个角度探讨三者之间的关系，结果表明创新要素流动、提升直接税比重和降低间接税比重有利于制造业高质量发展，但二者交互存在负面影响。环境规制能够影响工业企业的生产成本，保证经济主体公平地履行职责与义务，提高环保效率，是降低工业环境污染的重要方式。张建涛等（2023）主要探讨了环境规制与技术创新对工业发展水平的影响，发现工业发展存在空间相关性，环境规制对工业发展有推动作用，环境规制也可通过提升技术创新能力对工业发展水平产生积极影响。

二、黄河流域工业高质量发展指标研究

在指标体系构建上，向玲凛（2023）为从产出、分布和效率三个方面研究西部地区制造业发展动态，筛选总量、结构和效率三个维度的指标，测算综合发展指数。马永伟（2022）在从速度效益、产业优化、技术创新、人力资源和绿色发

展五个维度构建指标体系，研究工匠精神对制造业高质量发展的影响。车明佳和赵彦云（2021）以提质增效和五大发展理念为基础，构建中国工业高质量发展双循环指标体系。推动工业高质量发展是促进长江经济带建成高质量发展带的重要支撑。杜宇等（2020）从创新驱动、绿色转型、协同发展、开放发展、质量效益五个维度构建工业高质量发展评价体系，采用熵权 Topsis 法研判长江经济带工业高质量发展指数的时空演变特征，并揭示其驱动机制。李标和孙琨（2022）依循马克思主义经济发展质量的思想，从要素投入、生产过程、产出供给与内部结构四个维度构建指标体系，探究新时代工业高质量发展状况。在研究方法上，曲立等（2021）综合运用文献研究法、模型分析法、描述性统计法和泰尔指数等方法，评价我国区域制造业高质量发展的特征及差距。许光清等（2020）在 GML 指数的基础上构建 SBM 模型，研究制造业各行业的全要素能源效率，结果发现我国制造业已经实现了部分的新旧动能转换。侍旭和李万斌（2022）利用江苏省能源消费综合指数和工业数据，采用 VAR 模型对工业发展和能源消费的 Granger 因果关系和协整性进行实证分析，发现江苏省工业发展对能源消费存在显著的激励作用。张頔和曾绍伦（2023）运用熵权 Topsis 法进行实证分析，以贵州省为例，利用耦合协调度模型全面解析生态环境保护与工业高质量发展的耦合水平特征。巨虹等（2020）将生态全要素生产率作为衡量标准，使用超效率 DEA 及 Malmquist 指数模型，测算并分析黄河流域主要地级市及城市群的工业发展水平，发现流域内工业发展质量参差不齐，各地级市工业生态全要素生产率的近邻效应显著，呈现出集聚分布的特征。

三、黄河流域工业高质量发展实现路径研究

工业产业高质量发展是加快构建现代化产业体系的核心动能、全面建设制造强国的应有之义、推动国内国际联动循环的关键支撑。为加快推动工业领域绿色低碳转型，促进工业产业高质量发展目标的实现，越来越多的学者关注如何实现工业产业的高质量发展。当前文献主要从税收、产业创新、数字经济三个视角来进行研究：从税收视角来看，主要探讨政府税收减免能否促进工业高质量发展，学者们普遍认为政府减税可以减少对企业的资金占用，缓解生产经营活动发生的扭曲效应，进而提高企业高质量发展的积极性（郭吉涛、骆更岩，2023）。从产业创新视角来看，学者们普遍认为创新驱动正向促进制造业高质量发展。余红伟等（2024）基于工业企业数据，探讨当前中国工业企业碳减排的有效路径，认为

管理改进与技术创新是工业企业实现高质量减排的两大关键路径。从数字经济视角来看，数字经济已经成为促进工业高质量发展的强大驱动力。高泉涌（2023）在阐述工业产业高质量发展意义的基础上，指出现阶段应发挥数字经济优势与科技创新引领作用，推动新兴产业融合发展，打造强大的工业产业集群，加快形成新质生产力，从而增强工业产业高质量发展对中国式现代化的赋能作用。尚梅等（2023）采用时空极差熵权法、社会网络分析法揭示我国工业高质量发展的空间网络结构特征与演化规律，在此基础上从整体和内部两个角度为优化我国工业高质量发展空间格局、促进区域工业协同发展提出了相关政策建议。

黄河流域工业产业高质量发展对筑牢生态屏障、缩小经济差距、实现社会主义现代化具有关键作用，是实现全国整体产业高质量发展的重要步骤。孙继琼（2021）以黄河流域为研究对象，利用耦合协调度模型以及灰色预测法分析、预测黄河流域生态保护与高质量发展的耦合协调度现有以及未来可能情况。郭晗、胡晨园（2022）通过计算黄河流域生态环境保护、工业经济高质量发展以及二者耦合协调度的时空分布特征，发现黄河流域生态环境保护与工业经济高质量发展水平整体不高，存在区域差异。在黄河流域生态保护和高质量发展战略中，以生态保护为前提的高质量发展是实现流域现代化的必然选择。郝宪印、邵帅（2022）使用定性分析的方法，结合流域现状与特色，按照遵循自然规律，认为黄河流域要坚持利益共同体，探索一条人与自然和谐共生的流域生态保护和高质量发展有效路径。

通过对文献的梳理，发现目前围绕黄河流域工业高质量发展的理论研究已相对丰富，大多数关于工业高质量发展的评价体系构建均从其内涵出发，只是具体指标尚未达成一致。从研究对象来看，已有的测算大多停留在省际或区域层面，关于黄河流域工业高质量发展的研究较少，且未从演进态势、区域差异等角度对其进行全面分析。从测算方法来看，大多数文章仅使用主观赋值法或客观赋值法一种。主观赋权法主要依据研究者对各指标重要性的认知赋权，其方法的客观性受到诸多质疑。客观赋权法因无法突出某些指标的特殊性被人诟病，单一使用两者中的一个均具有局限性。鉴于此，本书结合黄河流域工业发展的现实情况，围绕五大发展理念构建工业高质量发展评价指标体系，在使用 AHP-熵值法测度其水平的基础上，利用核密度估计、Dagum 基尼系数法以及方差分解法，探讨其发展趋势、区域间分异状态以及分维度指标的贡献度，厘清流域高质量发展的内涵、特征性事实与长期趋势，为促进黄河流域工业高质量发展提供支撑，同时也能为以绿色发展为前提优化调整流域经济、社会资源的空间布局，促进上中下游地区高质量发展提供政策启示。

第三节　黄河流域服务业高质量发展研究现状

近年来，服务业在国民经济中所占比重越来越大，对经济增长的贡献有所增加。实践证明，发展服务业有利于优化产业结构，减少经济发展对资源的依赖，降低对环境破坏的程度，推动市场化、城市化、产业化进程，在促进就业、拉动消费、扩大对外贸易、提高人民精神文化生活水平等方面发挥着重要作用。然而，作为我国重要的粮食、能源、工业等产业聚集区，黄河流域的经济社会发展整体相对滞后，产业构成以初级加工业为主，第二产业比重较大，服务业发展相对落后，上中下游发展水平差异显著，服务业发展水平相对较高的有西安、郑州、济南等8个省会城市，其自身缺乏高端服务业，辐射能力弱，省域之间联系不紧密。因此，打破经济结构"低端锁定"，提升服务业发展质量，加快推动流域内产业实现智能化、服务化和绿色化转型升级，是实现黄河流域经济高质量发展的重要措施。

关于黄河流域服务业的研究，学者们多是在研究黄河流域产业高质量发展策略时提到服务业相关内容，针对黄河流域各城市服务业发展状况及其在现代产业体系中发挥的作用等方面的研究相对欠缺。与全国平均水平相比，黄河流域服务业比重偏低，产业发展偏向于生产制造环节，对资源要素的依赖性较强，发展质量不高。分流域来看，各流域发展差异明显，其中上游地区主要以重化工业等传统产业为主，服务业居于落后状态；中游地区在中部崛起的助力下，服务业发展水平稳步提高；下游地区服务业发展水平持续发展。分省份来看，黄河流域下游地区的山东省和河南省服务业发展质量较高，受生态脆弱、水土流失严重等资源环境、地理位置限制的宁夏回族自治区、甘肃省、内蒙古自治区的服务业发展质量较低，亟须重视产业高质量发展。

一、黄河流域服务业质量测度研究

有关服务业质量测度的研究尚处在初级阶段，现有研究主要集中在评价指标体系构建方面。一些学者基于五大发展理念对服务业质量进行了研究，陈景华和徐金（2021）以新发展理念为基准，构建了中国现代服务业高质量发展评价指标体系。一些学者对特定服务业高质量发展评价指标体系进行构建，汤婧和夏杰长（2020）从兼顾开放与安全、优化协调贸易结构、创新驱动服务升级、提升国际竞争力、可持续发展五个维度，对服务贸易高质量发展评价指标体系进行构建。关于黄河流域服务业质量测度的研究，赵瑞和申玉铭（2020）构建了服务业发展水平评价指标体系，包含发展规模、发展结构、发展效益三个方面，综合分析了黄河流域57个地级市的服务业发展水平及各行业发展特征，他们认为黄河流域服务业发展水平空间差异明显，发展速度缓慢，东中西部发展差距逐渐增大。

关于黄河流域上中下游服务业发展差异的研究。黄河流域上中下游地区在自然地理、水资源及开发利用、生态环境、经济社会和历史文化，特别是产业发展基础、潜力和制约方面存在较大差异，导致服务业形成的基础条件有所不同。姜长云等（2019）对黄河流域产业转型和绿色发展的研究表明，黄河流域上中下游产业存在发展差异，在服务业中有突出表现，上游地区的服务业发展以传统服务业扩张为主，中下游地区更依赖新一代信息技术。随着信息科技和数字经济的快速发展，服务业的发展步伐加快，2020年黄河流域服务业增加值增速达到1.23%。王海江等（2017）对黄河经济带中心城市服务能力的研究发现，该区域的服务业及生产性服务业发展水平在日益提升。

综上所述，现有关于黄河流域服务业质量测度的研究主要集中于上中下游服务业发展差异方面，对黄河流域整体服务业质量测度的研究极少。本书基于黄河流域2016~2020年76个地级市第三产业增加值和第三产业从业人员数据，通过测算服务业劳动生产率对黄河流域服务业质量进行测度，为黄河流域服务业质量研究提供新的研究视角。

二、黄河流域服务业质量与经济发展的关系

当前，中心城市作为黄河流域承载发展要素的主要载体，要因地制宜构建现代产业体系，通过发展黄河流域服务业，推动产业融合，培育黄河流域产业发展新优势，夯实黄河流域高质量发展的产业基础，形成优势互补的区域经济布局。现有关于黄河流域服务业质量与经济发展关系的研究主要集中在以下两个方面：

一是积极探讨现代服务业对经济发展的重要性。刘颖鑫（2021）从空间计量角度验证了科技服务业对黄河流域绿色全要素生产率有显著促进作用，提出加大

科技服务产业支持力度，提高区域创新服务水平等对策建议。杨永春等（2020）在探讨黄河流域高质量发展的基本条件与核心策略时，指出在探寻流域内新型产业发展模式时要积极发展现代服务业，尤其是旅游休闲产业和生产性服务业，要重点发展以展示黄河文明为核心的旅游休闲产业。

二是服务业产业聚焦对经济发展的影响。相关理论研究显示，产业聚焦能够通过清洁技术的扩散降低区域内的污染排放，集聚区内污染治理的规模效应会降低企业的单位治污成本。Zhao 等（2020）基于 DPSIR 模型，构建了黄河流域绿色发展评价指标体系，提出了发展第三产业、提高居民收入水平、加大对第三产业的金融支持力度等促进黄河流域绿色发展的对策。张娜和郭爱君（2022）在测度绿色经济效率的基础上，系统分析了黄河流域服务业聚集对城市绿色经济效率的影响，认为服务业集聚能够通过促进技术创新和优化产业结构来提升城市绿色经济效率，并且这一提升作用随着上游到下游地区服务业集聚水平的降低而逐渐减弱。李本庆等（2022）对生产性服务业集聚影响黄河流域城市高质量发展的机理进行了理论阐释和实证检验，认为生产性服务业集聚通过人力资本提升及生产率增长两条路径助推黄河流域高质量发展，多样化集聚通过人力资本提升、结构优化升级及生产率增长三条途径助推黄河流域高质量发展。

服务业在经济结构优化、产业结构调整、产业生态化转型等方面具有积极作用，黄河流域服务业在经济结构中的占比偏低，相关学者提出要发展现代服务业，增加服务业占比，以促进黄河流域高质量发展。徐辉等（2020）在黄河流域高质量发展水平测度研究中提到要适度增加服务业占比，以促进经济结构优化和转型升级。金凤君等（2020）在黄河流域产业发展对生态环境的胁迫诊断与优化路径识别中指出，要积极拓展现代服务业以调整产业发展结构，积极推进新型工业化。任保平和杜宇翔（2022）在研究黄河流域高质量发展背景下产业生态化转型的路径与政策时提出，从做大做强生产性服务业、推动现代服务业发展、立足生态禀赋发展生态旅游三个维度推动服务业生态化。

综上所述，现有关于黄河流域服务业质量与经济发展关系的研究多集中于服务业，尤其是生产性服务业集聚对经济的影响，研究视角比较单一，专门研究服务业本身与经济发展关系的文献较少。本书运用空间自相关检验方法探究黄河流域服务业高质量发展水平的空间分布，采用 Dagum 基尼系数分解法及核密度估计方法分析黄河流域服务业高质量发展区域差异情况及动态演变过程，利用传统马尔科夫链和空间马尔科夫链预测黄河流域服务业高质量发展的时空演变趋势，在此基础上提出促进黄河流域服务业高质量发展的对策建议。

三、黄河流域服务业高质量发展实现路径研究

生产性服务业作为服务业的重要组成部分，具有专业化程度高、产业关联度高、带动效应强等特点，其发展水平关系到经济运行效率、经济增长和产业结构转型升级等诸多方面。大力发展生产性服务业，发挥生产性服务业对第一、二产业的支撑功能，不仅是促进第一、二、三产业，特别是制造业和现代服务业深度融合的重要举措，更是引领经济新常态、促进经济高质量发展的重要突破点。

孟琳琳（2021）研究发现黄河流域生产性服务业发展水平低于全国平均水平，提出改善生产性服务业发展的制度环境、注重产业关联效应、构建高质量人才体系等促进黄河流域生产性服务业发展的对策。胡芮（2022）通过实证研究发现黄河流域制造业与生产性服务业协同集聚对高质量发展具有正向促进作用，提出优化生产性服务业空间布局、发展高水平产业、提高协同集聚水平等建议。张海男（2021）在研究生产性服务业集聚对黄河流域经济高质量发展的影响时提到，注重信息传输、软件和信息技术服务产业的发展，以优化生产性服务业内部结构；关注生产性服务业专业化集聚和多样化集聚，以发挥规模效应和集聚效应。

综上所述，现有关于黄河流域服务业的研究主要集中于服务业集聚及生产性服务业对黄河流域高质量发展的影响，研究视角比较单一，并且缺乏对黄河流域服务业产业质量的测度及服务业高质量发展的探究。由于黄河在四川省只流经阿坝藏族羌族自治州和甘孜藏族自治州，其地域情况较为特殊，故本书未予考虑。基于此，本书选取 2016～2020 年黄河流域其他 8 省（区）76 个地级市的数据，对服务业劳动生产率进行测算，并对其进行空间可视化分析，丰富和拓展了有关黄河流域服务业发展质量的研究，为黄河流域经济高质量发展提供了参考。

第四节 黄河流域资源环境高质量发展研究现状

黄河流域是我国重要的经济地带，构成了北方地区重要的生态屏障。加强黄河流域的生态保护和环境治理，提高黄河流域环境承载力，对于维护我国生态安

全，推动流域各省（区）经济社会高质量发展具有十分重要的现实意义。当前，黄河流域整体发展基础薄弱、生态环境脆弱、水资源短缺、环境治理能力不足，沿黄各省（区）的生态修复治理工作和未来经济社会发展面临严峻挑战。2020年，黄河流域水资源消耗率高达71%，水资源短缺；废水排放量约占全国的6%，化学需氧量排放量约占全国的7%，环境承载力下降。黄河流域要实现高质量发展，在经济运行中必须坚持"生态保护"和"经济发展"协同推进。2020年1月，习近平总书记在中央财经委员会第六次会议上强调，黄河流域必须下大气力进行大保护、大治理，走生态保护和高质量发展的路子。这为黄河流域生态保护和环境治理提供了基本遵循。

一、黄河流域资源环境承载力测度研究

关于黄河流域资源环境承载力的测度，相关研究主要集中于评价指标体系建构和测度方法两方面。

在评价指标体系构建方面，Wang 和 Xu（2017）从资源环境和社会经济两个维度构建了东营市资源环境承载力评价指标体系，采用主成分分析法对2011~2015年东营市资源环境承载力进行综合评价。任保平和邹起浩（2021）构建了黄河流域环境承载力评价指标体系，包含环境容纳、资源承载力和经济社会承载力三个方面，综合分析了黄河流域的环境承载力，发现黄河流域环境承载力整体表现出稳步增长的发展趋势。王艳和雷淑珍（2022）选取交通基础设施建设水平、人均水资源量等20个指标构建资源环境承载力评价指标体系，测度了2008~2019年黄河流域资源环境承载力及各子系统的承载力，并采用障碍度模型确定了障碍因子。

在测度方法方面，李豫新和曹梦渊（2022）运用改进熵值法、ESDA 方法和GIS 空间分析技术剖析了黄河流域城市综合承载力的时空演变特征，发现压力子系统指数小幅上升，响应子系统指数在2009~2016年呈持续上升态势，2017~2018年出现小幅下降。Wang 等（2017）采用主成分分析法对2011~2015年东营市5个县（区）的生态成本进行了时间和空间维度的评价。李金铠等（2022）运用 DPSIR 模型对黄河流域开发区的演变趋势及产业集聚特征进行了研究，发现开发区集聚区域总体生态承载力下降。

本书在已有资源环境承载力评价指标体系的基础上，选取资源禀赋、资源利用、环境压力和环境治理四个维度构建黄河流域资源环境承载力评价指标体系，

并将资源禀赋的重点放在粮食产量、农作物播种面积上，将资源利用的重点放在水资源的利用上，为现有研究提供了新的指标体系构建视角。

二、黄河流域资源环境与经济发展的关系

库兹涅茨提出环境与经济之间呈倒"U"形曲线关系，即环境污染程度会随着经济的稳步提升由高趋低（李玉文等，2005）。周清香和何爱平（2020）运用环境规制与高质量发展的相关理论，研究发现两者之间呈倒"U"形关系，认为黄河流域环境规制没有明显改善环境质量。周成等（2023）运用加权求和法、SBM模型研究了2009~2018年黄河流域生态韧性与效率的时空演变特征，认为黄河流域生态效率呈先降后升的"U"形演变特征，面临较大的生态威胁和环保压力。环境污染与经济发展之间的关系位于库兹涅茨曲线的"拐点"之前，环境污染程度随经济发展而加剧，但在环境政策支持下依然能够实现两者的协同发展。吴慧和上官绪明（2021）基于空间杜宾模型及工具变量法，系统考察了黄河流域58个地级以上城市的环境规制、产业升级对黄河流域经济高质量发展的影响，结果表明环境规制和产业升级对黄河流域经济高质量发展均有显著的提升作用。除"U"形关系外，学者们还利用生态效率指标对黄河流域环境与经济的适配程度进行了研究。徐峰等（2022）运用变系数模型对黄河流域生态效率的时空变化趋势和影响动因进行研究，发现黄河流域整体生态效率有一定提升，但沿黄九省份的平均水平均低于全国平均水平，且两极分化严重，经济发展对生态效率的正向驱动效果明显。陈明华等（2020）测度了2004~2018年黄河流域的城市生态效率，发现城市生态效率总体呈现波动下降趋势，下游地区城市生态效率明显高于中上游。杨燕燕等（2021）基于非期望产出的Super-SBM模型，测度了2005~2019年黄河流域各省份的生态效率，发现黄河流域生态效率呈现波动变化趋势，且上中下游地区差异显著。

黄河流域的生态保护和高质量发展要平衡好生态环境保护与经济发展之间的关系，重视两者的协同发展。现有关于黄河流域生态环境与经济高质量发展关系的评价研究，主要集中于评价指标体系构建及两者耦合协调度测算两方面。在指标体系构建方面，刘娇妹等（2023）从经济高质量发展、社会高质量发展、环境高质量发展三个维度，构建黄河流域河南段生态保护和高质量发展评价指标体系，发现黄河流域河南段生态保护和高质量发展整体处于中等水平，还有较大的发展空间。杨慧芳和张合林（2022）构建了生态保护和经济高质量发展评价指标

体系，发现黄河流域各省份两大系统的综合评价指数均呈现增长态势，但经济增长的平稳性要优于生态环境。在耦合协调度测算方面。Zhao 等（2021）运用耦合协调度模型，分析了经济发展与生态状态、耦合度和耦合协调度的时空演变趋势，发现 2015～2018 年由于经济发展与生态条件的差异逐渐加大，两者的耦合度和协调度下降。石涛（2020）运用社会网络分析法研究黄河流域经济生态耦合协调联动效应的总体关联性和联动网络结构特征，指出黄河流域经济生态耦合度呈现稳中有降变化趋势。宁朝山和李绍东（2020）依据 2011～2018 年黄河流域地级及以上城市数据，采用复杂系统耦合协同度模型测算了生态保护与高质量发展的协同度。Liu 等（2021）采用耦合协调度模型和地理加权回归模型分析了 2008～2017 年黄河流域 36 个城市的经济发展与生态环境的耦合协调关系，并对影响因素进行了分析。刘建华等（2020）采用"单指标量化—多指标综合—多准则集成"方法，对黄河流域生态保护和高质量发展的协同度进行了定量评估，发现黄河流域协同度呈现上升趋势，由"接近协同"向"较协同"转变，但整体协同度还不高。孙继琼（2021）运用灰色 GM（1，1）模型对耦合协调度进行预测，发现黄河流域生态保护指数和高质量发展指数均呈现日益增长的变化趋势，生态保护与高质量发展的关系经历了从"发展滞后"到"保护滞后"的转变。

在时空耦合特征及两者的作用机理方面，刘潭和徐璋勇（2022）在测算黄河流域经济发展、绿色创新与生态环境耦合协调度的基础上，对其时空协同演变特征展开了分析，指出黄河流域经济发展、绿色创新与生态环境的耦合协调度逐年递增，但近年来生态环境系统相对滞后。崔盼盼等（2020）利用熵权法及弹性系数法对黄河流域生态环境与高质量发展的时空耦合特征进行评价，认为黄河流域生态环境与高质量发展的耦合关系以同向但不理想的"同减"变化类型为主，整体呈现倒退趋势，但山西、河南、甘肃及青海的耦合关系呈良性发展趋势。在研究黄河流域生态保护与高质量发展的耦合机理的基础上，刘琳轲等（2021）运用面板 VAR 模型进行研究，发现黄河流域生态保护和高质量发展之间存在正相关关系。任保平和杜宇翔（2021）运用耦合协调度模型、空间自相关模型、灰色关联模型，分析了 2012～2018 年黄河流域各地级市经济增长、产业发展与生态环境的耦合协同机理。总之，黄河流域应加强生态保护和高质量发展之间的协调关系，以流域整体生态保护水平的提升为根基，促进流域高质量发展。

综上所述，现有研究主要从黄河流域经济发展与生态保护的耦合协调关系出发进行研究，经济发展变量的指标构建维度比较相似，采用的研究方法比较单一。本书不仅对构成黄河流域资源环境承载力评价指标体系的四个维度进行了耦合协调分析，而且对黄河流域的资源环境承载力进行了空间自相关检验及核密度估计，发现四大维度的相互作用程度不断减弱，且黄河流域各地级市间的资源环境承载力整体上呈现出空间正相关关系，丰富了当前关于黄河流域环境质量的研究。

三、黄河流域生态保护与高质量发展的相关研究

Zhang 等（2021）通过构建指标体系对黄河三角洲生态环境脆弱性进行了准确的评价，指出黄河流域生态环境处于"强脆弱性"水平，为加大力度保护黄河流域生态环境提供了依据。制约黄河流域生态保护和高质量发展的关键问题在于自身的环境，主要包括生态环境脆弱、资源禀赋差异、环境承载力弱三个方面的问题：

一是水土流失、水污染严重、水资源短缺等导致的黄河流域生态环境脆弱。推进黄河流域水资源节约和集约利用，坚持"四水四定"（以水定城、以水定地、以水定人、以水定产），构建黄河流域可持续水管理体系，是促进流域产业全面绿色转型、实现流域生态保护和高质量发展的重要基础。程蕾等（2023）从黄河流域水治理战略演变、流域水管理制度变迁两个层面梳理了黄河流域水管理体系的发展历程及现状，认为黄河流域实施"以水定产"在管理体制统筹协同、人水和谐效益优化等方面存在挑战。Chen 等（2020）以黄河流域上游、中游、下游为研究对象，探究了水质和水量的可持续性，发现了黄河水资源的可持续性在质量和数量上都面临风险，提出了建立水权交易制度、在农业实践中实施精准灌溉、调整黄河流域产业结构等对策。牟牧戈等（2023）采用主客观赋权法测度了黄河流域各省份的水贫困指数，分析其时空演变特征，发现黄河流域水贫困区域差异明显，水贫困标准差椭圆呈东（偏北）—西（偏南）的分布格局。

二是黄河流域上中下游地区资源禀赋差异明显，不利于流域经济的协调发展。生态环境保护要充分考虑上中下游的差异，加大上游水源涵养、中游水土保持、下游黄河三角洲湿地保护。郭晗（2020）认为不同区域间的自然禀赋差异影响地区生态环境，强调黄河流域高质量发展应在保护生态的前提下促进区域协调发展。Zhu 等（2022）分析了黄河流域中下游地区生态保护对高质量发展的重要性，提出要实施区域差异化发展战略、加强城市间跨区域联动、注重核心驱动因

素差异等对策。杨永春等（2020）分析了黄河上游地区对维护我国生态安全和促进经济协调发展的作用。

三是黄河流域洪涝灾害频发、环境承载力弱等问题制约了生态保护和经济高质量发展。Lan 等（2022）揭示了黄河三角洲地质、地表和气候在过去、现在和未来的相互关联的灾害孕育机制，阐明了黄河流域灾害区域模式、动力机制、灾害链生及灾害与生态相互反馈效应。于法稳等（2023）从环境状况、认知水平、支撑能力及保障体系四个方面，剖析了黄河流域县域生态治理面临的核心问题，提出了实现黄河流域县域生态治理的对策建议。还有学者强调科技创新对黄河流域绿色发展的重要性，曾刚和胡森林（2021）的研究明确了创新是黄河流域高质量发展的重要内容，他们利用黄河流域 79 个地级市的面板数据进行实证分析，发现城市技术创新能力的提升与该城市绿色发展存在显著的"U"形（先抑制，后促进）关系。

地域广阔、资源禀赋差异显著、生态环境脆弱等因素使黄河流域的高质量发展具有特殊性，因此其他地区高质量发展的举措不能完全适用，应在剖析黄河流域高质量发展存在问题的基础上，找到相应的制约因素，对症下药，制定针对性的治理方案，在生态可持续发展的基础上，实现黄河流域经济高质量发展。已有文献对于黄河流域生态保护与高质量发展的实现路径探究分为以下三个方面：

一是深化区域协同发展战略。刘洋和马静（2023）运用社会网络分析法探析黄河流域中心城市高质量发展水平的空间网络结构特征，发现黄河流域中心城市间的网络联系松散，共同推动黄河流域生态保护和高质量发展的协同合作、协调发展机制尚未形成。黄燕芬等（2020）根据莱茵河治理经验，发现要推进黄河流域生态保护和高质量发展，须构建黄河流域内府际协同治理机制，健全黄河流域社会协同治理机制。任保平（2020）提出从黄河流域的实际情况出发，选择绿色发展导向下的分类发展、联动发展、协同发展和合作发展一体的高质量发展模式。张伟丽等（2022）借助耦合协调度模型、引力模型、社会网络分析法等考察了黄河流域生态保护与经济高质量发展的耦合协调网络，在此基础上从协调机制构建、制定层次化和专业化的区域政策、发挥互动优势提升耦合协调度等角度提出对策。

二是建立健全流域生态补偿机制。张筱雨（2022）分析了黄河流域当前生态补偿机制缺少市场化机制、补偿客体与主体不一致、政府角色定位不准等问题，为黄河流域生态补偿效率的提高提供了新思路。史歌（2023）分析了黄河流域生态环境及经济发展存在的问题，提出了高质量发展背景下黄河流域生态补偿机制面临的新要求。贺辉（2022）提出了优化生态补偿机制法律框架和资金来源、开展黄河流域行政区内部补偿制度的探索等黄河流域生态补偿法律优化路径。

三是以产业结构优化升级助推流域经济高质量发展。段鑫和陈亮（2023）以黄河流域35个资源型城市为研究对象，基于双向固定效应模型进行实证研究，发现产业结构升级能够显著提升黄河流域资源型城市经济高质量发展水平。Zhao等（2021）运用广义矩量法进一步分析了资源禀赋和产业结构对城市绿色发展的影响，结果表明资源禀赋抑制了城市绿色发展，黄河流域存在资源诅咒现象，产业结构高级化对城市绿色发展有显著促进作用。张瑞等（2020）运用SYS-GMM模型进行实证研究，发现产业结构高级化对黄河流域高质量发展有显著驱动作用，产业结构合理化对高质量发展的影响因城市类型不同存在差异。

综上所述，现有关于黄河流域资源环境质量的研究主要集中于流域整体的系统性研究、生态保护与高质量发展的关系方面，讨论黄河流域协同发展的研究较少。本书选取黄河流域2016~2020年8省区76个地级市的数据，构建了资源环境承载力评价指标体系，采用层次分析法测度了资源环境承载力，分区域、分维度对黄河流域资源环境承载力进行了分析，并对其时空分异特征进行了探究，丰富了现有文献关于黄河流域资源环境质量的研究。

第五节 基于不同视角方法的黄河流域产业高质量发展研究

一、研究视角对比

黄河流域是我国经济发展重点区，是高质量发展的试验区，黄河流域产业发展关乎国内经济发展。现有关于黄河流域产业发展的研究主要集中于黄河流域产业高质量发展评估及黄河流域产业发展的影响因素测定两个方面。高质量发展是新时代背景下各产业前进的必经道路，也是现如今的热点话题。黄河流域高质量发展研究主要从"是什么"（高质量发展定义、现状及问题）、"怎么做"（高质量发展实现的路径）、"到哪里"（产业高质量发展的政策建议）三个视角出发，最终研究目的是为产业高质量发展建言献策。关于黄河流域产业发展影响因素的研究分宏观与微观两个维度，宏观维度下的研究主要集中于经济发展水平、绿色环保水平、产业结构升级及宏观政策影响四个方面。微观维度下不同视角的研究主要以宏观研究的四个方面为基础进行细分，具体内容包括经济发展水平下的各产业绩效视角研究、城市群发展视角研究、数字经济视角研究；绿色环保水平下的农业水资源分布及效率研究、生态韧性及环境承载力研究、碳排放研究；产业结构升级下的各产业聚集视角研究、农业科技园区研究；宏观政策下的环境规制视角研究、低碳政策研究、多种政策组合视角下的研究。

研究发现，黄河流域九省份经济总体向好，三大产业正逐步迈向高质量发展阶段，资源环境保护力度不断提升（张伟丽等，2023；冯飞、吴明阳，2023）。各产业绩效整体提升，黄河流域农业生态效率与工业绿色发展效率总体表现出波动上升趋势（袁培、周颖，2021；赵建吉等，2022），城市群在城市群一体化过程中经济、社会、生态环境各系统发展水平均不断提高，但高质量发展水平整体偏低（刘炟等，2023；康艳青等，2023），数字经济能有效推动产业高质量发展（李治国等，2023；马中东等，2023）。在生态环保方面，黄河流域生态效率动态上具有"上升—波动—下降"的阶段特征，整体呈上升态势，但9省份平均水平均低于全国平均水平，且两极分化严重（郭力等，2023；杨东阳等，2023）；在产业结构升级方面，服务业集聚有利于黄河流域减碳增效，农业集聚对农业效率有正向作用，各产业合理化、高级化发展能提升生态效率（张明志等，2023；杨东阳，2023）；在政策方面，各项政策的颁布实施都推动了黄河流域的发展，低碳城市试点政策对黄河流域商贸流通产业发展具有显著的促进作用，可持续发展政策的实施对黄河流域资源型城市的绿色发展具有显著的正向影响（张卓群等，2022；张国兴、霍晓楠，2023）。

二、研究方法对比

国内学者对黄河流域产业发展的现状进行分析时，主要采用定性分析法和规范分析法，在充分理解研究对象"质"的前提下对高质量发展在不同产业分别进行定义，并通过实证分析法验证不同产业高质量发展现状。在研究黄河流域产业发展效率及高质量发展水平时，现有文献常采用 DEA 模型、熵值法、SBM 模型等研究方法，对产业发展路径及机制的研究缺少理论分析。DEA 模型由于无需预设函数，也不强调模型的具体形式，对多投入、多产出的决策单元能进行更准确的相对效率测算，因此成为主流测算效率的方法，但 DEA 模型测度的是相对效率，而非绝对效率，且其无法衡量产量为负的情况；熵值法是一种简便易操作的测算方法，但熵值法不能减少评价指标的维度，且忽略了指标本身的重要程度；SBM 仅可测算非径向距离，是在损失一定松弛变量的基础上测算的，估计结果可能有偏差。在研究黄河流域产业高质量发展升级路径时，现有研究大多采用案例分析方法，缺少可计量的实证分析。国内研究也主要采用个案分析法和理论分析法，没有构建起黄河流域产业高质量发展的完整框架，缺乏统计分析和定量分析。

基于前述研究，本书从三大产业及资源环境质量治理的视角出发，综合运用熵值法、层次分析法等多种方法测度黄河流域各产业发展现状，并运用莫兰指数、核密度估计等方法研究各产业空间演变特征，发现存在的障碍，提出有效的治理途径，提高各产业发展能力和水平，促进各产业高质量、高效率发展，最终形成黄河流域产业高质量发展的理论框架。本书具体内容如下：农业方面，通过构建黄河流域农业高质量发展评价指标体系，对专家打分后的各评价指标计算权重，测得黄河流域各地级市农业高质量发展指数；然后通过核密度估计等方法考察黄河流域农业高质量发展指数的动态演变特征。工业产业方面，借鉴递阶层次结构，构建黄河流域工业高质量发展评价指标体系，利用核密度估计、Dagum 基尼系数分解法，分析黄河流域工业高质量发展水平的动态演变趋势。服务业产业方面，对黄河流域服务业高质量发展水平进行可视化分析；运用空间自相关检验方法探究黄河流域服务业高质量发展水平空间分布；采用 Dagum 基尼系数分解方法及核密度估计分析黄河流域服务业高质量发展水平的区域差异情况及动态演变过程；利用传统马尔科夫链和空间马尔科夫链预测黄河流域服务业高质量发展水平的时空演变趋势。资源环境方面，构建黄河流域资源环境承载力评价指标体系，采用层次分析法和熵值法相结合的方式对黄河流域的资源环境承载力进行测算和综合评价，并对黄河流域的资源环境承载力进行空间自相关检验。

第六节　文献评述

2023 年 5 月 10 日，在中国知网上以"黄河流域"为主题词进行搜索，共有

20089 篇文献。其中，以"黄河流域农业产业"为主题有 1714 篇，以"黄河流域工业产业"为主题有 581 篇，以"黄河流域服务业产业"为主题有 39 篇，以"黄河流域资源环境质量"为主题有 128 篇。党的二十大召开后，黄河流域发展再次成为热点话题，黄河流域产业高质量发展成为学术界讨论的重点话题。面对国内有效需求不足、资源环境保护不足等发展问题，如何实现黄河流域九省份产业高质量发展，推动产业优化、结构升级，成为"十四五"时期亟须解决的主要问题。然而，从国内外相关理论研究现状来看，已有理论模型在解决实际问题时尚存在一些不足。

第一，没有得出产业高质量发展的具体实现路径的一般结论与方法，只是分析了高质量发展现状及其与经济发展的联系（赵敏等，2022；李治国等，2023；康艳青等，2023）。黄河流域产业高质量发展是近些年的研究重点，主要集中于测度各产业发展效率及单个生产要素的发展效率，侧重于对产业发展现状进行评估。已有文献以黄河流域周边省份或城市群为研究范围，以农业、工业、服务业及生态环境保护为研究对象，测度各产业总体经济绩效及影响因素，结果显示经济发展趋势向好，但各产业组织结构仍有待升级，鲜有文献创新性地提出各产业高质量发展的一般性路径。在农业方面，学术界对黄河流域农业生态效率、农业高质量发展进行了大量研究，但并未具体表述出黄河流域各地区应采用什么具体的技术来实现高质量发展；在工业方面，现有文献缺少对工业高质量发展动力机制的分析。

第二，是在治理视角下，关于黄河流域产业高质量发展影响变量的研究不足，外部环境及政策影响正逐渐成为影响产业高质量发展的因素，如"双碳"政策、国际贸易政策、黄河流域文化因素等，但黄河流域发展理论忽略了这些变量（张晓昱等，2022；陈肖飞等，2023）。在农业方面，相关文献忽视了农业生态污染对农业高质量发展的阻碍作用。

第三，在测度黄河流域产业高质量发展水平方面，前述文献多采用省级数据，少有文献采用地级市数据进行研究。党的十八届五中全会提出的新发展理念，科学系统性地回答了关于产业高质量发展的评判标准，创新、协调、绿色、开放、共享五个发展维度成为各产业实现高质量发展的指引和目标。通过查阅现有文献可知，各产业高质量发展水平评价多采用省级数据，并未对地级市进行详细研究，不利于区分区域发展的具体差异。

基于上述分析，现有关于黄河流域产业高质量发展问题的研究普遍集中于高质量发展及影响因素测度方面，认识到了黄河流域产业高质量发展存在的不均衡问题，认为新发展理念是产业高质量发展应遵循的原则，但是现有研究未能打开"高质量发展黑箱"，没有提出一般性路径及有效的解决方法。本书的贡献：一是通过研究黄河流域农业、工业、服务业高质量发展及资源环境承载力现状，提出构建各产业高质量发展指数的理论框架，准确、科学度量黄河流域产业高质量发展水平，进而为推动全产业高质量发展建言献策，实现黄河流域全产业链升级。二是根据各产业发展特点构建指标体系，综合运用多种方法对产业发展现状进行测量，并分别研究农业、工业、服务业高质量发展水平及资源环境承载力的空间演变格局。三是研究数据及研究对象更新。受制于数据的可得性，现有研究没有用到最新的数据，且多数相关研究仅将黄河流域各省份作为研究样本，对各地级市少有研究。本书采用地级市统计数据进行研究，有利于对黄河流域各产业发展情况进行更详细准确的研究。

第三章 黄河流域产业发展现状

第一节 产业发展现状

改革开放40多年来，我国经济建设取得重大成就，综合国力显著增强，科技实力大幅跃升，但在经济高速发展的过程中，黄河流域经济发展出现了盲目追求经济总量、水资源利用过度、生态环境污染较严重等问题，导致黄河流域生态遭到了破坏。"绿水青山就是金山银山"，我们必须合理处理黄河流域生态环境保护与高质量发展的关系。2021年《黄河流域生态保护和高质量发展规划纲要》提出，要坚持生态优先、绿色发展；坚持量水而行、节水优先；坚持因地制宜、分类施策；坚持统筹谋划、协同推进的原则。

一、农业发展状况

黄河流经高原，海拔高，上游大部分地区年降水量少于500毫米，平均降水量200~250毫米；中下游华北地区和黄淮地区年均降水量为400~600毫米，降水分布不均，年际变化大。黄河流域有黄淮海平原、汾渭平原、河套灌区等农产品主产区，谷物、薯类、豆类、蔬菜、苹果、西瓜、肉类及水产品产量占全国1/3左右，农牧业基础好。

农业生产中存在的问题日益凸显，一方面，生产水平低、农业结构单一、社会需求与资源环境之间的矛盾突出。2021年，黄河流域耕地面积广阔，约占全国的34.34%。如图3-1所示，河南的面积最大，为14705.13千公顷，约占全国的8.72%；播种面积第二的是山东，为10948.59千公顷，约占全国的6.49%。

山西、陕西和甘肃的播种面积均不足全国的3%，青海和宁夏的播种面积占全国的比例不足1%。但是，2021年黄河流域农作物单位面积粮食产量只占全国的25.86%。如图3-2所示，山东、河南单位面积粮食产量最多，分别为6583.67千克/公顷、6074.99千克/公顷，分别占全国单位面积粮食产量的3.69%和3.40%。其次是四川、内蒙古和宁夏，分别为5634.32千克/公顷、5578.32千克/公顷和5345.2千克/公顷，分别占全国单位面积粮食产量的3.15%、3.12%和2.99%。再次是山西、陕西和甘肃，分别为4529.07千克/公顷、4228.65千克/公顷和4600.56千克/公顷，分别占全国单位面积粮食产量的2.54%、2.37%和2.58%。最后是青海，单位面积产量为3607.35千克/公顷，仅占全国的2.02%。

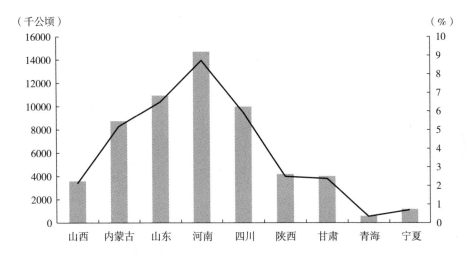

图3-1 2021年黄河流域九省（区）粮食总播种面积及其占全国比例

资料来源：国家统计局。

另一方面，农业生产用水与生态建设用水之间的矛盾日益突出。过去，人们为了扩大耕地面积，提高单产，采用大水漫灌的方式种植农作物，大量利用地表水和地下水，导致一些河流断流和地下水位大幅度下降，致使土地沙化问题加剧。在黄河流域，水少是非常严重的问题，制约着农业的可持续发展。如图3-3所示，2013~2021年黄河流域有效灌溉面积只占全国约30%，农业用水浪费严重。

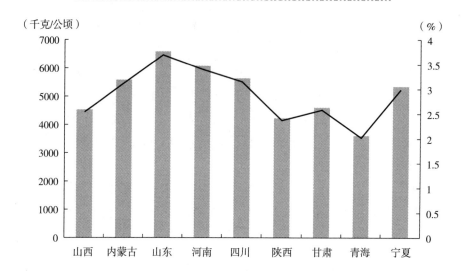

图 3-2 2021 年黄河流域九省（区）农作物单位面积粮食产量及其占全国比例

资料来源：国家统计局。

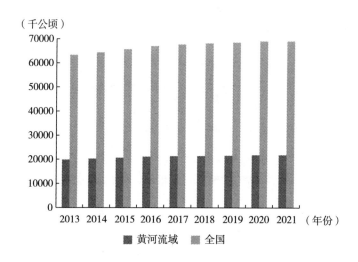

图 3-3 全国及黄河流域有效灌溉面积

资料来源：国家统计局。

二、工业发展状况

黄河作为中国第二长河，流经青藏高原、黄土高原和华北平原，上中游地区煤炭资源丰富，下游地区天然气、石油资源储量大，水资源也十分丰富。优越的地理条件使黄河流域有着充足的矿产资源，《2020～2021年中国黄河流域矿山生态修复发展报告》指出黄河流域已被探明的矿产有37种，约占全国的82%。其中，具有全国性优势的矿产有稀土、石膏、玻璃用石英岩、铌、煤、铝土矿、钼、耐火黏土八种，如表3-1所示。矿产资源分布相对集中，为综合开发利用提供了有利条件，是我国重要的能源、化工、原材料和基础工业基地。

表3-1 黄河流域矿产基本情况表

优势性	矿产名称	保有储量		占全国比重（%）	主要分布省份
		数量	单位		
全国性优势	稀土	9024.0	万吨	97.9	蒙、青、陕
	石膏	433.3	亿吨	75.5	鲁、蒙、青、宁
	玻璃用石英岩	17.3	亿吨	74.9	青、晋、豫
	铌	136.6	万吨	50.0	蒙、晋、豫
	煤	4492.4	亿吨	46.5	陕、晋、蒙、宁、甘、豫、鲁、青
	铝土矿	9.2	亿吨	44.4	晋、豫、陕、鲁
	钼	370.5	万吨	43.2	豫、陕、晋
	耐火黏土	7.8	亿吨	37.1	晋、蒙、豫、鲁、陕
地区性优势	石油	41.0	亿吨	26.6	鲁、豫、陕、甘
	芒硝	55.4	亿吨	20.0	青、蒙、晋
相对优势	天然碱	885.1	万吨	15.5	蒙
	硫铁矿	6.4	亿吨	14.3	蒙、豫、晋、甘
	水泥用灰岩	53.2	亿吨	13.4	陕、甘、豫、鲁、青、宁、晋、蒙
	钨	64.2	亿吨	12.5	豫、青
	铜	724.2	万吨	11.8	晋、青、蒙、陕、甘、鲁、豫
	岩金	185.0	吨	11.4	豫、陕、蒙、晋、青、甘

资料来源：根据《黄河年鉴》相关统计数据整理。

虽然黄河流域自然资源丰富，为工业发展提供了天然的物质基础，但是在黄河流域工业化进程中，出现了一些不可忽视的问题。

1. 黄河流域产业结构层次不高

《黄河流域生态保护和高质量发展规划纲要》指出，黄河流域最大的短板是高质量发展不充分。黄河流域沿岸地区产业结构不合理，以工业为主，初级加工业占比较高，矿产资源采掘业特色突出；第三产业比重低于全国平均水平，显著低于沿海地区；第一产业占比高于全国平均水平。如图 3-4 所示，2013~2022 年第二产业增加值增加的速度越来越缓慢，第三产业增加值增加的速度越来越快，第一产业增加值一直呈现较低的增速。具体表现在第一产业增加值比重变化不显著；第二产业增加值比重逐年下降，后略有回升；第三产业增加值比重先升高，而后出现小幅度的下降。

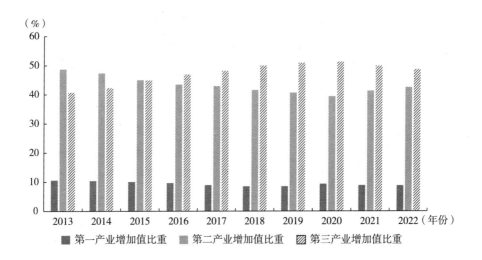

图 3-4　2013~2022 年黄河流域三次产业增加值占地区 GDP 比重

资料来源：国家统计局。

长三角地区三次产业增加值比重如图 3-5 所示。相较于黄河流域而言，长三角地区 2013~2022 年第一产业增加值比重逐年递减，第二产业和第三产业增加值比重有小幅度的波动。总体而言，长三角地区第一产业增加值比重低于黄河流域，第二产业和第三产业增加值比重都高于黄河流域。这进一步说明，相较于发展程度较高的长三角地区，黄河流域工业发展存在产业倚能倚重、低质低效与发展落后，以能源化工、原材料、农牧业等为主导的特征明显等问题，致使第二产业出现增加值比重整体上看逐年递减的状况。

2. 黄河流域内部发展差距较大

黄河流域位于北纬 32°10′~41°50′，东经 95°53′~119°05′，南北纵越 9 个纬度，东西横跨 23 个经度。该流域地势复杂，受地理环境的制约，沿黄各省经济

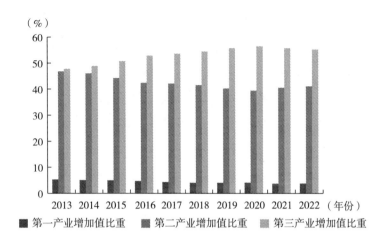

图 3-5　2013~2022 年长三角三次产业增加值比重

资料来源：国家统计局。

联系度历来不高，区域分工协作意识不强。黄河流域上游地区，如青海、宁夏、甘肃和内蒙古，生产总值普遍较低。中游地区，如陕西和山西，生产总值处于中等水平。下游地区，如河南和山东，生产总值较高，经济发展水平较高。国家统计局，2022 年黄河流域下游地区 GDP 约占黄河流域 GDP 的 48.47%，上游地区和下游地区分别为 24.96% 和 26.57%，流域内部发展差距大，如图 3-6 所示。

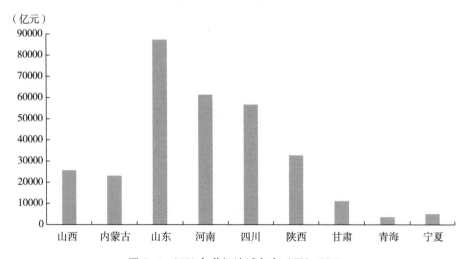

图 3-6　2022 年黄河流域各省（区）GDP

资料来源：国家统计局。

3．工业污染较为严重

2021 年黄河流域九省（区）规模以上的工业企业共有 93186 家，占全国的 21.1%。2016 年黄河流域的废水排放量达到 1800573 万吨，占全国的 25.32%（见图 3-7）。2021 年黄河流域二氧化硫的排放量高达 99.98 万吨，占全国的 38.23%（见图 3-8）。工业的发展，尤其是重化工业给黄河流域带来了较大的环境污染。

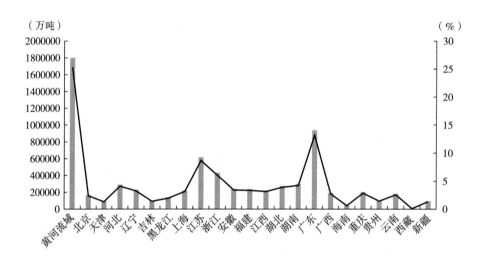

图 3-7　2016 年全国废水排放总量及其占比

资料来源：国家统计局。

同时，近年来工业污染治理完成投资逐年减少，工业污染治理力度有待提高，黄河流域生态环境保护措施仍需进一步落实。在 2021 年黄河流域工业污染治理中（见图 3-9），山东省完成度最高，其次是内蒙古自治区。其他省份的完成度有待加强。

三、服务业发展现状

伴随国家对黄河流域生态保护和高质量发展的重视，黄河流域服务业也呈现积极的发展态势。黄河流域的"传统的制造业经济"逐渐向"服务业经济"转变（曾庆均等，2019），服务业在国民经济中的比重逐渐扩大，其规模和质量不断提升。随着经济的发展和人民生活水平的提高，黄河流域的服务业需求不断增

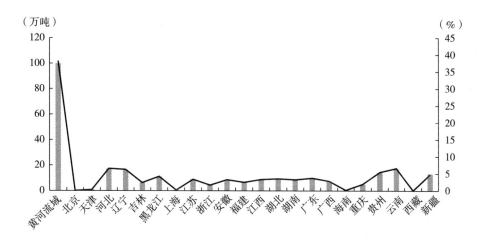

图 3-8 2021 年黄河流域及全国其他省份二氧化硫排放量及其占全国的比重

资料来源：国家统计局。

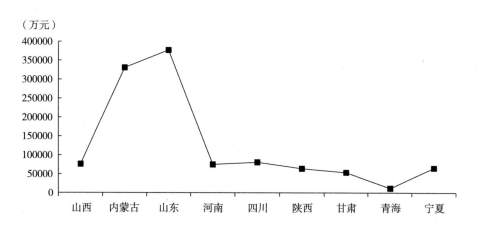

图 3-9 2021 年黄河流域工业污染治理完成投资情况

资料来源：国家统计局。

加，黄河流域传统服务业，如商贸、餐饮、住宿等行业已经具备了相当的规模和特色。同时，黄河流域的传统服务业正在逐步转型升级，如发展乡村旅游、文化创意等，以满足消费者日益增长的需求。

1. 服务业就业人数不断增多

首先，随着传统服务业的转型升级和新兴服务业的快速发展，服务业的就业容量不断扩大，就业机会不断增加，为黄河流域的劳动力提供了更多的就业岗位，服务业在就业方面的贡献日益突出。住宿和餐饮、金融、信息传输、软件和信息技术，房地产，租赁和商务，教育等服务业的就业人数呈上升趋势。据统计局统计，2022 年上述服务行业就业人数分别为 52.2 万人、195.5 万人、93.9 万人、117.8 万人、123.4 万人和 579.4 万人。其次，服务业内部的就业结构正在发生变化。一方面，传统服务业中的低技能岗位逐渐减少，而高技能、知识密集型的服务业岗位不断增加，推动了就业结构的升级；另一方面，新兴服务业的快速发展也为劳动力提供了更多的高薪、高技能就业机会，进一步促进了就业结构的优化。

2. 旅游业规模持续扩大

黄河流域拥有丰富的历史文化遗产。据河南省人民政府门户网，全国重要的大遗址保护项目中有 66.7%集中在黄河流域①，黄河流域具有发展旅游业的天然优势。近年来，旅游产业结构正在持续优化，与旅游相关的现代服务业，如旅游信息化、旅游电子商务、旅游金融等，正在快速发展。这种结构优化不仅提高了旅游产业的附加值，也为游客提供了更多元化、高质量的服务。黄河流域旅游业的发展十分迅速，旅游总收入显著增长。2022 年，国内旅游总人次 25.30 亿，旅游收入 2.04 万亿元。在黄河流域省份中，四川、山东和河南的旅游收入最高，分别为 1740 亿元、1593 亿元和 1459 亿元。据统计局数据，2014~2019 年黄河流域国际旅游收入持续增长，2019 年黄河流域国际旅游收入约占全国的 13.93%，主要来源于山东、陕西、四川和内蒙古，分别为 3413.14 百万美元、3367.65 百万美元、2023.79 百万美元和 1340.09 百万美元。较 2014 年，陕西、四川和山东的国际旅游收入增长最多，分别增长了 1598.92 百万美元、1166.11 百万美元和 1083.04 百万美元。

3. 餐饮住宿业不断增长

黄河流域的住宿餐饮业市场规模不断增大，这主要得益于该地区经济社会的快速发展和旅游业的兴旺。据统计，2022 年黄河流域住宿和餐饮业增加值达到 4643.3 亿元，住宿业营业额为 778.3 亿元，餐饮业营业额达到 1341.6 亿元，其中住宿和餐饮业营业额较高的是山东、河南、四川和陕西，四川住宿业企业营业额达到 196.2 亿元、餐饮业企业营业额达到 434.9 亿元，为黄河流域省份首位。这一市场规模仍在不断扩大，预计未来几年将继续保持更快的增长速度。随着市

---

① https://www.henan.gov.cn/2022/10-30/2630857.html? eqid=81e060130012297d00000002648fb1eb.

场规模的扩大，黄河流域住宿和餐饮业的竞争也日趋激烈。在住宿业方面，星级酒店、经济型酒店、民宿等各种类型的住宿设施都在争夺市场份额；在餐饮业方面，地方特色餐馆、国际连锁餐饮品牌、个体户餐饮等各种类型的餐饮企业也都在争夺消费者。为了在激烈的竞争中立足，住宿和餐饮企业需要不断提高自身的服务质量和管理水平。

4. 金融业平稳增长

黄河流域的金融机构数量持续增长，涵盖了银行、证券、保险等多种类型。目前，黄河流域已经拥有多家大型商业银行、保险公司和证券公司，同时还有大量的城市商业银行、农村商业银行、村镇银行等地方性金融机构。这些机构为区域内的企业和个人提供了丰富的金融服务。根据国家统计局数据，2022年黄河流域金融业增加值达到18058.7亿元，其中金融业增加值较高的是山东、河南、四川和陕西，山东金融业增加值最高为5227.3亿元。随着黄河流域经济的快速发展，金融业务规模也不断扩大。银行业务规模持续增长，信贷投放量逐年攀升；证券业务规模不断扩大，股票、债券等直接融资渠道逐渐畅通；保险业务规模也呈现快速增长态势，各类保险产品不断丰富。与此同时，金融服务覆盖面不断扩大，金融基础设施建设不断完善，金融生态环境持续优化，金融机构高度重视风险防范与化解工作，金融监管体系不断完善。

尽管黄河流域服务业发展迅速，但仍存在以下不足之处：

一是传统服务业仍占据较大比重，现代服务业发展相对滞后，导致服务业的整体附加值较低，难以满足消费升级和经济发展的需求。

二是黄河流域内各省份的服务业发展水平存在差异，上游地区服务业发展基础薄弱，中游地区资源优势显著，下游地区金融业突出，高技术服务业发展不充分（赵瑞、申玉铭，2020）。这种区域发展不平衡的现象影响了整个黄河流域服务业的协同发展。

三是黄河流域服务业的创新能力相对较弱。这主要体现在服务业的技术应用、模式创新、品牌建设等方面。由于缺乏创新能力和核心竞争力，黄河流域的服务业难以在激烈的市场竞争中脱颖而出。

四是黄河流域服务业发展过程中对生态环境造成了一定影响。黄河流域的部分地区产业结构仍然偏重，高污染、高耗能的服务业领域仍占一定比例，制约着服务业向绿色、低碳、循环方向的发展。同时，黄河流域的生态补偿机制尚不完善，缺乏统一的标准和有效的监管手段，对生态保护和修复的资金投入不足（张明志等，2023）。

四、黄河流域数字经济发展现状

数字经济的兴起对黄河流域产业高质量发展起到了带动作用。由于黄河流域资源禀赋差异大，需要增强数字技术创新能力来缓解这一劣势。互联网技术的应用与互联网的覆盖，使网络服务质量得到提升。数字经济不断提高黄河流域中西部地区的网络覆盖率，加强黄河流域数据资源的共享和利用，为解决黄河流域问题提供数据支持。数字经济还推动着黄河流域产业结构的优化升级，推动着工业向数字化转型。数字经济有助于加强黄河流域各地区间的交流协作，发达地区带动欠发达地区发展。黄河流域的数字经济发展存在以下几个问题。

1. 数字经济发展区域不均衡

省域间数字经济发展存在"东强西弱""南强北弱"的特点，不过这种差距在逐年缩小，较低水平的省区在不断向高水平发展，发展水平较高的省区在不断增加。

2. 基础设施建设不完善

黄河流域数字经济基础设施建设差异较大，西部地区的数字基础设施建设不完善，导致网络覆盖面不足，网络供给及核心技术支撑不足，数字经济整体发展受到制约（陈海霞，2022）。如图 3-10 所示，2021 年黄河流域各省域名数分布不均，山东、河南、四川达 33.47%、22.51%、21.84%，青海、宁夏不足 1%。陕西、甘肃、青海、宁夏、山西和内蒙古这六个省（区）的域名数之和都不及山东。虽然我国数字经济发展迅猛，但是黄河流域东西部地区的基础设施存在较大的差距，仍有很大的发展空间。

3. 人才供给不足

人才作为重要的生产要素，在任何领域都发挥着不可或缺的作用，数字经济对人才的需求量更是巨大。当前，黄河流域中西部地区人才发展因经济发展水平的影响相较于沿海地区存在弱势，山西、内蒙古、青海、甘肃和宁夏的 R&D 人员相较于山东、河南和陕西差距较大（见图 3-11）。另外，传统的人才无法实现与信息技术的匹配，数字经济的高端专业人才更是少之又少，无法有力承担数字经济与实体经济双向融合和高质量发展。

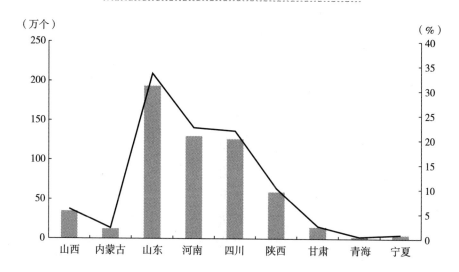

图 3-10　2021 年黄河流域各省域名数及其所占比重

资料来源：国家统计局。

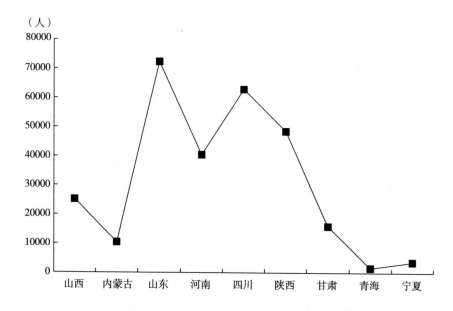

图 3-11　2020 年黄河流域各省（区）R&D 人员数量

资料来源：国家统计局。

第二节　生态环境现状

良好的生态环境是人类生存和发展的基础，绿色低碳发展需要持续改善生态环境，生态环境制约着黄河流域的绿色发展。

一、生态环境脆弱

黄河向其流域内及相关地区提供水资源，为黄河流域及相关地区的经济发展和生态环境改善提供了强有力的支撑。如表 3-2 所示，2013~2020 年黄河流域水资源利用率均在 80% 以上，目前黄河水资源处于超负荷状态，如果不对其进行有效调控，将会导致水资源短缺，进而影响黄河流域的生态保护和可持续发展。

表 3-2　2013~2020 年黄河流域水资源利用状况

年份	2013	2014	2015	2016	2017	2018	2019	2020
取水量（亿立方米）	532.98	534.78	534.63	514.76	519.16	516.22	555.97	536.15
耗水量（亿立方米）	426.75	431.07	432.05	412.9	417.09	415.93	455.4	435.35

资料来源：2013~2020 年《黄河流域水土保持公报》。

黄河上中游地区分布着大面积的黄土，其区域特点是常年雨量少而集中，由于地表植被遭受破坏，水土流失严重，地面坡陡，沟壑纵横，丘陵起伏，造成了暴涨暴落，并使黄河成为世界上含泥量最大且最难治理的河流之一（王瑞芳，2022）。

根据 2021 年黄河流域全国水土流失动态监测成果（见图 3-12），黄河流域轻度水土流失面积为 17.02 万平方千米，轻度水力侵蚀面积为 11.11 万平方千米，轻度风力侵蚀为 5.91 万平方千米，轻度水土流失占比为 65.64%，若加以治理，会进一步改善黄河流域水土流失问题。

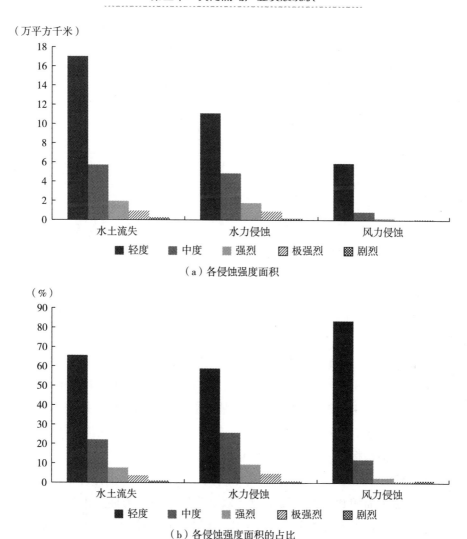

（a）各侵蚀强度面积

（b）各侵蚀强度面积的占比

图 3-12　2021 年黄河流域全国水土流失动态监测成果

资料来源：《黄河流域水土保持公报（2021 年）》。

　　表 3-3 为 2021 年黄河流域各省（区）水土流失面积及强度，流域内水土流失面积占比较大的是山西、青海、甘肃、内蒙古和陕西，水土流失相对比较严重的是内蒙古、甘肃、陕西和青海，形成原因可归结为自然原因和人为原因，自然灾害无法避免，但人为原因可以进行改善。对黄河流域水土流失问题进行综合治理，可以有效改善水土流失的状况。

表 3-3 2021 年黄河流域各省（区）水土流失面积及强度

单位：万平方千米

省（区）	流域内面积	水土流失面积	轻度	中度	强烈	极强烈	剧烈
青海	14.43	3.39	2.62	0.47	0.15	0.10	0.05
四川	1.71	0.32	0.32	0	0	0	0
甘肃	14.56	4.65	2.66	1.18	0.49	0.26	0.06
宁夏	6.28	1.54	1.03	0.34	0.11	0.05	0.01
内蒙古	14.91	6.59	5.03	1.12	0.30	0.09	0.05
陕西	13.23	4.76	2.64	1.31	0.48	0.27	0.06
山西	9.59	3.68	1.95	1.12	0.40	0.18	0.03
河南	3.48	0.75	0.56	0.15	0.03	0.01	0
山东	1.28	0.25	0.21	0.03	0.01	0	0
合计	79.47	25.93	17.02	5.72	1.97	0.96	0.26

资料来源：《黄河流域水土保持公报（2021 年）》。

截至 2021 年，黄河流域累计初步治理水土流失面积为 25.93 万平方千米。其中，修建梯田 624.14 万公顷、营造水土保持林 1297.18 万公顷、种草 237.66 万公顷、封禁治理 437.32 万公顷。水土保持是江河治理的根本措施，是生态文明建设的必然要求。据介绍（王金南等，2022），水土保持率指标已经被纳入美丽中国建设评估指标体系。2021 年底全国水土保持率为 72%，黄河流域水土保持率为 67.37%，如表 3-4 所示。党的十八大以来，我国水土保持工作取得显著成效，水土流失面积和强度持续呈现"双下降"态势，为促进生态环境改善和经济社会发展发挥了重要作用。水土流失治理有效改善了农业生产条件和农村人居环境，促进了地方经济社会发展。加强生态环境保护，健全生态文明制度体系需要一直进行下去。

表 3-4 2021 年黄河流域水土保持率及植被中高覆盖比例

区域	水土保持率（%）	植被中高覆盖比例（%）
黄河流域	67.37	14.62
黄河源区	80.75	18.52
黄河流域黄土高原面积	63.89	13.46
黄河中游多沙区	57.31	21.70

续表

区域	水土保持率（%）	植被中高覆盖比例（%）
黄河中游多沙粗沙区	46.18	24.96
黄河中游粗泥沙集中来源区	48.40	17.76

资料来源：《黄河流域水土保持公报（2021年）》。

植被覆盖度是指地表被植被覆盖的程度。植被在维持生态平衡和保护河岸、河床方面发挥着重要的作用。然而，由于人类活动和气候变化等因素，黄河流域的植被覆盖度一直不高。

为了保护黄河流域的生态环境，我国已经采取了一系列措施，包括水资源管理、生态恢复、植被保护等。例如，实施退耕还林还草工程，加强水土保持，推动生态经济建设等。这些措施使植被覆盖度不断提升，由黄河流域近20年的生态变化遥感调查评估结果发现，黄河流域植被覆盖'绿线'向西移动约300千米，植被覆盖率已达68%。

由图3-13可以明显看出，黄河流域植被高覆盖比例较高，植被覆盖度可以反映区域植被生长状况及茂密程度，能较好地表征生态环境变化情况。

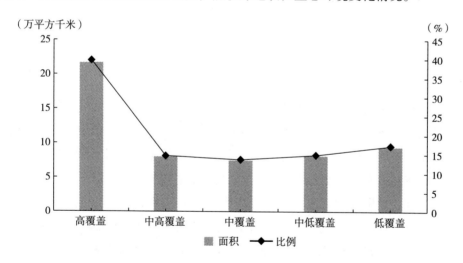

图3-13 2021年黄河流域植被覆盖情况

资料来源：《黄河流域水土保持公报（2021年）》。

二、产业结构落后，绿色发展受阻

我国经济持续快速发展，保持全球领先地位，经济发展带来了新的生产技术和模式，若不加快调整产业结构，落后的生产方式不仅阻碍经济发展脚步，还会导致生态环境恶化。近年来，黄河流域发展受到各行各业重视。图 3-14 显示，2022 年黄河流域的地区生产总值占全国的 25% 左右，科技进步带来的新兴产业促进了黄河流域的经济发展。

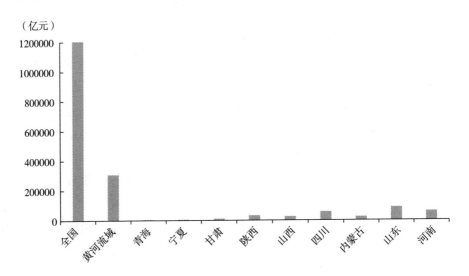

（亿元）

图 3-14　2022 年全国和黄河流域省（区）地区生产总值情况

资料来源：国家统计局。

黄河流域居民的绿色生活理念有待提高，如图 3-15 所示，黄河流域垃圾清运量总体呈增长趋势，居民环保意识需要进一步增强。2019~2020 年全国和黄河流域垃圾清理量出现了小幅度的下降趋势，2020~2021 年又开始上升。黄河流域相关省份需要加快传统产业升级，淘汰耗费人力、物力、财力，污染环境的老式产业。数字经济发展速度之快、辐射范围之广、影响程度之深前所未有，已然成为重组全球要素资源、重塑全球经济结构、重构全球竞争版图的关键力量（王钰、吕德胜，2022）。黄河流域相关省份也应加快数字技术赋能，促进新兴产业发展，加快传统产业升级。优化后的产业结构可以转变黄河流域传统生产要素的投入和产出方式，增强资源整合利用能力和生态环境治理能力，进而提升绿色生产要素的组合效率。黄河流域市场主体可依托新产业、新技术，形成新的分工和高收入、低成本的生产方式，极大地提高企业劳动生产率，满足社会需求。加快产业结构优化和生产要素调整，可推进产业全面绿色转型，促进黄河流域各行各业高质量发展。

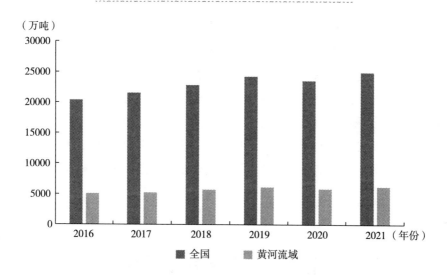

图 3-15　2016~2021 年全国和黄河流域垃圾清运情况

资料来源：国家统计局。

随着我国对环境污染治理的重视程度逐渐增加，污染治理投资力度不断加大。由图 3-16 可看出，2016~2021 年工业污染治理完成投资总体呈下降趋势，

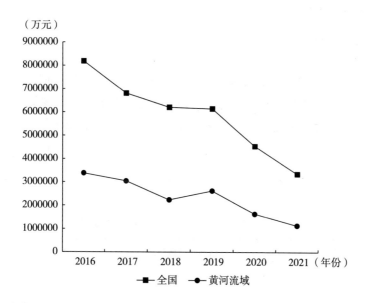

图 3-16　2016~2021 年全国和黄河流域工业污染治理完成投资情况

资料来源：国家统计局。

主要原因包括以下几点：一是政府政策调整，促使企业减少工业污染排放；二是新型污染治理技术的不断涌现，让企业更容易实现对污染的控制和减排；三是清洁能源替代传统化石能源，减少了工业污染的产生；四是人们的环保意识逐渐增强。虽然工业污染治理完成投资额总体呈下降趋势，但治理投资额仍然是一个大数目，环保资金需求压力依然很大，新一轮的经济增长和快速工业化、城镇化也进一步增加了环境保护的压力。目前我国仍缺乏系统性的环境保护税收政策，政府部门压力较大，需明确环境保护主体，健全多层次的投资、融资机制，完善经济激励制度。

第三节　资源禀赋现状

黄河流域是我国重要的生态安全屏障、资源能源集聚地区、生产活动高度密集地区，在我国经济社会发展和生态保护方面具有十分重要的地位。黄河流域资源禀赋优越、市场潜力巨大，在服务国内大循环、推动国内国际双循环相互促进方面具有举足轻重的地位。

一、水力资源

黄河流经九个省份，其丰富的水资源保障了这些省份的全面发展。根据国家统计局数据，2021 年我国水资源总量为 29638.2 亿立方米，黄河流域九省（区）水资源总量为 7272.8 亿立方米，占全国水资源总量的 24.54%（见表 3-5）。由表 3-5 可以看出，黄河流域各个省（区）水资源量存在着明显的差异，在黄河流域水资源总量中所占比重最大的是四川省。

表 3-5　2021 年黄河流域各省（区）水资源量

省（区）	水资源量（亿立方米）	占流域水资源量比例（%）	占全国水资源总量的比重（%）
青海	842.2	11.58	2.84
四川	2924.5	40.21	9.87
甘肃	279	3.84	0.94

省（区）	水资源量（亿立方米）	占流域水资源量比例（%）	占全国水资源总量的比重（%）
宁夏	9.3	0.13	0.03
内蒙古	942.9	12.96	3.18
陕西	852.5	11.72	2.88
山西	207.9	2.86	0.70
河南	689.2	9.48	2.33
山东	525.3	7.22	1.77
黄河流域	7272.8	100	24.54

资料来源：国家统计局。

2021年黄河流域水资源量占全国水资源总量的比重为24.54%，由图3-17所示，黄河流域水资源量只在2020年出现小幅度下降趋势，其他年份皆呈增加趋势。黄河流域丰富的水资源保障了工业、农业及其他产业的用水需求，促进了沿岸地区的经济发展。

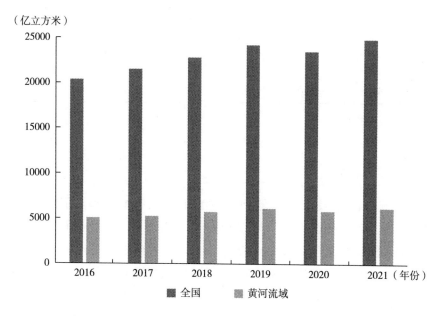

图3-17 2016~2021年全国和黄河流域水资源量变化情况

资料来源：国家统计局。

根据表3-6可知，黄河流域各类用水主要分为农业用水、工业用水、生活用水及生态用水。其中，农业用水量占比最高，说明黄河流域的九个省（区）以农业为主，农业高质量发展具有相对优势；其次是生活用水，这充分证明水资源是黄河流域各省（区）不可或缺的重要物质资源。流域内水资源为整个流域的健康持续发展提供了保障，流域内水资源足量，既满足了黄河生态系统健康的需要，又满足了流域内产业发展和居民生活的需要。

表3-6　2021年黄河流域九省（区）用水量和占比情况

省（区）	总用水量	农业用水		工业用水		生活用水		生态用水	
		用水量	比例	用水量	比例	用水量	比例	用水量	比例
青海	24.6	17.5	71.14	2.5	10.16	2.9	11.79	1.7	6.91
四川	244.3	158.6	64.92	21.8	8.92	57	23.33	6.9	2.82
甘肃	110.1	82.6	75.02	6.5	5.90	9.7	8.81	11.3	10.26
宁夏	68.1	56.9	83.55	4.2	6.17	3.7	5.43	3.3	4.85
内蒙古	191.7	137.5	71.73	13.4	6.99	11.7	6.10	29.1	15.18
陕西	91.7	54.6	59.54	10.9	11.89	20.3	22.14	5.9	6.43
山西	72.7	40.8	56.12	12.3	16.92	15.1	20.77	4.5	6.19
河南	222.9	115	51.59	28	12.56	45.1	20.23	34.8	15.61
山东	210.1	115.8	55.12	32.6	15.52	40.3	19.18	21.4	10.19
黄河流域	1236.2	779.3	63.04	132.2	10.69	205.8	16.65	118.9	9.62

资料来源：国家统计局。

二、土地资源

黄河流域以农业经济为主，随着社会经济的发展和城镇化率的提高，流域内耕地面积、建设用地面积不断扩大，草地、水域等其他土地类型面积不断减少。草地面积的减少主要集中在黄河上游地区，大部分转化为耕地，一小部分转化为沙漠化土地，过度放牧导致草场大面积退化，区域植被覆盖度显著降低。流域内水土流失严重，类型多样，成因复杂，各类型区的水土流失各不相同，水力侵蚀和风力侵蚀相互交融（顾晋饴等，2022）。

由图3-18、图3-19可看出，2017年黄河流域九省（区）草原总面积占全国的比例为43.86%，占比较高，近年来草原退化严重，黄河流域的草场仍占很大比例，因此开展草场生态保护，必须突出生态保护目标导向，以增加草场生产力为重点，以改善草场生态环境为重点，从根本上改变甘南地区局部荒漠化严重的现状。

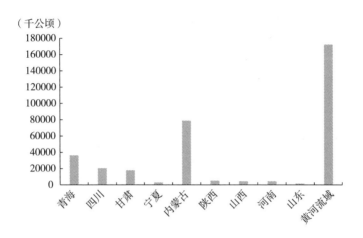

图 3-18　2017年黄河流域九省（区）草原总面积

资料来源：国家统计局。

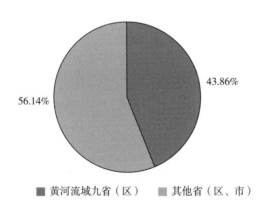

图 3-19　2017年黄河流域草原总面积占比情况

资料来源：国家统计局。

根据第九次全国森林资源连续清查数据，2021年，全国森林面积为22044.62万公顷，黄河流域的森林面积为7327.32万公顷，占全国森林总面积的33.24%，是我国森林资源最少的区域之一。由图 3-20 可知，2021 年黄河流域的森林面积不足全国的 1/3，较低的森林覆盖率会加剧黄土高原地区（山西、陕西、甘肃、青海、宁夏及河南等省份的部分地区）水土流失、土地退化及水旱灾害等生态问题（刘志仁和王嘉奇，2022）。森林资源的开发。目前，森林资源的开发已从以经济效益为主要目标转变为以生态、经济和社会效益为主要目标，其生态服务作用日益突出。要使"森林碳汇"的效果最大化，必须优化森林资源的空间结构，使其得到可持续管理与可持续使用，使其生态效益、经济效益与社会效益最大化。

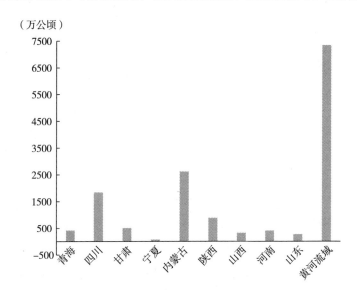

（万公顷）

图 3-20　2021 年黄河流域九省（区）森林面积

资料来源：国家统计局。

三、能源资源

黄河流域拥有多个国家公园和国家重点生态功能区，煤炭、石油、天然气和有色金属资源丰富，是中国重要的能源、化工、原材料和基础工业生产基地。黄河流域矿产资源拥有量多且种类丰富，有色金属、贵金属、稀土、稀有金属等重要矿产种类齐全，部分矿产储量大，在全国占有重要地位（刘志仁、王嘉奇，2022）。

现已探明的煤产地主要分布在内蒙古、山西、陕西、宁夏、河南、甘肃，石油资源主要分布在胜利、中原、长庆和陕北油区，约占全国已探明石油总地质储量的 50%，天然气资源主要分布在胜利、中原、长庆和陕北四个油气区（顾晋饴等，2022）。表 3-7 展示了 2016~2020 年黄河流域的焦炭生产量、城市天然气和液化石油气供应总量，从数值上看三种能源总体上呈逐年增加趋势。

表 3-7　2016~2020 年黄河流域主要能源情况

年份	2016	2017	2018	2019	2020
焦炭生产量（万吨）	24950.35	24154.68	25410.63	27511.23	27317.58
城市天然气供应总量（亿立方米）	300.64	340.6	404.85	438.28	429.5
城市液化石油气供应总量（万吨）	27266.99	26512.28	27833.48	29968.51	29767.08

资料来源：国家统计局。

我国经济由高速增长迈向高质量发展新阶段，未来能源供需形势将呈现新特征。"十四五"时期，我国经济增长对能源的依赖将进一步降低，能源消费弹性系数有望保持在 0.5 以下（张有生等，2022）。世界能源绿色低碳转型不断加快，我国"去煤、稳油、增气和大力发展可再生能源"的结构转型趋势将进一步强化。新形势下，过去以大开发为导向的化石能源基地发展模式将不可持续，黄河流域能源基地发展面临着更大挑战。

第四节　文化发展现状

习近平总书记在黄河流域生态保护和高质量发展座谈会上指出：要"深入挖掘黄河文化蕴含的时代价值，讲好黄河故事，延续历史文脉，坚定文化自信，为实现中华民族伟大复兴的中国梦凝聚精神力量"。对于中华民族来说，黄河文化不仅是一种地域文化，也是一种流域文化，还是一种民族文化，更是一种国家文化（李宜馨，2022）。黄河文化是中华文明的重要组成部分，是中国人民和中华民族的根源和灵魂。

一、文化资源

如表 3-8 所示，2021 年黄河流域九省（区）的博物馆机构数、博物馆文物藏品数、公共图书馆机构数、艺术表演团体机构数占全国的比重均超过 1/3，占比较大，充分说明了黄河流域文化产业在全国的重要性。其中，陕西、河南、山东和四川文化机构数量众多，文化底蕴较为丰富。

表 3-8　2021 年全国和黄河流域九省（区）文化资源数量

地区	博物馆机构数（个）	博物馆文物藏品数（件）	公共图书馆机构数（个）	艺术表演团体机构数（个）
青海	24	74966	50	116
四川	267	4657256	207	663
甘肃	228	589624	104	392
宁夏	64	373387	27	43
内蒙古	168	1253740	117	221
陕西	312	4387060	117	577
山西	182	1635012	128	814
河南	367	1257209	169	2249
山东	629	4712435	153	1572
黄河流域	2241	18940689	1072	6647
全国	5772	46648282	3303	18370
比例	38.83%	40.60%	32.46%	36.18%

资料来源：国家统计局。

在文化机构收入方面，2017 年黄河流域文化机构收入以财政补贴收入为主，财政补贴收入占比高达 67.77%，经营收入占比只有 1.37%（见图 3-21），需进一步完善文化机构内部治理结构与经营状况，增加文化机构的经营性收入。

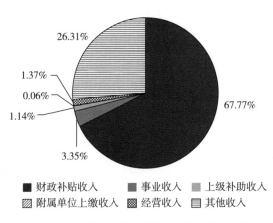

图 3-21　2017 年黄河流域文化机构收入情况

资料来源：国家统计局。

据调查统计，截至 2021 年，在 3610 项国家级非遗代表性项目中，黄河流域的项目数量达 1042 项，另有，省级项目 5317 项，市（州）级项目 18759 项，县（区）级项目 47581 项，总计 72699 项。黄河流域共有国家级非遗传承人 812 人，省级非遗传承人 6250 人，市级非遗传承人 23265 人，县级非遗传承人 60839 人，共计 91166 人。黄河流域内的文化遗产也相当丰富，世界自然遗产、世界文化遗产、世界文化与自然双遗产、世界文化景观遗产、世界灌溉工程遗产及全球重要农业文化遗产等达 30 多项。国家级文物保护单位近 3000 家，历史名城数量达 47 个。

近些年，非遗与旅游的融合日益密切，但也因此暴露出一些问题。旅游商业化特点显著，民族文化受到商业化的冲击，导致部分非遗被不合理、不科学开发。在旅游发展过程中非遗的保护和开发之间的矛盾日益突出，非遗生态遭到人为破坏，旅游景点遍地垃圾，多个利益主体之间难以有效协调，在生态保护和经济效益之间产生了矛盾。不过，旅游开发提高了非遗的知名度和影响力，获得了更多的保护资金和游客，唤醒了人们的民族自豪感。

二、文化产业

黄河流域各省（区）文化旅游发展水平总体不高，2020 年的文化及相关产业的增加值为 8764 亿元，仅占全国的 19.50%，河南和四川文化及相关产业增加值占 GDP 的比重超过 4%，山东占比为 3.72%，其他六省均不足 3%（见图 3-22）。黄河流域文化和旅游产业区域发展不平衡，中东部省（区）发展水平明显高于西部省（区）且差距较大（牛家儒，2021）。

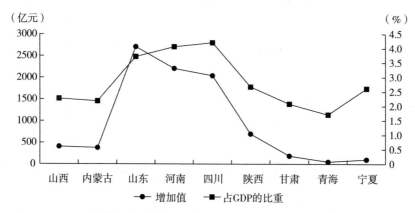

图 3-22　2020 年黄河流域各省（区）文化及相关产业增加值及占 GDP 比重

资料来源：《中国文化及相关产业统计年鉴（2022）》。

在资金投入方面，由于各地经济发展方式不同，对文化产业的投入情况也不同。2020 年山东、四川的文化事业费较多，分别为 503101 万元、520403 万元。青海、宁夏的文化事业费不足 150000 万元（见图 3-23）。

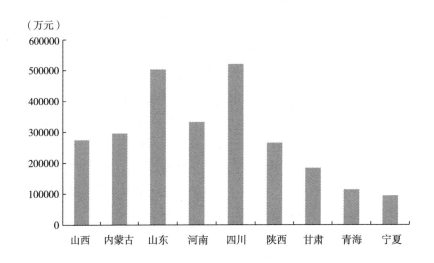

图 3-23　2020 年黄河流域各省（区）文化事业费情况

资料来源：国家统计局。

目前，黄河流域文化产业发展存在主导产业培育不充分、各省（区）文化产业发展不平衡、沿黄文化产业业态有待优化等问题（杨越等，2020）。我们应不断完善文化产业的相关制度，优化文化产业治理结构，加强群众的文化传承与保护意识，推动黄河流域文化产业的持续、健康发展。

黄河文化的内涵不是封闭和固化的，由此延伸出的文化产业市场前景巨大，具备成为支柱产业的潜质。黄河流域文化产业的高质量发展可以带来经济效应、社会效应和生态效应，同时可以体现黄河流域文化的时代价值。

第五节　科技发展现状

黄河流域生态保护和高质量发展是国家重大区域战略。为了实现生态环境优美、黄河四季安澜、经济绿色繁荣、文化兴旺昌盛的目标，黄河流域生态保护与高质量发展对科技创新提出了一系列要求。首先，推动黄河流域的生态环境保护修复。其次，加快解决水太少、水太脏、水沙不协调等问题。最后，科技创新推动和支撑黄河流域发展转型。

2022年科技部印发《黄河流域生态保护和高质量发展科技创新实施方案》，统筹提出支撑实现黄河流域生态保护与高质量发展战略目标的科技创新行动和保障举措，为生态修复技术突破，黄河流域生态环境全面改善，生态系统健康稳定，流域水资源节约集约利用水平提升提供有力支撑。

从科技创新发展来看，黄河流域集聚了国家高新技术产业开发区、高等院校、中央科研院所等众多创新资源和要素，形成了区域经济一体化的格局。截至2020年，黄河流域共有752所高等院校，约占全国的27.47%。其中，山东、河南、四川和陕西是重要的人才聚集地。山东省共有高等院校152所，河南省共有高等院校151所，四川省共有高等院校132所，陕西省共有高等院校96所（见图3-24）。该流域的研发机构共有1886个，集中于山西、山东、河南、四川和陕西五省；专利申请数占全国的11.56%；共有国家级高新区45个，约占全国的26.63%（见图3-25至图3-27）。

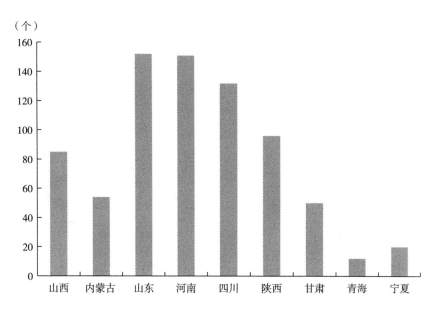

图3-24　2020年黄河流域各省（区）高等院校数量

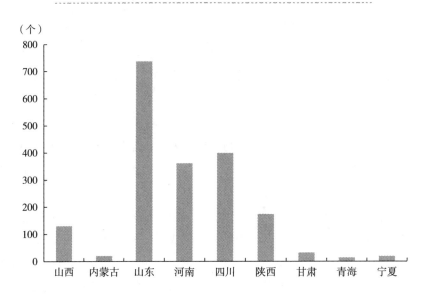

图 3-25　2020 年黄河流域各省（区）研发机构数量

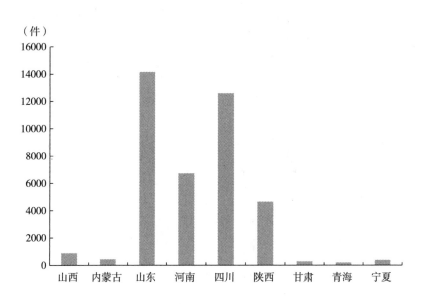

图 3-26　2020 年黄河流域各省（区）专利申请数量

黄河流域的产业转型升级和生态保护需要发展科技，但科技创新仍存在一些问题。第一，黄河流域创新资源的跨省市流动仍然存在行政分割，创新资源主要分布在山东、河南、四川及陕西，其他省份资源较少，创新资源分布不均。第

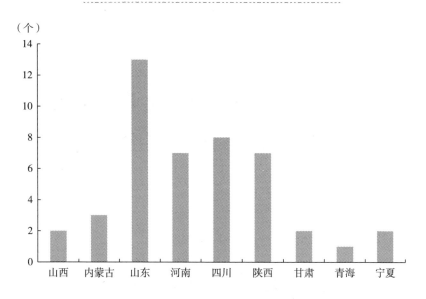

（个）

图3-27 2020年黄河流域各省（区）国家级高新区数量

资料来源：国家统计局。

二，研发机构数量占全国的9.34%，科技创新推动力不足。第三，产业核心技术不足与产业低水平竞争同时存在。第四，很多城市通过协同创新、科研成果转化来带动全流域的发展，但这一过程并不顺畅。要提高黄河的科技创新能力，必须加大科技投入，加大科技创新力度。

科技创新发展是黄河流域产业高质量发展不可或缺的一部分，对推进黄河流域生态治理与经济发展具有重大意义。《黄河流域生态保护和高质量发展科技创新实施方案》指出，要健全技术转移转化体系，支持内蒙古、晋、豫、鲁深度对接京津冀协同发展，充分发挥科技援青、科技支宁、科技兴蒙东西部合作机制，推进宁夏、青海等省份与东部地区深度合作，深化科技创新合作。因此，我们一方面要加强黄河流域基础设施建设，完善创新资源的优化配置，加强区域间的交流合作，促进区域协同发展。另一方面要加大人才培养和引进力度，改变以往陈旧的发展思维，为科技创新提供内生动力。另外，还要完善相关的制度建设，推动黄河流域产业高质量发展的创新性转化，促进创造性发展。

第四章 黄河流域农业高质量
发展评价与时空分异

第一节 黄河流域农业高质量发展
内涵界定和指标体系构建

一、农业高质量发展内涵界定

党的二十大报告指出"高质量发展是全面建设社会主义现代化国家的首要任务"。农业作为第一产业，肩负着粮食安全、社会稳定、生态保护等重任，农业高质量发展是我国经济高质量发展的基础，是加快建设农业强国的应有之义。2019年《中共中央　国务院关于坚持农业农村优先发展做好"三农"工作的若干意见》强调做好"三农"工作要在实施乡村振兴战略中落实高质量发展要求，2020年《中共中央国务院关于抓好"三农"领域重点工作确保如期实现全面小康的意见》明确提出推进农业高质量发展。

黄河流域是我国重要的生态保护屏障和粮食主产区，也是农业发展的核心区域。但是，黄河流域目前依然面临水资源短缺、水土流失严重、环境承载能力弱等诸多挑战，严重制约了黄河流域的农业发展。2021年中共中央和国务院印发的《黄河流域生态保护和高质量发展规划纲要》为黄河流域农业发展指明了方向，提供了根本遵循。推动实现黄河流域农业高质量发展是黄河流域诸多生态问题的根本破解之道，也是带领农业走出粗放式经营、低效生产等现实困境，实现农业现代化转型的科学发展方式。

进入新时期以来，农业高质量发展内涵得到进一步拓展与深化。2012年党的十八大提出生态文明建设目标。2017年党的十九大继续深化新发展理念，其科学内涵是创新、协调、绿色、开放和共享。创新解决发展动力问题；协调解决发展不平衡问题；绿色解决人与自然和谐问题；开放解决内外联动问题；共享解决社会公平正义问题。在新发展理念下，我国经济模式在追求速度的同时，更加关注质量。农业作为经济发展的基础，其发展也特别注意追求高质量。如图4-1所示，农业高质量发展是相对于以往粗放型经营而言的，不仅要体现农产品数量的增加，更要注重创新、协调、绿色、开放、共享的生产质量的提升。

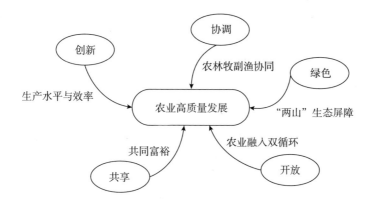

图4-1 黄河流域农业高质量发展内涵

（1）农业创新发展是农业高质量发展的动力，它包括农业科技创新、现代农业科技转化、农业全要素生产率提升和劳动产出提质增效，即创新农业生产方式，改造传统的农业生产技术，推动农业科技进步，提高农业生产效率和科技水平。

（2）农业协调发展是农业高质量发展的特点，它包括产业协同创新、城乡协调发展，即优化产业结构，注重农林牧渔业协调增长，依据地域特征改善农业产业布局，同时保障粮食安全。

（3）农业绿色发展是农业高质量发展的形态，它包括环境污染治理、农业资源减污降碳，即相对于其他地区的农业高质量发展，黄河流域的农业高质量发展有其自身的特殊性。黄河流域是全国重要的生态屏障，不能单纯追求发展，同时还要兼顾发展与生态协调统一，在发展中兼顾保护，在保护中寻求发展，全面践行"两山"理念，实现人与自然的和谐相处，推动农业绿色生态发展。

（4）农业开放发展是农业高质量发展的趋势，要积极参与农产品国际市场，创新农产品贸易模式，推动出口与进口多元化。开放是促进农产品国际贸易交流，推进农业融入国内国际双循环的必由之路，也是地区农业发展水平的重要体现。

（5）农业共享发展是农业高质量发展的目的，要努力满足农民群众对增收和美好生活的追求。农业高质量发展的本质要求是以人民为中心，发展成果由全体人民共享，朝着全体人民共同富裕的方向稳步前进。

因此，农业高质量发展是体现新发展理念的发展，是使创新成为第一动力、协调成为内生特点、绿色成为普遍形态、开放成为必由之路、共享成为根本目的的发展。

二、农业高质量发展评价指标体系的构建

关于农业高质量发展评价指标体系的构建，已有学者给出了不同的观点：郭郡郡和刘玉萍（2022）使用农业全要素生产率作为高质量发展的度量指标，对农业高质量发展的时空差异与动态演进进行描述和分析；江激宇等（2022）从绿色发展、产业效益、生产效率、组织规模四个维度构建农业高质量发展评价指标体系；鲁钊阳和杜雨潼（2022）从农业产品、农业生产、农民收入、农村环境四个方面构建农业高质量发展评价指标体系；周清香和李仙娥（2022）基于新发展理念，从五个维度阐述数字经济影响农业高质量发展的内在机理，即创新发展维度、协调发展维度、绿色发展维度、开放发展维度、共享发展维度；李本庆和岳宏志（2022）考虑到农业高质量发展是一个系统工程，分别从创新发展、结构升级、协同共享三个方面构建农业高质量发展指标体系；赵敏等（2022）从创新、协调、绿色、开放、共享五个维度构建黄河流域农业高质量发展评价指标体系；黎新伍和徐书彬（2020）构建了包含创新、协调、绿色、开放、共享五个基本维度，35 项具体指标的农业高质量发展评价指标体系；高雪和尹朝静（2023）根据新发展理念，从创新、协调、绿色、开放、共享五个维度构建指标体系。

新时代中国经济高质量发展需贯彻新发展理念。据此，借鉴前人对农业高质量发展衡量指标的相关研究，从创新、协调、绿色、开放、共享五个方面构建黄河流域农业高质量发展评价指标体系。

创新发展是农业高质量发展的第一动力。农业发展包括以下三个阶段：第一

阶段，农业发展的动力主要来源于土地、劳动力等资源禀赋；第二阶段，农业发展动力来源于化肥农药、机械设施等现代化要素投入；第三阶段，农业发展的动力来源于技术创新。目前，我国农业处于新旧动能转换的关键节点。随着改革开放的不断推进，农业产能飞速提升，与此同时，农业发展伴随着高投入、高消耗和高污染问题，导致全要素生产率下降。在此情况下，我国土地和劳动力成本不断上升、农村环境约束越来越紧张、农业资本投入存在缺口等众多现实问题逐渐凸显，依赖要素发展起来的农业产业模式不再满足可持续性发展，亟须通过创新驱动发展战略实现农业新旧动能转换。技术创新一方面可以挖掘传统要素的生产潜力，另一方面可以充分利用信息、数据等要素对传统农业进行改造升级，逐步提高农业全要素生产率。具体来看，农业高质量发展表现为较高的农产品质量。农产品质量的提升依赖于农业技术创新、农业制度创新及农业农村现代化水平的提升。因此，农业创新发展应包括农业经济增长率、农业机械化水平、农业劳动生产率、土地生产效率和单位面积粮食产量。

协调发展是农业高质量发展的内生特点。"协调既是发展手段又是发展目标，同时还是评价发展的标准和尺度"，这一论断说明协调发展的本质是化解经济体内部的冲突和矛盾，平衡经济形态，促进可持续发展。农业协调发展不只是强调城乡的协调平衡，还应进一步关注农业、制造业和服务业产业结构的平衡，以及农业内部的协调。一方面，城乡发展由于缺乏城乡联动机制，不平衡、不充分问题日益突出，逐渐成为农业高质量发展的矛盾。另一方面，农业、制造业、服务业三大产业之间的协调度有待提高，我国农业结构和农产品结构不合理，导致农产品质量较差、附加值低、竞争力偏弱，无法精准识别市场需求，满足消费者日益增长的消费需求。只有深入贯彻协调发展理念，重构我国城乡协同发展关系，加快推进城乡一体化和农村产业融合发展，才能真正解决我国农业农村面临的矛盾，逐步实现农业高质量发展。具体来看，农业结构协调是农业高质量发展的关键，主要包括产业结构协调和多功能协调。因此，农业协调发展应包括产业结构调整指数、农林牧渔服务业占比和粮食作物播种面积占比。

绿色发展是农业高质量发展的普遍形态。习近平总书记指出，"我们既要绿水青山，也要金山银山。宁要绿水青山，不要金山银山，而且绿水青山就是金山银山"。绿色发展理念为我国农业的绿色化转型指明了方向。农业绿色发展具有悠久的历史，我国传统农业饱含着朴素生态观和可持续发展观，形成了"天地合一、因地制宜、用养结合、循环利用"的绿色发展模式。在当今经济快速发展的阶段，我国农产品面临供给不足的问题，产能转化、以量为纲是农业发展的主要模式。目前，过度使用化肥农药、超采地下水等行为加剧了农业资源的浪费和环境的污染。因此，农业绿色发展一方面需要破解农业环境约束难题，提高国际竞争力；另一方面要致力于满足人民日益增长的美好生活需要。具体来看，农业高质量发展必然要坚持农业的绿色发展，增加优质、安全、特色农产品供给。这就要求转变农业生产方式，走绿色法治之路。《国家质量兴农战略规划（2018—2022年）》强调要加快农业绿色发展以推进农业高质量发展。降低农业资源消耗、减少农业环境污染、加强农业环境保护是农业高质量发展的必然要求。因此，农业绿色发展应包括绿地覆盖率、万元农业 GDP 耗电量和化肥施用强度。

开放发展是农业高质量发展的必由之路。习近平总书记强调，要善于用好两个市场、两种资源，适当增加进口和加快农业走出去步伐。自我国加入世界贸易组织以来，我国农业逐步融入世界农业体系，农产品内外贸易规模持续扩大。一方面，"引进来"战略可将资源型农产品、优良种子资源、农业核心关键技术、高端农业创新人才等引入国内，推动我国农业绿色、科技、智能化转型升级；另一方面，"走出去"战略可以促进国内农业优势、剩余产能和技术对外转移，通过农产品出口带动产业兴旺和农民增收。具体来看，农业高质量发展要求农业加强国际合作，提高其国际竞争力。开放理念下的农业高质量发展既要解决国内农业发展的问题，也要关注国际发展趋势。因此，农业开放发展应包括外贸依存度和劳动力非农就业。

共享发展是农业高质量发展的根本目的。习近平总书记多次提到，"小康不小康，关键看老乡"。共享发展是坚持以人民为中心的发展，它体现了中国特色社会主义的本质与内涵。在城乡差异逐渐加大的时代背景下，检验共享发展成效的关键在农村。农民收入水平的变化是检验共享成效的重要尺度，农业共享发展致力于保障农民稳定的收入来源于合理的收入结构，进而缩小城乡收入差距。农业共享发展的理念体现了农业高质量发展的价值追求。具体来看，农业高质量发展的最终目的是实现农业增效与农民增收。通过多种形式的农业经营方式推动农业高质量发展，不能牺牲农民主体的利益，这是农业高质量发展的根本要求。因此，农业开放发展应包括农村恩格尔系数、城镇化率和城乡收入比。

本章构建的黄河流域农业高质量发展评价指标体系如表4-1所示。

表 4-1　黄河流域农业高质量发展评价指标体系

一级指标	二级指标	三级指标	含义	方向
黄河流域农业高质量发展	创新	农业经济增长率	当年农林牧渔总产值/前一年农林牧渔总产值-1	正向
		农业机械化水平	农业机械总动力/农作物播种总面积	正向
		农业劳动生产率	第一产业产值/农林牧渔业从业人数	正向
		土地生产效率	农业产值/农作物播种总面积	正向
		单位面积粮食产量	粮食产量/粮食作物播种面积	正向
	协调	产业结构调整指数	1-农业产值/农林牧渔业总产值	正向
		农林牧渔服务业占比	农林牧渔服务业/农林牧渔业总产值	正向
		粮食作物播种面积占比	粮食作物播种面积/农作物播种总面积	正向
	绿色	绿地覆盖率	绿地面积/行政区域面积	正向
		万元农业 GDP 耗电量	农村用电/农林牧渔业总产值	负向
		化肥施用强度	农用化肥施用量/农作物播种面积	负向
	开放	外贸依存度	农产品出口额/农林牧渔业产值	正向
		劳动力非农就业	1-农林牧渔业从业人数/总就业人数	正向
	共享	农村恩格尔系数	农村居民食品支出费用/农村居民消费总支出	负向
		城镇化率	城镇人口/年末总人口	正向
		城乡收入比	城镇居民可支配收入/农村居民可支配收入	负向

第二节　数据来源及预处理

　　黄河流经青海省、甘肃省、四川省、宁夏回族自治区、内蒙古自治区、陕西省、山西省、河南省、山东省九个省（区），由于黄河仅流经四川省的阿坝藏族羌族自治州和甘孜藏族自治州，且两地区情况较为特殊，故本章的研究范围为黄河流经的青海省、甘肃省、宁夏回族自治区、内蒙古自治区、陕西省、山西省、河南省、山东省八个省（区）。基于此，结合行政区域划分标准（师博等，2021），对 76 个地级市进行区位划分，其中，上游 22 个地级市、中游 25 个地级市、下游 29 个地级市（如表 4-2 所示）。另外，本章采用了历年《中国城市统计年鉴》《中国农村统计年鉴》等公开发表的数据，并对少量的缺失数据采用插值法和回归拟合法进行填补。

表4-2　黄河流域上中下游地级市划分

区域	地级市
上游 （22个）	呼和浩特市、包头市、乌海市、赤峰市、通辽市、鄂尔多斯市、呼伦贝尔市、巴彦淖尔市、乌兰察布市、兰州市、嘉峪关市、金昌市、白银市、武威市、张掖市、酒泉市、定西市、西宁市、银川市、石嘴山市、吴忠市、固原市
中游 （25个）	太原市、大同市、阳泉市、长治市、晋城市、朔州市、晋中市、运城市、忻州市、临汾市、吕梁市、洛阳市、焦作市、三门峡市、南阳市、西安市、铜川市、宝鸡市、咸阳市、渭南市、延安市、榆林市、天水市、平凉市、庆阳市
下游 （29个）	济南市、青岛市、淄博市、枣庄市、东营市、烟台市、潍坊市、济宁市、泰安市、威海市、日照市、临沂市、德州市、聊城市、滨州市、菏泽市、郑州市、开封市、平顶山市、安阳市、鹤壁市、新乡市、濮阳市、许昌市、漯河市、商丘市、信阳市、周口市、驻马店市

本章将面板数据的时间跨度设为2016~2020年，主要有两个方面的原因。一是在76个地级市中，2021~2022年大部分地级市的数据尚未公布，无法构建黄河流域农业高质量发展指数，因而无法对黄河流域的产业质量进行分析。二是本书是黄河流域产业高质量发展研究报告，该报告的2016~2020年正好对应"十三五"规划时期，有助于从五年规划的角度分析黄河流域产业发展状况。

第三节　实证结果

一、黄河流域农业高质量发展水平测算

1. 权重计算

基于上文构建的评价指标体系，对黄河流域2016~2020年76个地级市的农业高质量发展水平进行测算与排序。

首先，邀请业内多名学者对指标体系的维度及指标进行打分。计算过程如下：

第一，根据专家的打分填写判断矩阵，构建主观评价矩阵，具体如下：

$$A = \begin{bmatrix} 1 & 6 & 0.25 & 4 & 6 \\ 0.167 & 1 & 0.2 & 2 & 4 \\ 4 & 5 & 1 & 6 & 8 \\ 0.25 & 0.5 & 0.167 & 1 & 3 \\ 0.167 & 0.25 & 0.125 & 0.333 & 1 \end{bmatrix} \qquad (4-1)$$

第二，根据矩阵 A 计算特征向量及最大特征根：创新（A 的第一行）的特征值为 $\sqrt[1/5]{1 \times 6 \times 0.25 \times 4 \times 6} = 2.048$。

同理，A 的特征向量为 $\alpha = \begin{bmatrix} 2.048 \\ 0.768 \\ 3.949 \\ 0.574 \\ 0.280 \end{bmatrix}$。

故，创新（A 的第一行）的权重为 $w_1 = \dfrac{2.048}{2.048+0.768+3.949+0.574+0.280} = 29.013\%$。

同理，可得五个维度的权重值。

第三，进行一致性检验。由 $A\alpha = \lambda\alpha$ 解出最大特征根，计算 CI 和 RI 及 CR 值，并进行判别。计算结果如下：

专家 1 打分的目标层判断矩阵 CR = 0.030，创新、协调、绿色、开放和共享准则层的 CR 值分别为 0.091、0.07、0.042、0.00 和 0.09，均通过了一致性检验。

专家 2 打分的目标层判断矩阵 CR = 0.096，创新、协调、绿色、开放和共享准则层的 CR 值分别为 0.08、0.082、0.082、0.00 和 0.00，均通过了一致性检验；

专家 n 打分的目标层判断矩阵 CR = 0.097，创新、协调、绿色、开放和共享准则层的 CR 值分别为 0.084、0.09、0.042、0.00 和 0.09，均通过了一致性检验。

在此基础上计算评价指标权重并取均值，运用层次分析法获得权重 w_{1j}，如表 4-3 第 8 列所示。由此可知，创新发展维度的农业经济增长率和农业产业劳动生产率、绿色发展维度的万元农业 GDP 耗电量和化肥施用强度的指标权重均大于 0.1，说明对于农业高质量发展专家侧重于创新发展和绿色发展。单位面积粮食产量、农林牧渔服务业占比、粮食作物播种面积占比、单位产值农业保险、城乡收入比、城镇化率的指标重要度小于 0.05，说明这些指标不是农业高质量发展水平的关键因素。

其次，对各评价指标应用全局熵值法计算指标权重 w_{2j}，如表 4-3 第 9 列所示。由此可知，创新发展维度的土地生产效率、绿色发展维度的万元农业 GDP 耗电量的指标重要度大于 0.1，为农业高质量发展水平的主要影响因素。农业经济增长率、农业机械化水平、产业结构调整指数、农林牧渔服务业占比、绿地覆盖率、化肥施用强度、单位产值农业保险、农村恩格尔系数、城乡收入比、城镇化率的指标重要度小于0.05，为非关键因素。可见，两种评价方式的重要度相差较大，因此需要采用组合方法进行指标赋权，消除内部差异。

最后，借助组合赋权法计算综合权重，计算方法如下：

第一，根据数名专家的打分运用层次分析法计算权重，即农业经济增长率的权重为 $w_{11} = \dfrac{0.019+0.123+0.249+\cdots+0.156}{n} = 0.136$，其他同理。

第二，依据层次分析法和熵值法得到的权重，计算组合权重，即农业经济增长率的组合权重为 $w_1 = (0.136 \times 0.005)^{1/2} = 0.032$，其他同理。

计算所得的组合权重如表4-3第10列所示。具体来看：创新发展维度的农业劳动生产率和土地生产效率、绿色发展维度的万元农业GDP耗电量的指标重要度大于0.1，为农业高质量发展水平的主要影响因素和关键因素，需重点关注与改进优化。农业经济增长率、农业产业机械化水平、农林牧渔服务业占比、粮食作物播种面积占比、绿地覆盖率、化肥施用强度、单位产值农业保险、农村恩格尔系数、城乡收入比、城镇化率的指标重要度小于0.05，可见，这些指标对农业高质量发展水平的影响较小，但不可忽略其逆向冲击给农业高质量发展带来的负面影响。

表4-3 黄河流域农业高质量发展评价指标权重及组合赋权

一级指标	二级指标	三级指标	w_{1j} (A)	w_{1j} (B)	w_{1j} (C)	w_{1j} (D)	w_{1j}	w_{2j}	w_j
农业高质量发展指数	创新	农业经济增长率	0.019	0.123	0.249	0.156	0.136	0.005	0.032
		农业机械化水平	0.051	0.079	0.065	0.008	0.051	0.017	0.036
		农业劳动生产率	0.302	0.037	0.149	0.042	0.133	0.077	0.125
		土地生产效率	0.164	0.018	0.028	0.042	0.063	0.290	0.167
		单位面积粮食产量	0.087	0.012	0.028	0.020	0.037	0.085	0.069
	协调	产业结构调整指数	0.049	0.063	0.036	0.097	0.061	0.030	0.054
		农林牧渔服务业占比	0.011	0.028	0.015	0.033	0.022	0.036	0.034
		粮食作物播种面积占比	0.005	0.009	0.006	0.009	0.007	0.082	0.030
	绿色	绿地覆盖率	0.010	0.325	0.004	0.033	0.093	0.013	0.043
		万元农业GDP耗电量	0.103	0.145	0.043	0.135	0.106	0.186	0.174
		化肥施用强度	0.042	0.049	0.010	0.328	0.107	0.007	0.035

一级指标	二级指标	三级指标	w_{1j}（A）	w_{1j}（B）	w_{1j}（C）	w_{1j}（D）	w_{1j}	w_{2j}	w_j
农业高质量发展指数	开放	单位产值农业保险	0.011	0.015	0.013	0.004	0.011	0.009	0.012
		劳动力非农就业	0.045	0.060	0.113	0.030	0.062	0.083	0.089
	共享	农村恩格尔系数	0.073	0.007	0.151	0.015	0.062	0.008	0.027
		城乡收入比	0.020	0.027	0.068	0.004	0.030	0.036	0.040
		城镇化率	0.007	0.003	0.023	0.044	0.019	0.038	0.033

2. 高质量发展水平计算

对表4-3的综合权重 w_j 进行加权求和，得到2016～2020年黄河流域地级市农业高质量发展水平综合得分，所求的农业高质量发展水平如表4-4所示。

表4-4　2016～2020年黄河流域农业高质量发展水平

年份	2016	2017	2018	2019	2020
	发展指数	发展指数	发展指数	发展指数	发展指数
山西省	0.431	0.434	0.434	0.423	0.453
太原市	0.510	0.515	0.502	0.455	0.491
大同市	0.441	0.445	0.446	0.448	0.471
阳泉市	0.311	0.321	0.326	0.311	0.346
长治市	0.445	0.446	0.441	0.401	0.449
晋城市	0.448	0.442	0.436	0.428	0.456
朔州市	0.452	0.457	0.463	0.451	0.476
晋中市	0.472	0.478	0.476	0.458	0.491
运城市	0.447	0.454	0.451	0.453	0.481
忻州市	0.401	0.410	0.415	0.419	0.439
临汾市	0.431	0.427	0.423	0.428	0.450
吕梁市	0.379	0.385	0.399	0.402	0.430
内蒙古自治区	0.441	0.434	0.447	0.465	0.480
呼和浩特市	0.453	0.457	0.466	0.481	0.495
包头市	0.462	0.462	0.480	0.483	0.494
乌海市	0.557	0.555	0.569	0.574	0.602
赤峰市	0.416	0.402	0.425	0.433	0.447

年份	2016	2017	2018	2019	2020
	发展指数	发展指数	发展指数	发展指数	发展指数
通辽市	0.408	0.385	0.415	0.466	0.482
鄂尔多斯市	0.453	0.435	0.439	0.453	0.462
呼伦贝尔市	0.373	0.377	0.379	0.407	0.421
巴彦淖尔市	0.437	0.434	0.452	0.473	0.485
乌兰察布市	0.409	0.399	0.401	0.416	0.434
山东省	0.514	0.511	0.530	0.529	0.542
济南市	0.518	0.505	0.525	0.542	0.548
青岛市	0.528	0.534	0.550	0.580	0.608
淄博市	0.486	0.483	0.500	0.497	0.511
枣庄市	0.477	0.453	0.473	0.488	0.503
东营市	0.536	0.536	0.541	0.534	0.542
烟台市	0.563	0.561	0.581	0.585	0.597
潍坊市	0.496	0.491	0.506	0.512	0.524
济宁市	0.534	0.526	0.538	0.547	0.560
泰安市	0.524	0.530	0.556	0.549	0.556
威海市	0.559	0.553	0.564	0.551	0.566
日照市	0.510	0.525	0.543	0.552	0.568
临沂市	0.470	0.469	0.485	0.496	0.508
德州市	0.530	0.527	0.538	0.528	0.536
聊城市	0.506	0.498	0.510	0.528	0.545
滨州市	0.564	0.560	0.625	0.513	0.516
菏泽市	0.426	0.428	0.437	0.462	0.487
河南省	0.472	0.481	0.489	0.488	0.502
郑州市	0.451	0.444	0.465	0.432	0.431
开封市	0.486	0.493	0.494	0.514	0.528
洛阳市	0.451	0.458	0.477	0.480	0.494
平顶山市	0.449	0.455	0.465	0.474	0.487
安阳市	0.435	0.435	0.443	0.465	0.495
鹤壁市	0.522	0.530	0.538	0.543	0.568
新乡市	0.390	0.395	0.399	0.418	0.442
焦作市	0.500	0.511	0.512	0.527	0.533
濮阳市	0.476	0.507	0.551	0.504	0.523

续表

年份	2016	2017	2018	2019	2020
	发展指数	发展指数	发展指数	发展指数	发展指数
许昌市	0.595	0.593	0.595	0.507	0.507
漯河市	0.534	0.541	0.544	0.513	0.507
三门峡市	0.472	0.483	0.484	0.510	0.513
南阳市	0.436	0.452	0.458	0.468	0.483
商丘市	0.447	0.450	0.457	0.477	0.501
信阳市	0.473	0.489	0.501	0.518	0.524
周口市	0.454	0.470	0.470	0.472	0.496
驻马店市	0.445	0.464	0.465	0.482	0.494
陕西省	0.461	0.463	0.483	0.520	0.522
西安市	0.530	0.542	0.555	0.605	0.606
铜川市	0.423	0.415	0.426	0.460	0.461
宝鸡市	0.459	0.466	0.466	0.505	0.503
咸阳市	0.501	0.498	0.502	0.552	0.551
渭南市	0.426	0.431	0.459	0.490	0.493
延安市	0.465	0.462	0.530	0.569	0.600
榆林市	0.425	0.423	0.443	0.459	0.442
甘肃省	0.457	0.427	0.454	0.473	0.476
兰州市	0.471	0.455	0.464	0.491	0.491
嘉峪关市	0.563	0.497	0.557	0.582	0.595
金昌市	0.483	0.462	0.479	0.495	0.490
白银市	0.386	0.396	0.408	0.428	0.428
天水市	0.380	0.375	0.377	0.420	0.413
武威市	0.496	0.453	0.503	0.505	0.514
张掖市	0.510	0.470	0.498	0.514	0.510
平凉市	0.434	0.381	0.412	0.419	0.436
酒泉市	0.556	0.486	0.516	0.543	0.548
庆阳市	0.374	0.352	0.392	0.403	0.407
定西市	0.378	0.369	0.383	0.400	0.405
青海省	0.467	0.470	0.450	0.463	0.466
西宁市	0.467	0.470	0.450	0.463	0.466
宁夏回族自治区	0.437	0.459	0.464	0.456	0.478
银川市	0.505	0.528	0.527	0.514	0.537

年份	2016	2017	2018	2019	2020
	发展指数	发展指数	发展指数	发展指数	发展指数
石嘴山市	0.451	0.475	0.474	0.460	0.501
吴忠市	0.410	0.436	0.457	0.451	0.460
固原市	0.381	0.397	0.398	0.398	0.416

从整体来看，各地级市的农业高质量发展水平普遍较低，综合得分基本处于
0.6 以下，这意味着黄河流域各地级市的农业高质量发展还存有较大提升空间。
从时间跨度来看，2016~2020 年大部分地级市的农业高质量发展水平呈缓慢上升
或先降后升的发展趋势，小部分地级市出现逐年降低的趋势，表明黄河流域农业
在向着高质、高效的方向发展。从各地级市综合得分来看，黄河流域各地级市之
间存在显著的差异，大体呈现"东部高，中西部低"的分布格局，山东和河南
地级市的农业高质量发展水平要普遍高于其他省份的地级市。虽然各地级市之间
存有差异，但近年来差距在逐渐缩小，这可能与西部大开发战略等一系列政策偏
移密切相关。

二、黄河流域农业高质量发展水平综合评价

1. 黄河流域农业高质量发展水平整体评价

为了更直观地看出黄河流域农业高质量发展水平的变化，本部门绘制了黄河
流域农业高质量发展水平柱状图，如图 4-2 所示，并对其变化趋势及上升幅度进
行了分析，具体如下：

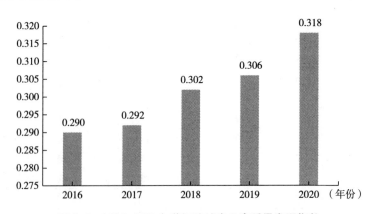

图 4-2　2016~2020 年黄河流域农业高质量发展指数

从整体看，黄河流域农业高质量发展指数由 2016 年的 0.290 逐年上升至 2020 年的 0.318，可以发现黄河流域农业高质量发展水平在稳步提高，但从这 5 年黄河流域农业高质量发展水平的均值看，整体处于较低水平。每年的上升幅度差异较大，具体表现为：2016~2017 年，发展指数由 0.290 上升至 0.292，上升幅度为 0.7%，农业高质量发展水平上升趋势较缓，此时农业高质量发展还没有引起各个地区的重视；2017~2018 年，发展指数由 0.292 上升至 0.302，上升幅度为 3.4%，与上年相比有了大幅提升，这可能与党的十九大把坚持新发展理念作为新时代坚持和发展中国特色社会主义的基本方略、新发展理念的贯彻落实也有效促进了农业高质量发展有关；2018~2019 年，发展指数由 0.302 上升至 0.306，上升幅度为 1.3%，与前年相比上升幅度有所下降；2019~2020 年，发展指数由 0.306 上升至 0.318，上升幅度为 3.9%，农业高质量发展水平再次大幅提升，这可能与 2019 年党中央将黄河流域生态保护和高质量发展上升为国家战略，将黄河流域的高质量发展提升到一个新的高度，进一步促进了黄河流域农业高质量发展有关。另外，根据 2021 年中共中央、国务院印发的《黄河流域生态保护和高质量发展规划纲要》，以及 2022 年党的二十大的召开，可以预测未来黄河流域农业高质量发展水平将呈现进一步上升趋势。

尽管黄河流域的农业高质量发展水平在不断提高，但目前来看发展水平并不理想，仍存在个别地区农业生产技术低下、土壤盐碱度高、耕地退化严重等问题，还存在较大的提升空间。未来应根据实际情况，多措并举补齐短板，提升黄河流域农业高质量发展整体水平。

2. 黄河流域农业高质量发展水平分省（区）评价

通过计算各省（区）农业高质量发展水平（见表 4-5），绘制各省（区）农业高质量发展水平柱状图，进一步分析各省（区）农业高质量发展水平变化趋势及差异。由此可知：

表 4-5 2016~2020 年黄河流域各省（区）农业高质量发展水平

年份	2016	2017	2018	2019	2020
山西省	0.307	0.307	0.308	0.306	0.336
内蒙古自治区	0.300	0.296	0.307	0.310	0.323
山东省	0.377	0.378	0.406	0.402	0.418
河南省	0.289	0.309	0.321	0.314	0.324
陕西省	0.254	0.258	0.271	0.305	0.302

年份	2016	2017	2018	2019	2020
甘肃省	0.258	0.231	0.261	0.274	0.270
青海省	0.284	0.289	0.269	0.275	0.283
宁夏回族自治区	0.250	0.271	0.272	0.259	0.284

从时间跨度看，2016~2020 年在八个省（区）中，除青海省呈现先升后降再升的发展趋势外，其他省（区）的农业高质量发展水平整体呈波动上升趋势，这表明黄河流域的农业正朝着更高质量、更有效率、更可持续的方向发展，农业高质量发展水平整体提高。青海省出现下降趋势主要受自然资源禀赋限制，由于自身资源利用率不高及农业机械化水平低下，长此以往导致，该地区农业高质量发展水平难以得到提升。未来青海省应加大对农业发展的财政支持力度，提高自身资源利用率，因地制宜地提高农业高质量发展水平。

从地区角度看，黄河流域省际农业高质量发展水平存在较大差异，发展不均衡，大体呈现"东部高，中西部低"的分布格局。其中，山东省农业高质量发展指数均值为 0.3962，山西省农业高质量发展指数均值为 0.3128，河南省农业高质量发展指数均值为 0.3114，内蒙古自治区农业高质量发展指数均值为 0.3072，青海省农业高质量发展指数均值为 0.2800，陕西省农业高质量发展指数均值为 0.2780，宁夏回族自治区农业高质量发展指数均值为 0.2672，甘肃省农业高质量发展指数均值为 0.2588。八个省（区）农业高质量发展指数均值均未超过 0.4，说明各省（区）目前的发展水平均较低，未来发展空间很大。

各省（区）间农业高质量发展水平存在差异，这与各地区经济发展水平及各地区对农业发展的关注程度密切相关。工业和服务业发展水平较高可对农业形成"反哺"，助推农业向更高水平迈进。例如，农业大省山东省与河南省，经济发展水平较高，均高度重视农业发展，近年来均采取了一系列重大举措。山东省通过质量兴农、绿色兴农、发展现代高效农业等战略举措支持农业高质量发展，取得了一定成效。河南省把推进农业高质量发展作为建设农业强省的指引，通过"培优、做强、升级、提质"四大举措，深化农业供给侧结构性改革，取得了较为显著的成效，推动了农业高质量发展。虽然省与省之间存有差异，但近年来差距在逐渐缩小，尤其是东西部地区间的差异缩小明显。进入新时代以来，国家在推进西部大开发，促进区域协调发展方面实施一系列新的政策举措，形成新的发展格局，成为西部地区农业高质量发展水平不断提高的重要推动力。习近平总书记在党的二十大报告中强调促进区域协调发展，加快构建新发展格局，可以预测，未来区域间农业高质量发展水平差异将进一步缩小，黄河流域农业高质量发展水平将进一步提升。

3. 黄河流域农业高质量发展水平分地区评价

为了更清晰地展示黄河流域不同地区农业高质量发展水平，在上述研究基础上，本部分进一步测算了黄河流域上中下游地区的农业高质量发展水平，并绘制出了黄河流域上中下游农业高质量发展水平柱状图，如图4-3所示，可以发现：

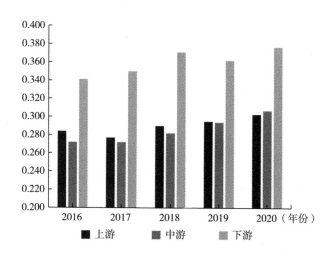

图4-3 黄河流域上中下游地区农业高质量发展指数

从时间分布看，2016～2020年黄河流域上游地区农业高质量发展水平呈现"下降—上升"的发展趋势，于2020年达到最高水平（0.303）；2016～2020年黄河流域中游地区农业高质量发展水平呈现稳步上升趋势，于2020年达到最高水平发展（0.307）；2016～2020年黄河流域下游地区农业高质量发展水平呈现"上升—下降—上升"的发展趋势，于2020年达到最高0.377。尽管黄河流域上中游地区没有呈现逐年上升的趋势，但整体上均为上升态势，表明黄河流域上中下游地区的农业高质量发展水平在逐步提高。

从地区分布看，黄河流域上中下游地区农业高质量发展水平呈现"两边高，中间低"的空间格局。中游地区发展水平逐年追赶上游地区，下游地区发展水平明显高于中上游地区，下游地区的发展水平约是中上游地区的1.2倍，表明下游地区为黄河流域农业高质量发展的中心。这与辛岭和安晓宁（2019）、赵敏等（2022）的研究结论基本一致。形成这种农业发展格局的原因为：

黄河流域上游地区含沙量少，地势差异大，便于发展水利设施。一系列政策倾斜及已有的良好条件，使得黄河流域上游地区可以更好地抓住机遇，大力发展优势产业。黄河流域中游地区政策缺乏引导、农业一体化程度较低、科学研究力度较小等问题导致该地区难以适应新时代的发展潮流，而且该地区水少沙多、水污染较为严重，农业高质量发展的基础条件差。黄河流域下游地区农业基础雄厚、沿海地区对外开放程度高、数字化程度较高、临海交通便利，有利于农业向高水平、高效率、高质量方向发展，使得下游地区落实国家政策更高效，生产效率提升更迅速，能够以更高水平推动农业实现创新、协调、绿色、开放、共享发展。因此，黄河流域农业高质量发展水平呈现"两边高，中间低"的空间分布格局。

黄河流域中上游地区相较于下游地区，产业发展水平较低，经济体系不完善，科技创新投入较少，经济发展水平较低；水土流失严重，农业生产基础条件差，导致黄河流域下游地区的农业高质量发展水平约是中上游地区的 1.2 倍。此外，近年来中游地区通过小流域综合治理、淤地建坝、退耕还林、植树造林等措施，不断改善黄土高原地区的水土流失问题，绿色不断在黄土高原上铺展。中游地区在水土流失治理方面取得了显著成效，农业基础条件不断改善，呈现出农业高质量发展水平不断追赶上游的态势。

4. 黄河流域农业产业高质量发展水平分维度评价

为了展示出同一维度、不同省（区）农业高质量发展水平的差异，通过综合权重加权求和，得到 2016~2020 年黄河流域各省（区）的农业高质量发展的分维度水平，测算结果如表 4-6 所示：

表 4-6 黄河流域各省（区）农业高质量发展的分维度水平

维度	年份	山西省	内蒙古自治区	山东省	河南省	陕西省	甘肃省	青海省	宁夏回族自治区
创新发展	2016	0.154	0.142	0.264	0.198	0.181	0.195	0.235	0.180
	2017	0.149	0.134	0.242	0.229	0.182	0.137	0.244	0.193
	2018	0.148	0.154	0.288	0.248	0.211	0.206	0.186	0.215
	2019	0.124	0.165	0.272	0.228	0.221	0.237	0.190	0.197
	2020	0.183	0.182	0.295	0.247	0.264	0.220	0.192	0.243
	均值	0.151	0.155	0.272	0.230	0.212	0.199	0.209	0.206

续表

维度	年份	山西省	内蒙古自治区	山东省	河南省	陕西省	甘肃省	青海省	宁夏回族自治区
协调发展	2016	0.379	0.353	0.361	0.347	0.294	0.249	0.340	0.314
	2017	0.378	0.360	0.452	0.366	0.287	0.344	0.348	0.334
	2018	0.369	0.356	0.448	0.362	0.272	0.317	0.367	0.333
	2019	0.423	0.357	0.453	0.362	0.270	0.287	0.374	0.351
	2020	0.428	0.365	0.457	0.357	0.271	0.293	0.386	0.332
	均值	0.395	0.358	0.434	0.359	0.279	0.298	0.363	0.333
绿色发展	2016	0.344	0.385	0.503	0.404	0.382	0.364	0.374	0.364
	2017	0.347	0.384	0.515	0.413	0.399	0.359	0.376	0.366
	2018	0.354	0.385	0.527	0.417	0.395	0.363	0.401	0.365
	2019	0.355	0.386	0.535	0.427	0.406	0.368	0.408	0.342
	2020	0.369	0.386	0.547	0.437	0.412	0.374	0.431	0.329
	均值	0.354	0.385	0.525	0.420	0.399	0.366	0.398	0.353
开放发展	2016	0.993	0.828	0.666	0.294	0.269	0.241	0.251	0.245
	2017	0.993	0.827	0.636	0.299	0.273	0.237	0.253	0.248
	2018	0.993	0.831	0.650	0.304	0.275	0.245	0.252	0.255
	2019	0.994	0.789	0.666	0.308	0.269	0.252	0.252	0.251
	2020	0.993	0.795	0.672	0.287	0.272	0.252	0.252	0.247
	均值	0.993	0.814	0.658	0.299	0.272	0.245	0.252	0.249
共享发展	2016	0.464	0.541	0.538	0.491	0.392	0.500	0.432	0.408
	2017	0.477	0.539	0.543	0.503	0.387	0.374	0.427	0.534
	2018	0.493	0.550	0.558	0.522	0.399	0.391	0.430	0.422
	2019	0.510	0.561	0.570	0.552	0.695	0.397	0.445	0.415
	2020	0.525	0.606	0.585	0.558	0.436	0.410	0.451	0.511
	均值	0.494	0.560	0.559	0.525	0.462	0.414	0.437	0.458

在创新维度，山东省创新发展指数均值为 0.272；河南省创新发展指数均值为 0.230；陕西省创新发展指数均值为 0.212；然后依次为青海省 0.209、宁夏回族自治区 0.206、甘肃省 0.199、内蒙古自治区 0.155、山西省 0.151。在样本期内，除河南省、甘肃省、青海省 2020 年创新维度的农业发展水平不是历年最高外，其他省（区）在 2020 年创新维度的农业发展水平均为历年最高。除此之外，陕西省呈现稳步上升趋势，其他省（区）呈现波动上升趋势，这表明黄河流域

创新维度的农业高质量发展水平不断提升。

在协调维度，山东省协调发展指数均值为 0.434；山西省协调发展指数均值为 0.395；青海省协调发展指数均值为 0.363；然后依次为河南省 0.359、内蒙古自治区 0.358、宁夏回族自治区 0.333、甘肃省 0.298、陕西省 0.279。在样本期内，除陕西省呈现下降趋势外，其他各省（区）均是波动上升趋势，但上升幅度不大，这表明黄河流域协调维度的农业高质量发展水平提升较为缓慢。这可能与我国农业存在商业模式不完善、参与主体意识观念转变不充分等问题，影响了黄河流域农业的协调发展有关。

在绿色维度，山东省绿色发展指数均值为 0.525；河南省绿色发展指数均值为 0.420；陕西省绿色发展指数均值为 0.399；然后依次为青海省 0.398、内蒙古自治区 0.385、甘肃省 0.366、山西省 0.354、宁夏回族自治区 0.353。山东省绿色维度的农业发展水平明显高于其他省（区），但五年内变化较小，其次为河南省、陕西省和青海省，发展处于中等水平。在样本期内，除宁夏回族自治区有所下降外，其他各省（区）整体呈上升趋势。这可能与宁夏龙头企业较少，本地配套能力弱、创新推进缓慢，资源开发利用不够充分等阻碍了其绿色发展有关。

在开放维度，山西省开放发展指数均值为 0.993；内蒙古自治区开放发展指数均值为 0.814；山东省开放发展指数均值为 0.658；然后依次为河南省 0.299、陕西省 0.272、青海省 0.252、宁夏回族自治区 0.249、甘肃省 0.245。该维度下不同省（区）农业发展水平差异较大，这与不同省（区）的地理位置、文化资源、旅游资源密切相关。样本期内，各省（区）发展水平波动较小，除内蒙古、山东、陕西、青海、甘肃外，其他省（区）均在 2020 年呈现不同程度的下降。

在共享维度，内蒙古自治区共享发展指数均值为 0.560；山东省共享发展指数均值为 0.559；河南省共享发展指数均值为 0.525；然后依次为山西省 0.494、陕西省 0.462、宁夏回族自治区 0.458、青海省 0.437、甘肃省 0.414。样本期内，除甘肃省外，其他各省（区）呈现上升或波动上升趋势，这表明黄河流域在共享维度的农业高质量发展水平在逐渐提高。近年来，国家采取一系列措施，大力推进区域协调发展，促进黄河流域农业高质量发展水平的提升。

此外，本部分进一步分析了黄河流域各地级市各维度农业高质量发展水平在空间分布上的差异性与不平衡性，如表 4-7 所示。

表 4-7 2020 年黄河流域各地级市农业高质量发展水平各维度得分及区域分布

地区	创新发展	协调发展	绿色发展	开放发展	共享发展
太原市	0.190	0.422	0.634	0.998	0.756
大同市	0.160	0.478	0.405	0.995	0.495
阳泉市	0.156	0.477	0.268	0.996	0.639
长治市	0.195	0.425	0.344	0.995	0.511
晋城市	0.164	0.486	0.330	0.996	0.599
朔州市	0.174	0.429	0.391	0.987	0.540
晋中市	0.226	0.428	0.378	0.994	0.535
运城市	0.237	0.274	0.329	0.978	0.471
忻州市	0.168	0.428	0.328	0.994	0.337
临汾市	0.180	0.338	0.332	0.992	0.478
吕梁市	0.160	0.521	0.320	0.996	0.413
呼和浩特市	0.168	0.457	0.484	0.983	0.609
包头市	0.175	0.430	0.391	0.987	0.649
乌海市	0.304	0.424	0.566	0.998	0.744
赤峰市	0.160	0.325	0.332	0.932	0.483
通辽市	0.193	0.293	0.330	0.941	0.526
鄂尔多斯市	0.194	0.295	0.311	0.974	0.649
呼伦贝尔市	0.109	0.373	0.357	0.815	0.673
巴彦淖尔市	0.211	0.275	0.335	0.259	0.648
乌兰察布市	0.121	0.409	0.366	0.268	0.476
济南市	0.265	0.315	0.799	0.835	0.556
青岛市	0.409	0.460	0.943	0.739	0.614
淄博市	0.261	0.329	0.815	0.497	0.632
枣庄市	0.317	0.419	0.535	0.521	0.582
东营市	0.217	0.629	0.544	0.379	0.577
烟台市	0.359	0.481	0.468	0.849	0.575
潍坊市	0.302	0.451	0.404	0.957	0.622
济宁市	0.303	0.427	0.478	0.972	0.590
泰安市	0.275	0.425	0.487	0.690	0.616
威海市	0.331	0.605	0.565	0.366	0.625
日照市	0.354	0.562	0.480	0.395	0.591

地区	创新发展	协调发展	绿色发展	开放发展	共享发展
临沂市	0.259	0.369	0.451	0.846	0.494
德州市	0.222	0.596	0.451	0.666	0.599
聊城市	0.332	0.355	0.488	0.790	0.567
滨州市	0.193	0.566	0.439	0.511	0.584
菏泽市	0.318	0.320	0.401	0.735	0.536
郑州市	0.235	0.294	0.773	0.270	0.747
开封市	0.269	0.330	0.495	0.296	0.574
洛阳市	0.231	0.396	0.412	0.284	0.564
平顶山市	0.219	0.417	0.364	0.272	0.519
安阳市	0.290	0.283	0.359	0.284	0.572
鹤壁市	0.300	0.524	0.540	0.258	0.665
新乡市	0.244	0.330	0.332	0.283	0.603
焦作市	0.262	0.399	0.461	0.272	0.675
濮阳市	0.245	0.432	0.412	0.272	0.520
许昌市	0.205	0.438	0.475	0.257	0.619
漯河市	0.209	0.357	0.478	0.254	0.587
三门峡市	0.229	0.157	0.376	0.272	0.607
南阳市	0.223	0.232	0.383	0.333	0.527
商丘市	0.267	0.283	0.376	0.316	0.453
信阳市	0.272	0.350	0.361	0.324	0.496
周口市	0.222	0.340	0.372	0.320	0.468
驻马店市	0.230	0.411	0.370	0.306	0.470
西安市	0.285	0.381	0.867	0.280	0.571
铜川市	0.208	0.241	0.369	0.253	0.341
宝鸡市	0.233	0.319	0.341	0.267	0.493
咸阳市	0.308	0.255	0.329	0.285	0.438
渭南市	0.256	0.237	0.327	0.276	0.424
延安市	0.401	0.133	0.299	0.272	0.470
榆林市	0.157	0.332	0.352	0.272	0.312
兰州市	0.209	0.293	0.441	0.257	0.542
嘉峪关市	0.365	0.136	0.517	0.253	0.753
金昌市	0.261	0.425	0.350	0.224	0.499

地区	创新发展	协调发展	绿色发展	开放发展	共享发展
白银市	0.159	0.324	0.357	0.256	0.305
天水市	0.152	0.088	0.371	0.261	0.240
武威市	0.297	0.295	0.323	0.260	0.383
张掖市	0.221	0.490	0.340	0.247	0.511
平凉市	0.172	0.226	0.357	0.258	0.267
酒泉市	0.291	0.446	0.358	0.245	0.552
庆阳市	0.139	0.287	0.352	0.255	0.226
定西市	0.156	0.208	0.347	0.260	0.232
西宁市	0.192	0.386	0.431	0.252	0.451
银川市	0.310	0.360	0.269	0.259	0.603
石嘴山市	0.283	0.274	0.407	0.255	0.507
吴忠市	0.208	0.401	0.323	0.213	0.532
固原市	0.172	0.294	0.319	0.260	0.400

（1）创新维度的发展水平分布较分散，高水平主要分布在黄河流域的东部及南部地区，这些地区经济发展迅速、基础设施完备，有利于农业的深度发展与资源的协调配置，进而促进农业的创新发展。

（2）协调维度发展水平呈现"中下游高、上游低"的分布状况，中高发展水平区域主要集中在山东、河南、山西的地级市。这种现象主要受经济基础、基础设施、政策支持及人口密度等因素的影响。山东、河南、山西等地区经济较为发达，基础设施完善，享受更多的政策倾斜，人口众多，促进了劳动力资源的集聚和利用，从而形成了相对较高的协调发展水平，上游地区在这些方面则相对落后。

（3）绿色维度的发展水平呈从上游到下游依次升高的趋势，主要以山东省、河南省为高发展水平区域，该分布格局主要因为黄河流域下游地区加大环保宣传、提高绿色覆盖率，同时控制农药等有害物质的使用，有利于黄河流域农业绿色发展。

（4）开放维度发展水平较高的地级市主要集中在内蒙古、山西、山东等地区，其他地级市的开放维度发展水平明显低于这些地区。可能的原因是这些地区具有丰富的自然资源和地理优势，如煤炭、稀土等资源的出口，以及近海的山东利用其港口优势开展对外贸易。此外，这些地区政府推动对外开放政策，吸引外资和技术引进，加强了与国际市场的联系，而其他地区可能在资源、地理位置或政策支持上不具备相同的优势。

（5）共享维度发展水平分布较集中，高发展水平区域以内蒙古自治区、山东省、河南省北部为中心分布，低发展水平区域以山西省西部、甘肃省南部、陕西省北部为中心分布。

三、黄河流域农业高质量发展水平时空格局演变特征

1. 时序演变趋势

为了探究黄河流域农业高质量发展的时序演变趋势，本章通过核密度估计从时间维度考察黄河流域农业高质量发展指数的动态演变情况，揭示黄河流域农业高质量发展的分布位置、分布形态、波峰分布等特征，如图4-4所示，分析如下：

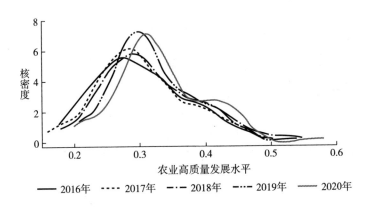

图4-4　农业高质量发展水平核密度估计

从分布位置看，2016~2020年随着时间变化，农业高质量发展水平核密度估计曲线波峰及整条曲线均逐年向右偏移，这表明黄河流域整体农业高质量发展水平在逐年上升。从分布形态看，2016~2020年随着时间变化，核密度曲线主峰的宽度在逐年减小，说明黄河流域各地区农业高质量发展水平差异在逐渐缩小。核密度曲线峰值呈上升趋势，说明黄河流域大部分地区的农业高质量发展水平在不断提高，且农业高质量发展水平的绝对差异在逐渐减小。从分布波峰数量看，

2016~2020 年农业高质量发展水平的核密度曲线均为单峰，说明黄河流域农业高质量发展水平未出现两极分化的情况。

2. 空间分布格局

按农业高质量发展水平的高低进行划分，明确黄河流域农业高质量发展水平的空间分布格局，如表4-8 所示。

表4-8 2020 年黄河流域各地级市农业高质量发展水平

高质量发展水平	地区
<0.25	天水市、定西市、庆阳市、平凉市、白银市、榆林市、固原市、乌兰察布市
0.25~0.35	铜川市、吴忠市、渭南市、巴彦淖尔市、三门峡市、宝鸡市、西宁市、南阳市、周口市、呼伦贝尔市、平顶山市、武威市、兰州市、张掖市、赤峰市、驻马店市、忻州市、商丘市、新乡市、咸阳市、金昌市、临汾市、通辽市、吕梁市、信阳市、银川市、漯河市、洛阳市、石嘴山市、濮阳市、安阳市、鄂尔多斯市、许昌市、阳泉市、延安市、酒泉市、运城市、晋城市、长治市、大同市、朔州市、滨州市、包头市、开封市
0.35~0.45	焦作市、晋中市、呼和浩特市、临沂市、东营市、德州市、菏泽市、嘉峪关市、泰安市、鹤壁市、潍坊市、枣庄市、郑州市、聊城市、日照市、太原市、济宁市、威海市、烟台市、淄博市、西安市
>0.45	济南市、乌海市、青岛市

由表4-8 可知：黄河流域各地级市农业高质量发展水平存在明显的空间分布差异，且发展不平衡不充分，整体呈现出以山东省、河南省北部为中心的高发展水平区域，陕西省北部、宁夏回族自治区、内蒙古自治区东部、甘肃省东部为低发展水平区域，其余地区为中等发展水平区域的分布格局。同时，黄河流域农业高质量发展的中高发展水平区域多以省会城市为中心集聚。

3. 空间自相关检验

莫兰指数是研究空间关系的一种相关系数，通常分为全局莫兰指数和局部莫兰指数。全局莫兰指数用于分析整体上是否存在空间相关关系，如果全局莫兰指数呈现出显著性，可进一步深入分析局部莫兰指数。本部分通过计算黄河流域农业高质量发展指数的全局莫兰指数，分析该流域整体是否存在空间自相关关系，如表4-9 所示。检验结果显示：

表 4-9　黄河流域农业高质量发展水平全局自相关检验结果

年份	莫兰指数	Z 值	P 值
2016	0.504	6.384	0.000
2017	0.555	7.028	0.000
2018	0.553	7.018	0.000
2019	0.542	6.899	0.000
2020	0.541	6.895	0.000

2016~2020 年，全局莫兰指数均大于 0，各年份 P 值均为 0，小于 0.01，且各年份 Z 值均远大于 2.58，说明有 99% 的把握认为该数据不是随机分布的，表明黄河流域各地级市农业高质量发展水平在空间上呈现正相关关系，即农业发展水平高的地级市周围有较多的同类城市聚集。具体来看，样本期内黄河流域莫兰指数呈现"上升—下降"的趋势，表明黄河流域农业高质量发展水平的空间相关性在 2019 年和 2020 年有所减弱。

在上述基础上进一步计算局部莫兰指数并绘制莫兰散点图，反映城市群内部相邻城市的相关关系与差异。图 4-5 展示了 2016 年、2018 年及 2020 年黄河流域 76 个地级市的相关关系。其中，散点图中的 X 轴为变量的离差 z，Y 轴为变量的空间滞后变量 Wz。具体来看：第一象限表示某地级市发展指数较高，并且周边地级市发展指数也较高（HH）；第二象限表示某地级市发展指数较低，而周边地级市发展指数较高（LH）；第三象限表示某地级市发展指数较低，并且周边地级市发展指数也较低（LL）；第四象限表示某地级市发展指数较高，但周边地市发展指数较低（HL）。其中，第一、三象限表示空间存在正的自相关性，第二、四象限表示空间存在负的自相关性。

黄河流域各地级市之间的农业高质量发展水平存在空间正相关关系，空间分布严重失衡，这与董艳敏和严奉宪（2021）的研究结论类似。具体来看，聚集状态为"高高"的地级市主要集中在黄河流域下游地区；聚集状态为"低低"的地级市主要集中在黄河流域上游地区；聚集状态为"高低"或"低高"的地级市主要集中在黄河流域中游地区。从具体地级市看，空间分布情况验证了农业发展水平高的地级市集中在各省会（首府）城市附近，并以此为中心向四周扩散。

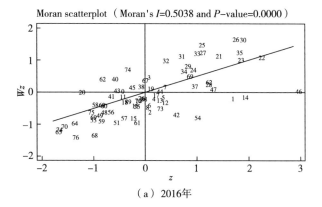

（a）2016年

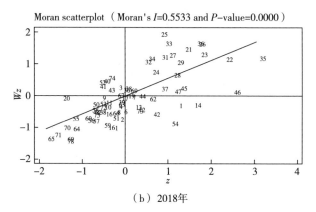

（b）2018年

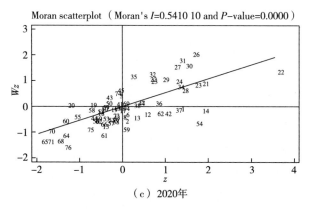

（c）2020年

图 4-5 2016 年、2018 年和 2020 年黄河流域农业高质量发展水平莫兰指数散点图

四、黄河流域农业高质量发展水平区域差异分析

为了进行黄河流域农业高质量发展水平的区域差异分析，本部分对上游、中

游、下游三个子群进行测算，结果如表4-10所示。

表4-10　黄河流域农业高质量发展水平Dagum基尼系数及其分解结果

年份		2016	2017	2018	2019	2020
总体基尼系数		0.130	0.131	0.130	0.110	0.115
组内	上游	0.118	0.107	0.113	0.093	0.096
	中游	0.111	0.103	0.101	0.100	0.103
	下游	0.110	0.123	0.102	0.086	0.096
组间	上—中游	0.142	0.146	0.151	0.131	0.131
	上—下游	0.152	0.157	0.159	0.128	0.133
	中—下游	0.114	0.115	0.104	0.094	0.101
贡献率（%）	组内	29.83	28.82	28.25	28.58	29.07
	组间	41.97	46.15	50.21	45.65	45.21
	超变密度	28.20	25.04	21.53	25.77	25.72

从总体看，黄河流域农业高质量发展水平的总体基尼系数由2016年的0.130变为2020年的0.115，呈现"小幅上升—大幅下降—小幅上升"的演变趋势，即黄河流域农业高质量发展水平的区域差异呈现"增加—缩小—增加"的趋势。2020年总体基尼系数为0.115相比于2016年的0.130明显减小，即黄河流域农业高质量发展水平的区域差异在缩小。

从子群看，样本期内子群内、子群间和超变密度的年均贡献率分别为28.91%、45.84%、25.25%，其中子群间的年均贡献率最大，说明黄河流域农业高质量发展水平的差异主要来源于上中下游区域间的差异，这揭示了"物以类聚、人以群分"的本质特征（钟顺昌、召佳辉，2022）。此外，子群间差异贡献率以2018年为拐点呈现倒"U"形变化趋势，而子群内和超变密度贡献率均以2018年为拐点呈现"U"形变化趋势。

为了更直观地展现区域内和区域间的Dagum基尼系数及时间演变趋势，进一步绘制了区域差异的演变趋势图，如图4-6所示。

从区域内来看，黄河流域农业高质量发展水平区域内差异在上游、中游、下游地区内均大体呈下降趋势，与整体差异走势一致，这说明黄河流域上游、中游、下游地区的农业高质量发展水平逐渐趋于协调。具体来看，上游地区内差异呈现"下降—上升—下降—上升"的演变趋势，其波动较大，说明农业发展不

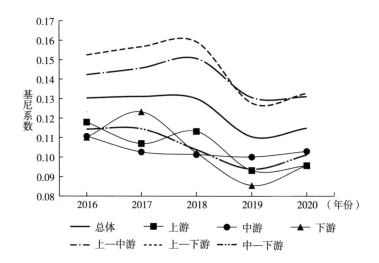

图4-6　黄河流域农业高质量发展水平区域差异演变趋势

协调、不充分；中游地区内差异呈现"大幅下降—小幅上升"的演变趋势，说明区域内农业发展逐渐走向协调、高质、高效；下游地区内差异呈现"小幅上升—大幅下降—小幅上升"的演变趋势，说明区域内农业凭借地理位置优势发展迅速，差异逐渐减小。

　　从区域间来看，黄河流域农业高质量发展水平在上下游地区间的差异最大，上中游地区间的差异次之，中下游地区间的差异最小，且三个地区间的差异均呈下降趋势。不同地区间的差异显著，上中游及上下游地区间的差异高于整体差异，且远高于中下游地区间的差异，这说明黄河流域农业高质量发展水平呈现出从上中游到下游的梯队变化特征，印证了我国东中西三个地区的发展模式及差距。

　　省际的空间联系指数的测算结果如表4-11所示。各省（区）的空间联系指数整体均呈现上升趋势，说明黄河流域农业高质量发展水平在空间上的联系逐渐加强，但不同省（区）的空间联系指数差距较大，空间联系在省际的差异显著。具体来看：

表4-11　2016~2020年黄河流域农业高质量发展水平空间联系指数

地区 ＼ 年份	2016	2017	2018	2019	2020
山西省	0.126	0.128	0.134	0.134	0.152
内蒙古自治区	0.104	0.104	0.111	0.113	0.124

续表

年份 地区	2016	2017	2018	2019	2020
山东省	0.098	0.100	0.110	0.111	0.120
河南省	0.104	0.111	0.119	0.119	0.128
陕西省	0.086	0.089	0.096	0.108	0.112
甘肃省	0.096	0.088	0.099	0.105	0.109
青海省	0.085	0.084	0.084	0.088	0.093
宁夏回族自治区	0.090	0.097	0.101	0.099	0.111

山西省的农业高质量发展水平空间联系指数处于黄河流域最高水平，由2016年的0.126上升为2020年的0.152；内蒙古自治区和河南省的农业高质量发展水平空间联系指数处于较高水平，由2016年的0.104上升为2020年的0.124和0.128；山东省、甘肃省和宁夏回族自治区农业高质量发展水平空间联系指数处于中等水平，其中山东省上升幅度最大；陕西省和青海省农业高质量发展水平空间联系指数处于较低水平，其中青海省在样本期内农业高质量发展水平空间联系指数变化幅度最小。

五、黄河流域农业高质量发展水平障碍度分析

要想有效提高黄河流域农业高质量发展水平，就需要分析出阻碍其发展的主要因素，在主要因素上做工作。因此，本部分在利用熵值法和层次分析法获得组合权重的基础上，通过障碍度模型进行障碍因子诊断，结果如表4-12所示。

表4-12　2016~2020年黄河流域农业高质量发展水平的障碍度

指标	2016年	2017年	2018年	2019年	2020年	均值
农业经济增长率（%）	6.744	6.290	7.392	6.149	4.959	6.307
农业产业机械化水平	7.648	5.533	6.448	6.647	5.231	6.301
农业产业劳动生产率（%）	7.044	6.102	6.152	6.266	5.797	6.272
土地生产效率（%）	7.399	5.890	6.982	5.596	5.611	6.296
单位面积粮食产量（千克/公顷）	7.712	5.699	5.465	6.703	5.787	6.273
产业结构调整指数（%）	5.477	5.023	6.453	7.608	6.614	6.235
农林牧渔服务业占比（%）	7.389	6.204	6.286	6.294	5.284	6.292

续表

指标	2016 年	2017 年	2018 年	2019 年	2020 年	均值
粮食作物播种面积占比（%）	3.607	7.007	5.911	6.348	7.931	6.161
绿地覆盖率（%）	7.170	5.139	6.362	6.524	6.161	6.271
万元农业 GDP 耗电量（千瓦时）	10.579	6.237	8.732	2.819	3.724	6.418
化肥施用强度	4.884	5.477	6.848	7.809	6.187	6.241
外贸依存度	0.133	4.126	8.252	9.356	8.777	6.129
劳动力非农就业	4.677	14.681	0.641	2.274	8.100	6.074
农村恩格尔系数	6.323	5.860	5.696	6.474	6.798	6.230
城乡收入比（%）	7.738	5.755	5.481	6.069	6.268	6.262
城镇化率（%）	5.477	4.978	6.899	7.065	6.772	6.238

整体来看，样本期内排名前五的因子障碍度均值依次为：万元农业 GDP 耗电为 6.418、农业经济增长率为 6.307、农业产业机械化水平为 6.301、土地生产效率为 6.296、农林牧渔服务业占比为 6.292，表明这几方面是阻碍黄河流域农业高质量发展的主要因素，未来农业发展应更加注重这几方面。从计算的数据来看，各个因子障碍度均值都在 6 以上，且它们之间的差距并不大，说明各项指标对黄河流域农业高质量发展均有较大的障碍度。为促进黄河流域农业高质量发展，应深入贯彻落实新发展理念，实现农业农村现代化，提高生产效率，同时关注资源、环境等问题。

具体来看，样本期内同一指标在不同年份的障碍度差异较大。其中，变化较大的指标有万元农业 GDP 耗电量，由 2016 年的 10.579 降至 2020 年的 3.724，障碍度大幅下降；外贸依存度，由 2016 年的 0.133 升至 2020 年的 8.777，障碍度大幅上升；劳动力非农就业，由 2016 年的 4.677 降至 2018 年的 0.641 再升至 2020 年的 8.100，障碍度下降后上升。其他指标在样本期内除产业结构调整指数、粮食作物播种面积占比、化肥施用强度、农村恩格尔系数、城镇化率的障碍度呈现波动上升趋势外，即指标的障碍度有所增强，其余指标均呈现波动下降趋势，即指标的障碍程度有所减弱。这表明黄河流域资源环境有了进一步的改善，但农业、农产品的对外贸易存在一定问题，需要进一步加强。另外，在未来需重点关注农业产业结构调整、粮食作物播种面积、环境保护及农村居民生活质量，助力农业高质量发展。

第四节 本章结论与启示

一、主要结论

本章从创新、协调、绿色、开放、共享五个维度构建农业高质量发展评价指标体系，应用熵值法与层次分析法组合赋权，测算黄河流域76个地级市的农业高质量发展水平，并分地区、分维度考察黄河流域农业高质量发展水平的时空分布特征，得到以下研究结论：

（1）从农业高质量发展评价指标组合权重看，创新发展维度的农业劳动生产率和土地生产效率、绿色发展维度的万元农业GDP耗电量的指标重要度大于0.1，为农业高质量发展水平的主要影响因素和关键因素；农业经济增长率、农业产业机械化水平、农林牧渔服务业占比、粮食作物播种面积占比、绿地覆盖率、化肥施用强度、单位产值农业保险、农村恩格尔系数、城乡收入比、城镇化率对农业高质量发展水平的影响较小。

（2）从地级市农业高质量发展水平看，各地市的农业高质量发展水平普遍较低，且地市间存在显著的差异，大体呈现"东部高，中西部低"的分布格局；2016～2020年黄河流域农业高质量发展水平总体呈稳步上升趋势，上游地区呈现"下降—上升"趋势，中游地区呈现上升趋势，下游地区呈现"上升—下降—上升"的发展趋势；黄河流域上中下游地区农业高质量发展水平呈现"两边高，中间低"的空间格局，中游地区逐步与上游地区持平，下游地区明显高于中上游地区。

（3）从黄河流域农业高质量发展水平不同维度看，在创新维度，山东省、河南省及陕西省农业高质量发展水平居于前列。在样本期内，河南省、甘肃省、青海省创新维度的农业发展水平在2020年不是历年最高外，其他省份均为历年最高。除此之外，陕西省呈现稳步上升趋势，其他省（区）呈现波动上升趋势。在协调维度，山东省、山西省的农业发展水平较高，在样本期内，除陕西省呈现下降趋势外，其他各省（区）均呈波动上升趋势；在绿色维度，山东省农业发展水平明显高于其他省份，但五年内变化较小，其次为河南省、陕西省和青海省，其发展处于中等水平。在样本期内，除宁夏回族自治区有所下降外，其他各省（区）整体呈上升趋势。在开放维度，山西省、内蒙古自治区和山东省高质量发展水平居于前列。样本期内，各省（区）发展水平波动较小，除山东、内蒙古、陕西、青海、甘肃外，其他省（区）均在 2020 年呈现不同程度的下降。在共享维度，内蒙古自治区、山东省和河南省高质量发展水平居于前列。样本期内，除甘肃省外，其他各省（区）呈现上升或波动上升趋势。

（4）从黄河流域农业高质量发展水平的时序演变趋势看，2016~2020 年的农业高质量发展水平核密度估计曲线波峰显著向右偏移，且在 2017 年之后右侧"长尾"效应显著；在 2019 年之前，核密度峰值处于 6 附近，2019 年及之后增大到 7 左右；2016~2020 年农业高质量发展水平的核密度图均为单峰，未出现两极分化的情况。

（5）从黄河流域农业高质量发展水平的空间格局看，黄河流域各地级市农业高质量发展水平存在明显的差异，且发展不平衡、不充分，整体呈现以山东、河南北部为中心的高发展水平区域，陕西北部、宁夏、内蒙古东部、甘肃东部为低发展水平区域，其余地区为中等发展水平区域的分布格局。同时，黄河流域农业高质量发展的中高发展水平区域多以省会城市为中心集聚。进一步分维度看，创新发展水平分布较分散；协调发展水平呈现"中下游高、上游低"的分布状况，中高发展水平区域主要集中在山东、河南、山西的地级市；绿色发展水平呈现从上游到下游依次升高的趋势，主要以山东、河南为高发展水平区域；开放发展水平较高的地级市主要集中在内蒙古、山西、山东等地区，其他地级市的开放维度发展水平明显低于这些地区；共享发展水平分布较集中，高发展水平区域以内蒙古、山东、河南北部为中心分布，低发展水平区域以山西西部、甘肃南部、陕西北部为中心分布。

（6）从黄河流域农业高质量发展水平的空间自相关检验结果看，黄河流域农业高质量发展指数的全局莫兰指数为正，农业发展水平高的地级市周围有较多的同类城市聚集。聚集状况为"高高"的地级市主要集中在黄河流域下游地区；聚集状况为"低低"的地级市主要集中在黄河流域上游地区；聚集状况为"高低"或"低高"的地级市主要集中在黄河流域中游地区。

（7）从黄河流域农业高质量发展水平的区域差异看，黄河流域农业高质量发展水平的总体基尼系数呈现"小幅上升—大幅下降—小幅上升"的演变趋势。从整体看，黄河流域农业高质量发展水平的差异主要来源于上中下游区域间的差异；从演变趋势看，子群间差异贡献率以 2018 年为拐点呈现倒"U"形变化趋势，而子群内和超变密度贡献率以 2018 年为拐点呈现"U"形变化趋势；从区域内看，上游地区子群内差异呈现"下降—上升—下降—上升"的演变趋势，中游地区子群内差异呈现"大幅下降—小幅上升"的演变趋势，下游地区子群内差异呈现"小幅上升—大幅下降—小幅上升"的演变趋势。

（8）从黄河流域农业高质量发展水平的空间联系指数看，各省（区）的空间联系指数整体均呈现上升趋势，但不同省（区）的空间联系指数差距较大。从整体看，空间分布格局由"小且散"向"大且聚"演变；从局部看，空间联系较强的地区主要集中在黄河流域下游地区，且以河南省郑州市、山东省济南市为中心向四周辐射。

（9）由黄河流域农业高质量发展水平障碍度分析结果可知，从整体看，样本期内障碍度均值排名前五的指标依次为万元农业 GDP 耗电量、农业经济增长率、农业机械化水平、土地生产效率、农林牧渔服务业占比。2016~2020 年障碍度变化明显的指标为万元农业 GDP 耗电量、外贸依存度、劳动力非农就业。从趋势上看，产业结构调整指数、粮食作物播种面积占比、化肥施用强度、农村恩格尔系数、城镇化率的指标障碍度呈现波动上升趋势，重点关注可精准助力农业高质量发展。

二、政策建议

1. 坚持创新发展，强化农业高质量发展科技支撑

创新是引领农业高质量发展的第一动力。在创新发展层面，要坚持科技兴农，科技助农，科技赋农，将创新作为农业高质量发展的真实驱动力。下游地区作为科技创新的领地，要充分发挥"领头羊"作用，加强与上中游地区的交流与合作，引导和促进上中游地区的农业科技创新水平。此外，不仅要注重农业科技水平的提升，更要注重农业发展方式的创新。各地区要因地制宜，不断探索，在国家政策的指导下，走出一条适合地区发展特点、符合政策要求的现代化农业发展之路。

第一，贯彻"全程机械化"生产模式，推动农业创新驱动发展和高质量发展的系统工程建设。我国农业生产进入了机械化主导阶段，对农机等设备、设施提出了更高要求，因此推进农机服务与农业规模经营，对农机全程化、全面化、高质化具有有利影响。此外，加大对节能、高效、低污染设备的研发，积极引导

农机设备的有效使用、设备故障的排查及精确维护，有利于农业创新发展。

第二，推动农业创新成果落地。从组织安排、运营模式等方面深化制度改革，不断革新农业生产组织方式与经营模式，创新生产激励路径与机制，时刻注重激发市场创新活力，创造更大的发展空间助力农业产业高质量发展。

第三，重视人力资本的促进作用，大力吸引人才，致力于建设高水平创新人才队伍。一方面，建立健全农业人才引进制度，推进人才队伍建设，引导优秀人才城乡流动，同时吸引高水平、高素质优秀人才返乡就业创业，为农业高质量发展增添动力。另一方面，培育新型职业农工队伍，注重人力资本质量的培育，推进产学研一体化建设，切实提高农村从业人员创新能力和专业水平，适应现代化、绿色化、数字化的农业发展需要。

2. 贯彻协调发展理念，推动经济结构优化

协调是农业高质量发展的内生特点。在协调发展层面：一方面要注重农业产业内部，以及农业与二、三产业的协调发展；另一方面要注重地区间的农业协调发展。农业协调发展的本质是增强发展整体性和规律性，农业农村现代化是农业协调发展的内生动力，其不仅有利于整合资源、优化地区要素配置，还可以推进农业全产业链开发，推进区域农业协调发展。中游地区要从上下游地区农业协调发展的实践中汲取知识、智慧和力量，不断深化内外部农业协调发展理念，提升全流域农业产业链、供应链现代化水平。另外，省会城市更要发挥带头作用，将农业现代化渗透到周边城市，助力现代农业可持续发展。

第一，推进农业生产结构协调发展。一是要推进农村一、二、三产业协调发展，将农村市场建设与第三产业结合起来发展，通过集聚效应，调动乡镇龙头企业，围绕结构调整与集约化，带动销售和服务的发展；二是要推进农业内部协调发展，实现农林牧渔结合，培育生物农业等新产业及休闲观光农业和创意农业，调整和优化生产、种植和养殖结构，提高土地的综合利用效益，创建农产品品牌。

第二，推进城乡协调发展。国家应积极采取专项政策，使政策向农村地区倾斜，以数字化、绿色化引领农业发展，不断深化农业数字化转型，大力提高农村居民的可支配收入和销售收入，逐步缩小城乡差距。此外，建立健全城乡融合发展机制，增强城市对农村的支持力度，以点带面实现要素流通与资源合理配置，进而促成优势突出、协调互动的城乡协同发展体系。

第三，推进区域协调发展。农业高质量发展要关注区域发展的现存问题，根

据不同区域的实际发展现状，因地制宜地采取适合本地区实际情况的发展策略。对于东部地区，建议着重培育创新型农业生产模式和发展业态，提升农产品生产的模块化、规模化水平，增强农产品的国际影响力与竞争力。对于中西部地区，建议根据地域特色引进先进技术发展特色农业，延长农业产业链与农产品销售链，提升农业效益和附加值，促进农民群众增产增收。

3. 强化绿色发展意识，实施可持续发展战略

绿色是农业高质量发展的普遍形态。在绿色发展层面，要始终秉承"绿水青山就是金山银山"的理念，走可持续发展的农业高质量发展之路。中上游地区作为重要的生态保护屏障，要坚持保护优先，根据地区要素禀赋，转变农业产业结构，发展生态旅游农业、高效节水农业、绿色农业等特色农业。下游地区要转变传统农业生产方式，重视绿色发展，降低农业对化肥、农药及薄膜的依赖，重视环保、低碳等方面的科技研发。

第一，注重农业生产过程中的资源利用与环境保护。通过革新生产方式，提升资源配置效率，加强节能减排技术应用，以全局思维深入探究资源的有效利用渠道，实现更为合理的要素投入与产出效果。同时，改变粗放式的生产方式，走低能耗的农业发展道路，优化农业资源利用方式，提高农业绿色全要素生产率，最终实现资源的可持续发展。

第二，大力促进农产品生产流通标准化，强化绿色食品全过程质量管理，建立绿色农产品标准化生产基地和特色农产品出口基地。围绕大工业，引进大企业，依托大科技，打造大品牌，着眼长远，系统谋划未来农业高质量发展的道路。

第三，建设具有现代化特征的现代农业产业园。大力发展高效率的畜牧养殖业，打造标准化养殖场，探索建设无疫养殖区，强化肉品蔬菜等食品的冷链管理，实行物流全过程监控和追踪，真正为广大消费者供应营养健康和质量安全的高品质农产品，为农业高质量发展添"智"提"质"。

4. 拓宽开放发展思路，提高农业国际竞争力

开放是农业高质量发展的必由之路。在开放发展层面，要贯彻落实新发展理念，依托国内市场，畅通农业生产、加工、流通、消费等环节，实现上下游链条有效衔接，构建农业内循环体系。加强农产品基础设施建设，持续完善农产品质量标准、检验检疫标准、认证认可制度，扶持和引导农产品"三品一标"认证，提升黄河流域农产品国际竞争力与影响力，提高对外开放水平。

第一，加快农产品"走出去"步伐。树立开放发展的国际意识，黄河流域各地区需根据地域特色和自身发展优势开展农产品对外贸易，打造具有国际竞争力的自主品牌，发挥品牌优势，推进农产品结构调整与优化，以产业融合释放农业潜在价值，提高农产品的出口质量与竞争力。与此同时，增加研发投入，加强农业核心技术攻关，建立高门槛、高标准的农产品生产与检验制度，不断提高农产品的国际市场占有率。

第二，合理部署农业技术"引进来"战略。积极主动融入国际市场竞争，吸引国际先进经验，助力农业高质量发展。同时，加强对外合作水平，吸收与借鉴先进技术与模式，在保证国内生产经营质量的前提下，积极参与国际农业贸易，提高农产品进出口稳定性，逐步实现"引进来"战略与"走出去"战略的协调统一与动态平衡。

第三，加大农业交流与合作，加强农业对外开放。加强区域食品安全合作，建立"诚信农场"，为农业国际采购提供助力。同时，积极推进"特色农产品"之旅等系列活动，推动省际、国际的农业交流合作。

5. 贯彻共享发展理念，扎实推进共同富裕

共享是农业高质量发展的根本目的。在共享发展层面，要坚持城乡协调发展，贯彻落实乡村振兴战略，引导城市资金、人才、技术等要素向农村流动，让城乡居民人人享有均等化的基本公共服务。中上游地区要厚植要素基础，坚持农业农村优先发展，顺应市场规律，推进新型城镇化建设，同时强化制度保障，促进城乡协同均衡发展。下游地区要做好通盘规划，以产业融合统筹推进城乡协调发展。

第一，提高农村居民收入水平。一方面，改变已有的农业发展模式，通过创新驱动、协调发展、业态融合等手段提高农产品的质量和竞争力，发挥人才资本的扩散效应，充分调动市场的积极性。另一方面，加快完善收入分配制度，促使生产要素合理、有效的参与，着力缩小城乡收入差距。

第二，提高农村居民生活质量。加大民生基础设施建设，促进成果惠及农民及全国人民。一是改善农民居住条件，加强住房、交通、水电等基础设施建设；二是推进农村改厕，制定垃圾及污水处理制度，优化生活环境，提高生态质量；三是加大财政支持力度，助力发展多种形式的农村服务业，推进养老、旅游、文旅等行业健康发展，提高居民文化消费水平。

第三，以产业示范区为载体，以龙头企业为主导。"龙头"是具有带动力的

龙头企业，而"龙尾"则是把农民联系到了一起。在产业示范区的建设过程中，各个园区都坚持以"龙头"为"龙尾"服务，提高农作物的产量和抗灾防灾能力，让农民更加舒心和放心，不断提高特色农业的"软实力"。

三、创新与特色

现有研究多从全局（全国）和局部（单一省域）视角对黄河流域农业高质量发展进行研究，鲜有研究对黄河流域八省（区）76个地级市的农业高质量发展水平进行研究，这为本书的撰写提供了切入点。相较于以往研究，本书的主要创新及特色包括：①在研究范围层面，全面考察了黄河流域八省（区）76个地级市的农业高质量发展水平；②在研究方法层面，借助熵值法与层次分析法对指标体系进行组合赋权，测度黄河流域农业高质量发展水平；③在研究视角方面，分地域、分维度考察黄河流域农业高质量发展水平的时空分布格局，并进行区域差异分析。

第五章 黄河流域工业高质量发展评价与时空分异

第一节 黄河流域工业高质量发展内涵界定和指标体系构建

一、工业高质量发展的基本内涵

党的二十大报告提出"推动黄河流域生态保护和高质量发展",这对黄河流域工业的绿色发展提出了新的要求。黄河流域是我国最重要的工业基地之一,河南、河北、山西等省份是我国重要的煤炭、钢铁、电力等重工业生产基地。然而,这些工业生产活动对黄河流域的生态环境造成了很大的污染和破坏,导致黄河流域出现水资源短缺、产业结构偏重偏煤、绿色技术发展水平不足等问题,制约着黄河流域工业的绿色发展。

高质量发展既是发展观念的转变,也是增长模式的转型,是充分、均衡的发展,是包含发展方式、发展结果、民生共享等多个维度的增长和提升,其重要内容是推动质量变革、效率变革、动力变革。基于对高质量发展的理解与认识,本章将工业高质量发展视为工业经济发展的新模式,即沿着经济高质量发展大方向,秉持新发展理念核心要义,深化供给侧结构性改革,助力工业领域实现质量变革、动力变革与效率变革的有机融合,从而促进工业经济结构日益优化与经济效益不断提升。工业高质量发展的实现需要以优质的劳动、资本与技术等生产要素为基础推动工业发展转型,以多元创新为核心推动工业全要素生产率迈向更高水平，以行业结构优化为支撑，促进匹配市场需求的高品质工业品的供给。

近年来，工业高质量发展内涵进一步扩展和深化。新发展理念是一个系统的理论体系，确保了黄河流域工业高质量发展的目标、动机、方法和途径的准确性。坚持新发展理念，引导黄河流域工业高质量发展，是缩小黄河流域各地区生产水平、创新能力、人才水平等方面差距的必然选择，也是增加经济总量、改善经济结构、保持经济快速健康发展的必然选择。

（1）坚持以新发展理念引领黄河流域工业高质量发展，充分挖掘创新驱动蕴含的巨大潜力。推动以科技创新为核心的全面创新，坚持以大数据引领创新驱动发展，加快推动黄河流域各省（区）经济从依靠要素投入的扩张型增长向依靠创新驱动的内涵型增长转变，催生高质量发展的新动能、新优势。

（2）坚持以新发展理念引领黄河流域工业高质量发展，产业结构协调发展是提升工业发展质量的核心表征，协调发展注重消除经济发展的"短板效应"，旨在推动不同区域、不同部门、城市与乡村、经济与社会等的相对均衡发展。工业高质量发展需要坚持协调导向，这在工业领域主要表现为以协调的行业结构推动工业发展质量提升。

（3）坚持以新发展理念引领黄河流域工业高质量发展，需要牢固树立生态优先、绿色发展的观念。工业经济发展必须以"两山论"为根本遵循，将资源环境约束纳入决策框架，运用低碳技术，形成低碳模式，着力提升工业"含绿量"，促进其发展质量改善。

（4）坚持以新发展理念引领黄河流域工业高质量发展，需要坚定不移扩大对外开放。充分发挥上下游省会（首府）城市的交通枢纽优势，以产业大招商为重点，引进更多国内外优强企业。通过统筹运用国际国内两个市场、两种资源，促进工业经济取得长足发展，工业出口交货值不断增加。

（5）坚持以新发展理念引领黄河流域工业高质量发展，共享是工业高质量发展的目的。高质量发展要坚持以人民为中心，为全体人民提供能够满足其日益增长的美好生活需要的物质产品，以高效的工业产出更好地满足消费需求，形成改善劳动力再生产质量的产品基础。

因此，黄河流域工业高质量发展是体现新发展理念的发展，坚持以新发展理念引领新型工业化发展，是敏锐把握构建新发展格局的重要抓手（见图5-1）。

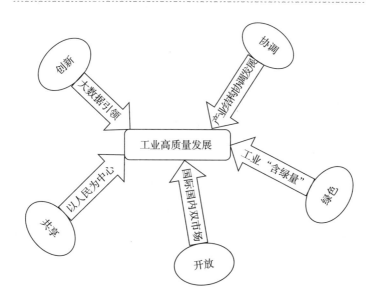

图 5-1 黄河流域工业高质量发展内涵

二、工业高质量发展指标体系构建

工业高质量发展以新发展理念为引领，以提高供给体系质量、满足消费升级需求为目标，通过全产业链发展，实现工业发展的速度、效益、质量、安全相统一。关于创新与工业高质量发展的关系，有研究表明创新会对产业结构变迁产生扩散和渗透效应，从而引发科技创新推动型的产业结构变革。因此，基于创新要素优势，打造工业高质量协同创新引擎，有利于塑造工业高质量发展创新生态，形成带动全域工业高质量发展的重要增长极。黄河流域是我国重要的工业基地，该流域工业的经济效益势必会对我国的工业发展产生重要影响。工业高质量发展的推进需要抓住创新内核。创新驱动是经济发展的第一动力，高质量发展是一个不断创造新的发展条件的连续过程，这意味着有必要紧紧围绕技术创新，协同推进工业的要素配置创新、生产模式创新、产品设计创新、管理制度创新等，着力形成工业创新发展体系，为工业发展质量的快速提升创造条件。当前，黄河流域工业多以中低技术型的传统产业为主导，面临创新投入偏低、创新能力不强、创新动力不足等一系列问题。因此，本章从 R&D 经费投入、R&D 人员投入和专利情况三个方面评价黄河流域工业的创新驱动能力（郝金连等，2022）。

产业结构协调发展是提升工业发展质量的核心表征，协调发展注重消除经济发展的"短板效应"，旨在推动不同区域、不同部门、城市与乡村、经济与社会等的相对均衡发展。工业高质量发展需要坚持协调导向，这在工业领域主要表现为以协调的行业结构推动工业发展质量提升。改革开放四十余年来，黄河流域凭借煤炭、矿石等丰富的自然资源，形成了以煤炭、钢铁等为主的资源密集型产业，转型发展相对缓慢。为评价黄河流域工业协调发展程度，本章通过工业投资效果指数、电子商务发展程度及固定资产投资占比衡量工业协调程度（陈明华等，2022；伍中信、陈放，2022）。

工业高质量发展需要增进绿色。经济高速增长时期，"三高两低"工业迅速发展，在促进经济增长的同时，也加剧了环境污染，增强了资源约束，降低了持续增长潜力。所以，工业经济发展必须以习近平总书记提出的"两山论"为根本遵循，将资源环境约束纳入决策框架，运用低碳技术，形成低碳模式，着力提升工业"含绿量"，促进其发展质量改善。作为我国重要的生态屏障，黄河流域生态保护和高质量发展已经上升为国家战略，实现工业低碳绿色发展必然会对维稳流域生态起到重要作用。为评价黄河流域工业绿色低碳发展现状，本章从资源消耗、污染排放和生态修护三个方面选取指标。其中，资源消耗采用单位工业增加值能耗衡量（陈少炜、肖文杰，2022），污染排放采用工业二氧化硫排放强度衡量，生态修护采用绿地覆盖程度衡量（师博、范丹娜，2022）。

工业高质量发展需要把握开放格局。通过统筹运用国际国内两个市场、两种资源，促进工业经济取得长足发展，工业出口交货值不断增加。低技术含量、低附加值的资源型初级产品、一般工业制成品等出口占比较高，加强了资源环境约束，使工业在国际产业链与价值链长期处于较低位置。因而，坚持对外开放是提升黄河流域工业发展质量的必由之路。黄河流域作为重要的交通枢纽，流域内工业的发展必然要与"一带一路"的纵深推进相结合。为评价工业的对外开放水平，本章从对外贸易、外资利用等方面进行评价，其中，对外贸易采用工业进出口情况进行衡量，外资利用情况采用利用外资程度和外资企业产值贡献度进行衡量（徐福祥等，2022）。

工业高质量发展的推进需要体现共享目标。高质量发展要坚持以人民为中心，为全体人民提供能够满足其日益增长的美好生活需要的物质产品。工业发展质量应坚持物的生产与人的发展相统一，确保工业发展成果为全体人民创造、与全体人民分享；在释放劳动力等要素质量红利的同时，应依据需求供给高品质产品与服务，以高效的工业产出更好地满足消费需求，形成改善劳动力再生产质量的产品基础。共享是衡量黄河流域工业发展质量的一个重要维度，人民生活富足、保障体系健全是实现成果共享的关键。因此，本章采用在岗职工平均工资、劳动者报酬占工业增加值比重等指标衡量工业成果共享。其中，提升在岗职工平均工资和劳动者报酬占工业增加值的比重均能直接对国民生活产生重要影响，也能够反映出工业产业的社会贡献力（张伟丽等，2022）。

　　由于影响工业发展质量的因素较多，本章将新发展理念作为提升黄河流域工业发展质量的行动指南，构建了包含创新、协调、绿色、开放和共享5个一级指标的评价指标体系，选取工业企业R&D经费投入强度、人均专利拥有量、电子商务发展程度、单位工业增加值能耗和利用外资程度等15个二级指标，遵循科学性、全面性、系统性、可得性原则，工业发展质量的评价指标体系如表5-1所示。

表 5-1　黄河流域工业发展质量的评价指标体系

一级指标	二级指标	含义	指标属性
创新	工业企业 R&D 经费投入强度	政府科研支出×第二产业产值/GDP	正向
	R&D 人员投入强度	科研、技术服务从业人员数×第二产业产值/GDP	正向
	人均专利拥有量	三种专利授权量	正向
协调	工业投资效果指数	第二产业增加值/工业耗电量	正向
	电子商务发展程度	北京大学数字普惠金融指数	正向
	固定资产投资占比	规模以上工业企业固定资产合计	正向
绿色	单位工业增加值能耗	工业耗电量/第二产业增加值	负向
	工业二氧化硫排放强度	工业二氧化硫排放量	负向
	绿地覆盖程度	建成区绿地覆盖率	正向
开放	工业进出口情况	进出口总值×第二产业产值/GDP	正向
	利用外资程度	外商直接投资额	正向
	外资企业产值贡献度	外资企业产值×第二产业产值/GDP	正向
共享	在岗职工平均工资	全社会在岗职工平均工资	正向
	劳动者报酬占工业增加值比重	工资总额/工业增加值	正向
	全员劳动生产率	第二产业增加值/第二产业就业人数	正向

第二节　研究设计

一、研究方法

1. 组合赋权法

熵值法和层次分析法各有其独特的优点和缺点，在使用两种方法获得权重的基础上将其进行组合，获得的组合权重能最大限度地达到主观层面和客观层面上的统一。因此，本章指标权重的确定使用组合赋权法，一方面避免专家打分过于主观的情况，另一方面避免客观赋权忽视现状、权重分配不合理的情况，使权重的计算更合理和准确。

2. 空间自相关检验

空间自相关分析是检验某一要素属性值在空间范围内是否与其邻近空间点的属性值相关联的重要指标。一般来说，该方法在功能上可大致分为两大类：一类为全局空间自相关（Global Spatial Autocorrelation）；另一类是局部空间自相关（Local Spatial Autocorrelation）。该方法可以用来判别空间数据的空间分布状况，即从整体上观察空间内各个体与相邻个体是否存在空间联系。

3. 核密度估计

核密度估计是通过连续的密度曲线对随机变量的分布形态进行描述，反映其分布位置、形态、延展性与极化趋势的一种非参数估计方法，核密度值越高，聚落分布密度越大。为有效展示黄河流域工业高质量发展指数的时空演变趋势和差异特征，本部分使用核密度估计全面地掌握空间条件下黄河流域工业质量的动态变化。

4. 基尼系数分解

Dagum（1997）提出按子群分解的基尼系数方法，该方法既可分解出地区差异的来源，又可评估个体间的交互作用，弥补了传统区域差异衡量方法的局限性。为了进行黄河流域工业高质量发展水平的区域差异分析，本章测算了黄河流域工业高质量发展水平的区域差异，研究区域划分为上游、中游、下游三个子群，分析不同地区对总体区域差异的影响。

5. 方差分解

本章构建的黄河流域工业高质量发展评价指标体系由创新、协调、绿色、开放和共享五个方面组成，从结构视角来看，各地级市工业高质量发展指数的差异就来源于这五个维度。本章参照陈明华等（2020）的研究，采用方差分解的方法揭示各维度的差异对各地级市工业质量发展差异的贡献。假设 Qua=X1+X2+X3+X4+X5，则方差分解的计算公式为：

$$\mathrm{var(Qua)=cov(Qua, X1+X2+X3+X4+X5)}$$
$$=\mathrm{cov(Qua, X1)+cov(Qua, X2)+cov(Qua, X3)+}$$
$$\mathrm{cov(Qua, X4)+cov(Qua, X5)} \tag{5-1}$$

上式两边同时除以 var（Qua）得：

$$1=\frac{\mathrm{cov(Qua, X1)}}{\mathrm{var(Qua)}}+\frac{\mathrm{cov(Qua, X2)}}{\mathrm{var(Qua)}}+\frac{\mathrm{cov(Qua, X3)}}{\mathrm{var(Qua)}}+\frac{\mathrm{cov(Qua, X4)}}{\mathrm{var(Qua)}}+$$
$$\frac{\mathrm{cov(Qua, X5)}}{\mathrm{var(Qua)}} \tag{5-2}$$

其中，Qua、X1、X2、X3、X4、X5 分别表示工业高质量发展指数、创新发展指数、协调发展指数、绿色发展指数、开放发展指数及共享发展指数，var 表示方差，cov 表示协方差。式（5-1）将工业高质量发展差异分解为创新发展差异、协调发展差异、绿色发展差异、开放发展差异及共享发展差异。式（5-2）衡量了这五个方面的差异分别对工业高质量发展差异的贡献份额，某一维度的贡献百分比越高，则由其导致的工业高质量发展差异就越大（师博、何璐，2021）。

二、研究区域界定

参照水利部黄河水利委员会划定的自然流域范围，同时考虑到城市经济发展与黄河流域的关联，本章最终确定的城市为 76 个。利用上述指标体系对 2016～2020 年黄河流域 76 个地级市的工业高质量发展水平进行测算和评价。黄河流域上中下游地级市划分如第四章表 4-2 所示。

三、数据来源及预处理

本章就黄河流域 76 个地级市的工业高质量发展水平展开测度，并进行区域差异比较，所用数据来源于《中国城市统计年鉴》、EPS 数据库、中国研究数据服务平台（CNRDS）及北京大学数字金融研究中心，缺失数值采用平均增长率法和插值法补齐。

表 5-1 建立的指标体系包含正向指标和逆向指标。在测算之前，需要将逆向指标进行正向化处理。本章借鉴许宪春等 （2019） 的研究，将各项指标进行标准化处理。具体表现为：

$$X_{ij} = \frac{X_{ij} - \min(X_{ij})}{\max(X_{ij}) - \min(X_{ij})} \times 100 \tag{5-3}$$

$$X_{ij} = \frac{\max(X_{ij}) - X_{ij}}{\max(X_{ij}) - \min(X_{ij})} \times 100 \tag{5-4}$$

式 （5-3） 表示正向指标的标准化方法，式 （5-4） 表示逆向指标的标准化方法。

第三节　实证结果

一、黄河流域工业高质量发展水平组合权重的结果分析

为对黄河流域工业高质量发展水平展开相关评价，首先，本章邀请多位工业高质量发展领域的专家对其进行打分，根据专家的打分展开计算，得到工业高质量发展水平各项指标的平均权重，其具体结果如表 5-2 所示。

表 5-2　基于层次分析法的各指标权重

一级指标	权重	二级指标	权重	含义
创新	0.408	工业企业 R&D 经费投入强度	0.248	政府科研支出×第二产业产值/GDP
		R&D 人员投入强度	0.111	科研、技术服务从业人员数×第二产业产值/GDP
		人均专利拥有量	0.049	三种专利授权量
协调	0.257	工业投资效果指数	0.058	第二产业增加值/工业耗电量
		电子商务发展程度	0.040	北京大学数字普惠金融指数
		固定资产投资占比	0.159	规模以上工业企业固定资产合计
绿色	0.138	单位工业增加值能耗	0.087	工业耗电量/第二产业增加值
		工业二氧化硫排放强度	0.036	工业二氧化硫排放量
		绿地覆盖程度	0.015	建成区绿地覆盖率

一级指标	权重	二级指标	权重	含义
开放	0.096	工业进出口情况	0.022	进出口总值×第二产业产值/GDP
		利用外资程度	0.015	外商直接投资额
		外资企业产值贡献度	0.059	外资企业产值×第二产业产值/GDP
共享	0.103	在岗职工平均工资	0.070	全社会在岗职工平均工资
		劳动者报酬占工业增加值比重	0.021	工资总额/工业增加值
		全员劳动生产率	0.012	第二产业增加值/第二产业就业人数

其次，本章基于 2016~2020 年黄河流域 76 个地级市工业高质量发展水平的相关数据，运用熵值法计算各指标权重，结果如表 5-3 所示。

表 5-3　基于熵值法的各指标权重

一级指标	权重	二级指标	权重	含义
创新	0.272	工业企业 R&D 经费投入强度	0.082	政府科研支出×第二产业产值/GDP
		R&D 人员投入强度	0.081	科研、技术服务从业人员数×第二产业产值/GDP
		人均专利拥有量	0.109	三种专利授权量
协调	0.108	工业投资效果指数	0.042	第二产业增加值/工业耗电量
		电子商务发展程度	0.034	北京大学数字普惠金融指数
		固定资产投资占比	0.032	规模以上工业企业固定资产合计
绿色	0.107	单位工业增加值能耗	0.053	工业耗电量/第二产业增加值
		工业二氧化硫排放强度	0.047	工业二氧化硫排放量
		绿地覆盖程度	0.007	建成区绿地覆盖率
开放	0.313	工业进出口情况	0.138	进出口总值×第二产业产值/GDP
		利用外资程度	0.114	外商直接投资额
		外资企业产值贡献度	0.061	外资企业产值×第二产业产值/GDP
共享	0.200	在岗职工平均工资	0.083	全社会在岗职工平均工资
		劳动者报酬占工业增加值比重	0.065	工资总额/工业增加值
		全员劳动生产率	0.052	第二产业增加值/第二产业就业人数

在各维度中，创新和开放的权重分别达到 0.272 和 0.313，这表明创新和开放是影响黄河流域工业高质量发展的两大关键因素；共享的权重达到 0.200，表明成果共享是影响黄河流域工业高质量发展的重要因素；协调和绿色的权重分别达到 0.108 和 0.107，权重占比相对较小，表明结构协调和绿色低碳对工业高质量发展的影响效果并不明显。黄河流域工业要想实现结构协调优化和绿色低碳环保，仍需要长时间的发展。

最后，依据组合赋权法的公式，得到各项指标的相对权重，其结果如表 5-4 所示。从创新驱动发展维度来看，工业企业 R&D 经费投入强度、R&D 人员投入强度、人均专利拥有量的贡献度分别是 16.22%、10.79%、8.28%，说明研发经费投入、研发人员投入与研发成果产出均在黄河流域工业创新发展中占据重要地位；从协调优化维度来看，工业投资效果指数与电子商务发展程度的贡献度分别为 5.62%、4.17%；从低碳绿色维度来看，单位工业增加值能耗、工业二氧化硫排放强度的贡献度较高，分别为 7.70%、4.66%，黄河流域作为我国重要的生态屏障，能源消耗与非期望产出是衡量流域内工业发展质量的重要指标；从开放维度来看，工业进出口情况的贡献度为 6.19%；从共享维度来看，在岗职工平均工资的贡献度高达 8.62%，表明工资水平的提高是工业发展成果普惠共享的重要表现。

表 5-4　基于组合赋权法的各指标权重

一级指标	二级指标	含义	W_{1j}	W_{2j}	W_j
创新	工业企业 R&D 经费投入强度	政府科研支出×第二产业产值/GDP	0.248	0.082	0.162
	R&D 人员投入强度	科研、技术服务从业人员数×第二产业产值/GDP	0.111	0.081	0.108
	人均专利拥有量	三种专利授权量	0.049	0.109	0.083
协调	工业投资效果指数	第二产业增加值/工业耗电量	0.058	0.042	0.056
	电子商务发展程度	北京大学数字普惠金融指数	0.040	0.034	0.042
	固定资产投资占比	规模以上工业企业固定资产合计	0.159	0.032	0.081
绿色	单位工业增加值能耗	工业耗电量/第二产业增加值	0.087	0.053	0.077
	工业二氧化硫排放强度	工业二氧化硫排放量	0.036	0.047	0.047
	绿地覆盖程度	建成区绿地覆盖率	0.015	0.007	0.011
开放	工业进出口情况	进出口总值×第二产业产值/GDP	0.022	0.138	0.062
	利用外资程度	外商直接投资额	0.015	0.114	0.047
	外资企业产值贡献度	外资企业产值×第二产业产值/GDP	0.059	0.061	0.068

一级指标	二级指标	含义	W_{1j}	W_{2j}	W_j
共享	在岗职工平均工资	全社会在岗职工平均工资	0.070	0.083	0.086
	劳动者报酬占工业增加值比重	工资总额/工业增加值	0.021	0.065	0.042
	全员劳动生产率	第二产业增加值/第二产业就业人数	0.012	0.052	0.029

二、黄河流域工业高质量发展指数总体研判

基于工业高质量发展水平各项指标的最终权重，得到黄河流域76个地级市的工业高质量发展指数，结果如表5-5所示。分地区来看，发展水平较高的地级市多集中于中下游地区，其中青岛、西安、郑州、济南、烟台等地的工业高质量发展指数遥遥领先。

表5-5　2016~2020年黄河流域工业高质量发展指数

年份	2016	2017	2018	2019	2020
山西	0.138	0.175	0.178	0.241	0.137
太原	0.298	0.352	0.394	0.413	0.360
大同	0.117	0.148	0.165	0.220	0.112
阳泉	0.110	0.150	0.134	0.176	0.082
长治	0.140	0.180	0.172	0.256	0.159
晋城	0.120	0.169	0.165	0.255	0.119
朔州	0.172	0.118	0.127	0.203	0.076
晋中	0.130	0.163	0.154	0.237	0.115
运城	0.111	0.163	0.162	0.220	0.130
忻州	0.100	0.128	0.131	0.194	0.111
临汾	0.105	0.163	0.164	0.226	0.115
吕梁	0.114	0.196	0.187	0.250	0.129
内蒙古	0.146	0.174	0.162	0.227	0.132
呼和浩特	0.176	0.192	0.183	0.272	0.158
包头	0.308	0.241	0.232	0.301	0.191

年份	2016	2017	2018	2019	2020
乌海	0.133	0.158	0.149	0.198	0.095
赤峰	0.120	0.141	0.131	0.193	0.093
通辽	0.118	0.163	0.144	0.194	0.127
鄂尔多斯	0.161	0.257	0.250	0.356	0.223
呼伦贝尔	0.118	0.138	0.126	0.174	0.097
巴彦淖尔	0.095	0.131	0.111	0.168	0.087
乌兰察布	0.085	0.149	0.133	0.189	0.119
山东	0.284	0.317	0.313	0.365	0.230
济南	0.378	0.417	0.444	0.576	0.456
青岛	0.626	0.696	0.733	0.714	0.540
淄博	0.352	0.347	0.334	0.374	0.216
枣庄	0.139	0.176	0.174	0.244	0.116
东营	0.251	0.301	0.287	0.346	0.200
烟台	0.570	0.502	0.486	0.471	0.331
潍坊	0.352	0.405	0.375	0.419	0.291
济宁	0.228	0.265	0.253	0.332	0.186
泰安	0.167	0.209	0.196	0.266	0.139
威海	0.298	0.301	0.263	0.323	0.168
日照	0.178	0.203	0.210	0.280	0.156
临沂	0.259	0.282	0.272	0.342	0.205
德州	0.192	0.220	0.252	0.277	0.146
聊城	0.156	0.209	0.201	0.244	0.146
滨州	0.242	0.347	0.332	0.364	0.252
菏泽	0.160	0.192	0.189	0.262	0.130
河南	0.179	0.220	0.217	0.295	0.167
郑州	0.605	0.702	0.663	0.735	0.636
开封	0.131	0.147	0.149	0.250	0.122
洛阳	0.284	0.339	0.340	0.421	0.278
平顶山	0.165	0.192	0.190	0.264	0.129
安阳	0.173	0.198	0.183	0.256	0.132

续表

年份	2016	2017	2018	2019	2020
鹤壁	0.099	0.140	0.150	0.217	0.100
新乡	0.173	0.230	0.232	0.305	0.157
焦作	0.184	0.211	0.197	0.291	0.127
濮阳	0.124	0.149	0.158	0.207	0.106
许昌	0.154	0.216	0.223	0.307	0.155
漯河	0.111	0.152	0.172	0.236	0.106
三门峡	0.127	0.163	0.171	0.234	0.108
南阳	0.190	0.224	0.219	0.277	0.156
商丘	0.133	0.183	0.183	0.267	0.143
信阳	0.129	0.162	0.150	0.243	0.124
周口	0.124	0.158	0.153	0.254	0.118
驻马店	0.133	0.168	0.163	0.253	0.148
陕西	0.201	0.254	0.255	0.301	0.182
西安	0.628	0.736	0.721	0.660	0.541
铜川	0.075	0.094	0.093	0.123	0.070
宝鸡	0.153	0.197	0.226	0.293	0.119
咸阳	0.141	0.180	0.178	0.238	0.107
渭南	0.118	0.168	0.156	0.236	0.106
延安	0.112	0.153	0.154	0.238	0.163
榆林	0.181	0.252	0.259	0.318	0.165
甘肃	0.100	0.112	0.116	0.169	0.101
兰州	0.204	0.261	0.264	0.313	0.205
嘉峪关	0.119	0.145	0.157	0.211	0.135
金昌	0.083	0.136	0.143	0.206	0.081
白银	0.084	0.099	0.104	0.141	0.075
天水	0.074	0.087	0.086	0.126	0.074
武威	0.206	0.070	0.071	0.104	0.064
张掖	0.066	0.078	0.079	0.127	0.072
平凉	0.066	0.085	0.096	0.106	0.074
酒泉	0.074	0.097	0.096	0.179	0.075

年份	2016	2017	2018	2019	2020
庆阳	0.069	0.101	0.102	0.165	0.167
定西	0.051	0.073	0.073	0.184	0.091
青海	0.142	0.210	0.198	0.237	0.143
西宁	0.142	0.210	0.198	0.237	0.143
宁夏	0.110	0.149	0.159	0.181	0.103
银川	0.207	0.237	0.231	0.302	0.163
石嘴山	0.111	0.171	0.170	0.187	0.110
吴忠	0.079	0.134	0.133	0.169	0.082
固原	0.045	0.054	0.103	0.066	0.058

结合表5-5和图5-2可知，2016~2020年黄河流域工业高质量发展指数呈"下强上弱"的分布格局，其中山东省、陕西省和河南省位居前三。各地级市工业发展存在较大差距，发展水平较高的地级市，如郑州达到0.6以上，发展水平较低的地级市，如固原不到0.2，这说明黄河流域部分地级市工业发展存在较大发展空间。山东省、陕西省、河南省稳居前三，这三省作为黄河流域中下游地区产业、人口核心聚集区，以青岛、西安、郑州为中心，依托城市区位优势、工业基础和人才优势，聚焦黄河流域中下游中心城市建设，积极发展先进工业，并取得了较好成绩。

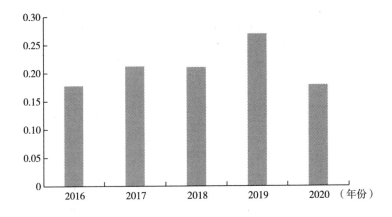

图5-2　2016~2020年黄河流域工业高质量发展指数

图 5-3 直观地反映了样本期内各地区工业高质量发展指数的动态变化情况，可以看出，2016~2020 年黄河流域上中下游地区工业高质量发展指数变动趋势表现出较高的一致性。从局部来看，研究结果可归纳为以下几点：

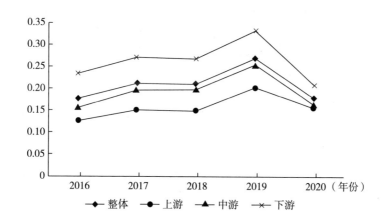

图 5-3　2016~2020 年黄河流域整体及上中下游地区工业高质量发展指数

第一，在样本期内，黄河流域上中下游地区工业高质量发展指数在 2016~2019 年整体呈上升态势。究其原因，这可能得益于各地级市对新发展理念的贯彻落实。

第二，从样本分布曲线的峰值来看，黄河流域整体及上中下游地区工业高质量发展水平分布曲线的峰值出现在 2019 年在 2020 年工业高质量发展指数呈现下滑趋势，这主要是受新冠疫情的冲击，全国各地经济遭受严重影响，地区经济下滑。

第三，黄河流域整体及上中下游地区工业高质量发展水平分布曲线之间始终存在明显的差距，下游地区工业发展质量始终高于中上游，且与中上游地区的差距保持均匀态势。究其原因，下游地区工业发展得益于早已完成的农业经济建设，出现了普遍性的工业化和经济区人口聚集。

三、黄河流域工业高质量发展水平区域评价

为了更清晰地展示出黄河流域不同省（区）工业高质量发展水平的差距，在上述研究基础上，本部分将展开纵向分析，八省（区）及流域整体的综合得分的时序变化如图 5-4 所示。

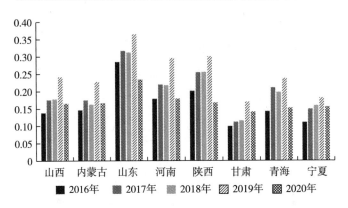

图 5-4　黄河流域各省（区）工业高质量发展指数区域对比

从图 5-4 可知，黄河流域不同省（区）工业高质量发展指数存在明显的地区差异，将区域差异展开来看，可归纳为以下几点：

（一）总体差异

对比具体数值看，总体高质量发展在 0.1 以上，各省（区）在 2016～2020 年高质量发展指数呈现上升趋势，并在 2019 年达到最高值。各省份之间工业发展差距明显，其中山东省高质量发展指数最高，甘肃省高质量发展指数最低，其产生的原因与各地区经济发展水平有一定联系。此外，样本期内黄河流域各省（区）工业高质量发展水平的差距逐年缩小。

（二）区域内差异

整体来看，各省（区）工业高质量发展水平不同，在样本期内呈现不同的波动态势。在样本期内，山东省 2016 年与 2020 年工业高质量发展指数差异最为明显。受新冠疫情影响，青海省 2020 年工业高质量发展指数较 2016 年上升了 0.001。

（三）区域间差异

从变动趋势来看，山东省和甘肃省历年的工业质量业发展指数差距较大，2016～2020 年，黄河流域各省（区）之间的差距一直存在，但随着时间的推移，差距在慢慢缩小。

2016～2020 年黄河流域各省（区）工业高质量发展水平呈现"上升—下降"

和"上升—下降—上升—下降"两种不同的发展趋势。山西、陕西、甘肃、宁夏四个省份呈现"上升—下降"的发展态势，而内蒙古、山东、河南、青海则呈现"上升—下降—上升"的发展趋势。各省（区）中山东省工业高质量发展指数最高，主要是因为山东工业基础雄厚，重工业和轻工业发展向好，山东本身的地理优势使其在资金、技术、人才引进、投资产业链、海内外市场开拓、中外交流等方面都处于相对前沿的位置，加上一系列政策向山东倾斜，以及已有的良好条件，使得山东可以更好地抓住政策优势，大力发展优势产业。河南、陕西两省工业发展水平也较高，但相比山东，还处于较低水平。究其原因，主要是因为两地政策缺乏引导、工业基础差，且均处于内陆地区，经济相对落后，难以适应新时代发展潮流，从而导致工业相对落后。黄河流域其他省份由于工业基础薄弱，对外开放程度低，先进的技术没有办法走进来，没有明晰的产业定位，没有强势的本地品牌，导致其工业发展一直处于低迷状态。由于各省份之间工业发展不平衡，导致黄河流域各省份工业呈现出不同的发展态势，因此黄河流域工业高质量发展呈现"失衡"状态。但是从整体来看，黄河流域工业发展总体还是呈上升态势的。

为了更加清楚地了解黄河流域上中下游地区工业高质量发展指数的变化趋势，对2016~2020年上中下游地区的工业发展情况分别进行线性研究，如图5-5所示。研究结论如下：

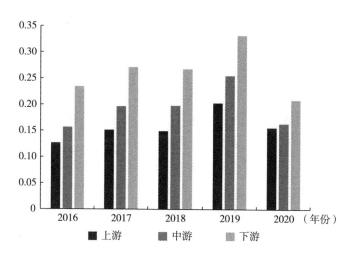

图5-5 黄河流域上中下游地区工业高质量发展指数

1. 时间分布视角

黄河流域上中下游地区工业高质量发展水平大体呈现"上升—下降"趋势，表明上中下游地区的工业高质量发展水平在2016～2019年逐步提高，但受新冠疫情影响，于2020年出现下降趋势。2016～2020年黄河流域上游地区工业高质量发展水平大体呈现"上升—下降"趋势，于2019年达到最高水平；2016～2020年黄河流域中游地区工业高质量发展水平同样呈现"上升—下降"趋势，于2019年达到最高水平；2016～2020年黄河流域下游地区工业高质量发展水平呈现"上升—下降—上升—下降"的趋势，于2019年达到最高水平。尽管黄河流域上中下游地区工业高质量发展水平没有呈现逐年上升的趋势，但总体上均为上升态势，表明黄河流域上中下游地区的工业高质量发展水平在逐步提高。

2. 地理位置视角

黄河流域工业高质量发展水平从高到低依次为下游、中游和上游，呈现"下游强、上游弱"的空间分布格局，中游地区发展水平整体处于中等水平。中游地区和下游地区之间的发展差距远大于上游地区和中游地区之间的差距，上中下游地区的经济发展不平衡。下游地区区位优势明显、经济发展基础良好、劳动力资源充沛，工业高质量发展指数明显高于中上游。究其原因，主要是因为以下几点：

第一，上游地区经济基础较差、自然条件恶劣成为制约工业高质量发展的桎梏，其工业高质量发展水平有较大提升空间。因而，上游地区应加强生态保护，全领域、全方位推进工业绿色转型，决不能再沿袭粗放式的资源开发方式和低端化的产业建设模式，建设能源和战略资源基地、建设农畜产品生产基地，严格遵循主体功能定位和产业布局规划要求。

第二，中游地区的山西和陕西省煤炭资源丰富，但由于煤炭经济下滑、传统产业产能过剩及供给侧结构性改革的推进，"一煤独大"优势被削弱，这在一定程度上解释了中游地区工业高质量发展指数较低的现象。

第三，下游地区经济相对发达，下游地区的山东、河南地区生产总值之和比上中游六省（区）地区生产总值之和还多。除此之外，下游地区城镇化率水平高，郑州、西安、济南等中心城市和中原城市群带动区域内城市及城市群加快建设，人口城镇化率高于全国平均水平，使下游省（区）社会信息化程度提高，工业高质量发展动力系统持续形成。

四、黄河流域不同维度工业高质量发展指数的时空演变特征

为了展示出同一维度、不同省（区）工业高质量发展水平的差异，利用上文计算方式，通过组合权重加权求和，得到 2016～2020 年黄河流域各省（区）不同维度工业高质量发展水平，测算结果如表 5-6 所示。

表 5-6　黄河流域各省（区）不同维度工业高质量发展水平

维度	年份	山西	内蒙古	山东	河南	陕西	甘肃	青海	宁夏
创新	2016	0.023	0.025	0.086	0.052	0.081	0.028	0.034	0.024
	2017	0.029	0.019	0.094	0.062	0.090	0.016	0.033	0.028
	2018	0.029	0.018	0.091	0.061	0.087	0.015	0.033	0.029
	2019	0.016	0.010	0.059	0.041	0.040	0.009	0.010	0.013
	2020	0.050	0.037	0.077	0.071	0.041	0.050	0.014	0.050
	均值	0.029	0.022	0.081	0.057	0.068	0.024	0.025	0.028
协调	2016	0.049	0.055	0.066	0.056	0.057	0.034	0.051	0.040
	2017	0.057	0.061	0.080	0.067	0.065	0.038	0.060	0.046
	2018	0.056	0.052	0.083	0.072	0.068	0.039	0.055	0.043
	2019	0.165	0.153	0.207	0.189	0.180	0.114	0.156	0.125
	2020	0.043	0.040	0.056	0.051	0.048	0.035	0.041	0.034
	均值	0.074	0.072	0.099	0.087	0.083	0.052	0.073	0.058
绿色	2016	0.031	0.042	0.047	0.028	0.021	0.019	0.034	0.036
	2017	0.039	0.054	0.053	0.026	0.028	0.020	0.072	0.045
	2018	0.040	0.051	0.049	0.021	0.026	0.021	0.063	0.051
	2019	0.026	0.036	0.033	0.019	0.022	0.015	0.040	0.030
	2020	0.036	0.049	0.038	0.018	0.021	0.016	0.049	0.036
	均值	0.034	0.046	0.044	0.022	0.024	0.018	0.051	0.040
开放	2016	0.006	0.009	0.047	0.017	0.014	0.003	0.006	0.004
	2017	0.024	0.023	0.050	0.037	0.038	0.014	0.020	0.025
	2018	0.027	0.021	0.052	0.038	0.042	0.016	0.016	0.025
	2019	0.015	0.013	0.027	0.022	0.024	0.009	0.008	0.011
	2020	0.016	0.023	0.026	0.018	0.026	0.019	0.015	0.016
	均值	0.017	0.018	0.040	0.026	0.029	0.012	0.013	0.016

维度	年份	山西	内蒙古	山东	河南	陕西	甘肃	青海	宁夏
共享	2016	0.029	0.014	0.038	0.025	0.029	0.015	0.018	0.012
	2017	0.025	0.017	0.040	0.028	0.033	0.023	0.026	0.017
	2018	0.026	0.021	0.038	0.026	0.033	0.025	0.030	0.019
	2019	0.020	0.015	0.038	0.026	0.036	0.023	0.023	0.013
	2020	0.021	0.017	0.036	0.022	0.031	0.021	0.033	0.019
	均值	0.024	0.017	0.038	0.025	0.032	0.021	0.026	0.016

（1）在创新维度，黄河流域各省份在以科技创新为主的创新发展动力方面的较大失衡是八个省份工业高质量发展指数均值存在差异的主要原因，也是各省份提升创新增长动力的重要方向。从总体看，山东省、陕西省和河南省的创新水平居于前列，这可能是因为政府加快创新型建设，将创新作为推动经济社会发展的关键力量，推动经济发展要素驱动转变为创新驱动，集聚各类科技创新要素，在实体经济发展、产业转型升级、城市环境建设、制度体系完善等方面不断提高创新能力，推动经济社会高效发展。从时间变化看，2016~2020年除山东省、陕西省、青海省呈波动下降趋势外，其余各省（区）创新维度的工业高质量发展指数均呈波动上升的态势。

（2）在协调维度，2016~2019年各省（区）工业高质量发展指数均表现出上升趋势，并在2019年达到历史最高水平。面对经济发展新常态，黄河流域坚持协调发展理念，大力推进工业化和信息化深度融合，统筹促进区域协调发展，在区域平衡和产业结构协调发展方面取得了长足的进步。其中，协调发展排名靠前的省份多分布在黄河流域中下游地区，集中于山东省、陕西省和河南省，这几个省份具有实力雄厚的经济基础，坚持以供给侧结构性改革为主线，不断优化经济结构，加快转变发展方式，转型升级取得了显著的成效，促进了产业结构协调发展。甘肃省和宁夏回族自治区等地处我国欠发达的西部地区，经济基础较薄弱，经济结构协调发展仍处于相对落后地位。从时间角度分析，新冠疫情，不仅使各省份经济运行和行业发展出现了短期波动变化，也对企业特别是中小企业发展模式的转型升级产生了持续性影响。2020年协调维度的工业高质量发展指数出现大幅下滑。

（3）在绿色维度，由于青海、内蒙古等地优良的自然环境条件及政策支持，其工业高质量发展指数居于黄河流域前列。内蒙古坚持绿色发展理念，保持加强生态文明建设的战略定力,探索以生态优先、绿色发展为导向的高质量发展之路[①]。《青海省"十四五"能源发展规划》指出,充分发挥青海省清洁能源在推进坚持生态优先、推进高质量发展、创造高品质生活有机结合中的关键作用,要坚持以绿色发展为方向,以创新发展为动能,以市场驱动为主导,以开放合作为平台,以富民惠民为根本[②]。

(4)在开放维度,山东、陕西工业高质量发展指数遥遥领先,山东的临海城市众多,地理位置优越,海陆交通便利,外贸经济发展条件好,为引进国外先进的科学技术提供便利,同时具有雄厚的经济基础、相对合理的产业结构等优势。陕西虽然属于内陆地区,但新发展格局为陕西兑现区位综合优势、发展外向型枢纽经济、匹配强大国内市场注入了新动能,这加快了新一轮高水平对外开放,带动了全省工业高质量发展。宁夏、甘肃、青海的开放程度存在较大提升空间。其主要原因:一是受到地理区位等因素的制约,经济较落后;二是地区外贸开放平台区域分布不均衡、效率不高、容量不足,导致对外贸扩量提质的效果有限;三是从内部外贸格局看,这些省份的开放要素、资源和平台主要集中在城市群核心城市和省会城市,导致其他欠发达城市难以获取开放要素和资源,外贸发展滞后,很难形成全面的开放格局。

(5)在共享维度,人民共享发展成果的表现就是共同富裕,目的是让广大人民群众共享改革发展成果,形成发展的良性循环,最终实现共同富裕。当前我国发展处于社会主义初级阶段,这就决定了共同富裕必然要经历"从低级到高级、从不均衡到均衡"逐步向前推进的历史进程[③]。从黄河流域各地区的排名来看,共享维度的高质量发展指数排名与各地经济发展水平高度相关,经济越发达的地区,共享维度的高质量发展指数排名越高。排名居于前列的地区包括中下游的山东省和陕西省。从时间变化来看,共享维度的工业高质量发展指数波动不大,具体分析发现除山东、河南、山西略有所下降外,其余各省(区)工业高质量发展指数呈波动上升趋势,所以在较短的时间内,共享维度的工业高质量发展指数的波动不会太大。

---

① 草原植被盖度和森林覆盖率实现"双提高"——内蒙古坚持生态优先绿色发展[EB/OL].(2022-02-13).http://politics.people.com.cn/n1/2022/0213/c1001-32350829.html.

② 青海省"十四五"能源发展规划解读[EB/OL].(2022-03-09).http://www.qinghai.gov.cn/xxgk/szfjdhy_2791/bmjd/202204/t20220411_189420.html.

③ 共享发展是实现共同富裕的必然要求[EB/OL].(2022-02-21).https://www.gmw.cn/xueshu/2022-02/21/content_35532030.htm.

五、黄河流域工业高质量发展水平时空格局动态演变特征

1. 黄河流域工业高质量发展水平的动态分布特征

核密度估计能够反映变量的分布位置、形态及延展性等特征，目前已被广泛运用于空间非均衡分析。本章基于高斯核函数对黄河流域工业高质量发展水平的动态分布特征进行分析，分析黄河流域工业高质量发展指数动态分布特征，考察76个地级市工业高质量发展水平绝对差异的动态信息，并运用核密度估计做出了黄河流域整体及其上中下游地区工业高质量发展水平分布图（见图5-6），并将其演变特征总结如下：

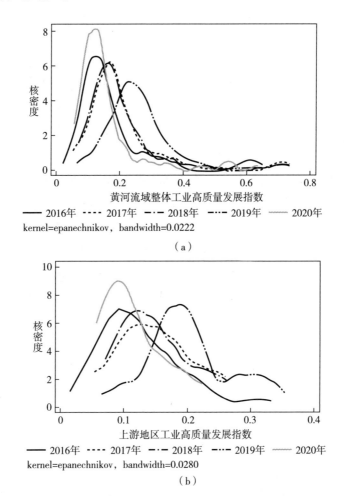

kernel=epanechnikov，bandwidth=0.0222

（a）

kernel=epanechnikov，bandwidth=0.0280

（b）

图5-6　黄河流域整体及上中下游地区工业高质量发展水平核密度估计

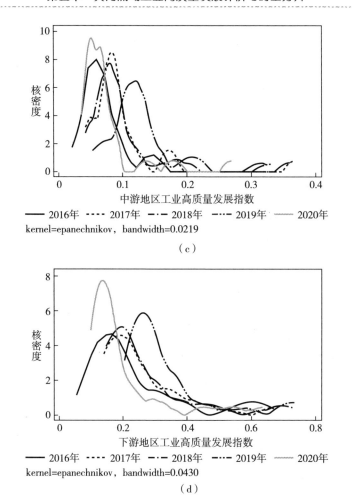

图5-6　黄河流域整体及上中下游地区工业高质量发展水平核密度估计（续）

第一，在样本期内，黄河流域整体及上中下游地区工业高质量发展水平分布曲线的峰值均发生一定程度的转移，呈现出"先右移后左移"的变化，说明考察期内黄河流域整体及上中下游地区的工业高质量发展水平经历了波动。具体来看，2016~2019年各分布曲线经历了总体右移的演变过程，表明其工业高质量发展指数总体呈上升趋势。2020年由于新冠疫情暴发，工业高质量发展水平有所下降，分布曲线出现左移。长远来看，黄河流域工业高质量发展水平存在长期向好趋势。

第二，从分布曲线的峰值来看，黄河流域整体及上游和中游地区的工业高质量发展水平分布曲线的峰值先下降再上升，峰值总体呈上升趋势。下游地区工业高质量发展水平，分布曲线峰值表现出逐渐上升的趋势，2017年的指数水平与2016年大致一致。从分布曲线的主峰宽度来看，黄河流域整体及上中下游地区波峰宽度逐渐变窄，表明其工业高质量发展水平的绝对差距在逐渐缩小。

第三，从分布的延展性来看，黄河流域整体及上中下游地区的工业高质量发展水平分布曲线均表现出较明显的右拖尾现象，且分布的延展性均呈拓宽趋势，表明其工业高质量发展指数在不断提高，同时流域整体及上中下游地区工业高质量发展水平的区域差距在逐渐扩大。

第四，从分布的波峰数量来看，个别年份的分布曲线出现双峰现象，如黄河流域整体2020年，上游地区2019年及中游地区2017年、2020年的分布曲线。黄河流域整体和上中下游地区工业高质量发展水平分布曲线的峰值在新冠疫情暴发前波动不明显，在2020年峰值达到最高水平，表明出现明显的极化现象。分区域来看，上游地区峰值存在上下波动，样本末期峰值明显高于样本初期，说明经济冲击对该区域工业发展的影响较大，极化现象未得到缓解。中游地区出现较明显的两极化现象，但最终样本末期的峰值与初期差距不大。在整个观察期内黄河流域整体和下游地区的极化现象未得到明显改善。

2. 空间格局分析

为了进一步了解黄河流域各维度工业高质量发展水平在空间分布上的差异性与不平衡性，本部分使用表格呈现了2020年黄河流域各地级市不同维度的工业高质量发展水平。

（1）基于创新维度的测算结果显示（见表5-7），工业高质量发展指数呈现"上中游低、下游高"的分布状况，且高低发展水平分布较集中。由此可知，近些年虽然出台了一些创新发展战略，但是创新资源布局相对滞后，至今仍缺乏配套政策和实质性支撑。山东、河南作为黄河流域下游产业人口核心聚集区，以济南、郑州为核心，依托城市区位优势，取得了较好成绩。山东坚持扩大规模效益，加快动能转换，全面实现数字赋能，逐步增强创新创业活力，软件产业跻身国内第一梯队。山东半岛工业互联网示范区成为全国三大工业互联网示范区之一，济南市、青岛市先后被命名为"中国软件名城"。河南深入推进战略性新兴产业，数字经济加速发展，鲲鹏计算产业初具规模，国家生物育种产业创新中心、国家农机装备创新中心等重大平台获批建设。

表 5-7　2020 年黄河流域各地级市创新维度的工业高质量发展水平

范围	地级市
0.014~0.030	西宁、呼和浩特、渭南、咸阳、天水、延安、呼伦贝尔、嘉峪关、长治
0.031~0.048	巴彦淖尔、铜川、临汾、晋中、平凉、兰州、宝鸡、包头、阳泉、榆林、赤峰、银川、大同、忻州、菏泽、乌兰察布、威海、通辽、三门峡、泰安、庆阳、聊城、信阳、东营、运城、乌海、张掖、濮阳、枣庄
0.049~0.073	酒泉、平顶山、武威、固原、南阳、吕梁、晋城、开封、临沂、安阳、德州、焦作、许昌、白银、济宁、周口、鄂尔多斯、淄博、定西、鹤壁、吴忠、驻马店、漯河、新乡、商丘
0.074~0.146	石嘴山、日照、朔州、滨州、洛阳、太原、潍坊、烟台、西安、金昌
0.147~0.255	济南、青岛、郑州

（2）基于协调维度的测算结果显示（见表 5-8），工业高质量发展指数呈现"下游高、上游低"的分布状况，且高低发展水平分布较集中。黄河流域上中下游地区各个省份之间的资源禀赋不同、发展基础也大为不同。通过比较分析发现，黄河流域下游地区发展环境较好，可能是因为近些年的发展战略较好，处于蓬勃发展阶段。上中游地区的发展环境比较优势较弱，发展环境的改善空间较大。黄河流域大部分地区倚重倚能、资源依赖的格局尚未彻底改变，产业结构整体偏重，资源利用效率不高，环境承载能力有限。因此，黄河流域的区域协调发展应高度重视区际关系改善，加强区域合作，尤其要着力提升沿海港口城市与广大流域腹地的物流联系，科学处理中心城市与外围地区的协作关系，深化上下游地区之间的协同治理。

表 5-8　2020 年黄河流域各地级市协调维度的工业高质量发展水平

范围	地级市
0.015~0.032	固原、定西、平凉、武威、天水、白银、吴忠、铜川、张掖、通辽、庆阳、乌兰察布
0.033~0.042	呼伦贝尔、巴彦淖尔、石嘴山、赤峰、阳泉、忻州、金昌、朔州、大同、渭南、酒泉、西宁、乌海、运城、临汾、吕梁
0.043~0.052	聊城、濮阳、长治、延安、晋中、周口、鹤壁、商丘、漯河、咸阳、平顶山、晋城、信阳、三门峡、滨州、驻马店、德州、安阳、包头、焦作、菏泽、枣庄、日照、呼和浩特、南阳、银川、开封、榆林、鄂尔多斯、泰安
0.053~0.062	兰州、新乡、东营、淄博、济宁、潍坊、威海、许昌、太原、洛阳、临沂、烟台
0.063~0.084	西安、济南、嘉峪关、青岛、郑州

（3）基于绿色维度的测算结果显示（见表5-9），工业高质量发展指数呈现"中下游低、上游高"的分布趋势，且高低发展水平分布较集中。导致这一分布格局的可能原因是：黄河上游地区主要位于青海、宁夏、内蒙古等地区，经济相对欠发达，人口密度小，工业化程度低。因此，人类活动对环境的压力相对较小。相反，中下游地区如河南、山东等地区经济较为发达，人口密集，工业和农业活动对环境的压力大，自然资源的开发和利用也更加频繁，这些因素都导致了中下游地区环境保护的压力大于上游地区。虽然，黄河流域整体发展水平有所改善，科学技术水平日益发达，但是仍要加大资金投入力度培育新兴产业，关注环境保护问题，特别是在产业集聚水平较高地区，加大环保投入，提高绿色高质量发展水平。

表5-9　2020年黄河流域各地级市绿色维度的工业高质量发展水平

范围	地级市
0.008~0.017	武威、张掖、天水、庆阳、酒泉、漯河、固原、鹤壁、周口、平凉、濮阳、开封、铜川、宝鸡、定西、驻马店、阳泉、信阳、三门峡、商丘、咸阳、白银、许昌、威海、西安、朔州
0.018~0.027	枣庄、南阳、延安、金昌、新乡、平顶山、渭南、巴彦淖尔、呼伦贝尔、焦作、安阳、赤峰、大同、晋城、泰安、菏泽、晋中、德州、吴忠、青岛
0.028~0.044	兰州、忻州、乌海、济宁、郑州、临汾、日照、济南、洛阳、呼和浩特、东营、淄博、嘉峪关、银川、临沂
0.045~0.068	吕梁、西宁、运城、潍坊、榆林、聊城、烟台、石嘴山、长治、乌兰察布、通辽
0.069~0.102	太原、鄂尔多斯、包头、滨州

（4）基于开放维度的测算结果显示（见表5-10），工业高质量发展指数在中下游地区水平较高，中高发展水平区域主要集中在山东东部、陕西中北部及山西北部。其原因可能在于黄河流域上游地区多为西部偏远城市，不利于国际交流对外开放水平普遍较低；中游地区主要是一些中部欠发达城市，政府往往通过吸引外资来提升贸易开放水平；下游地区多为东部沿海城市，本身具有较好的对外贸易条件，有利于提升当地的贸易开放水平。因而对于上游地区对外开放水平较低的现状来说，要充分利用好"一带一路"倡议的相关政策，尽快融入新一轮的开放中，增强与共建"一带一路"国家的积极合作，努力从周边国家与地区引入外商对本区域进行投资，推动黄河流域的经济发展。

表 5-10　2020 年黄河流域各地级市开放维度的工业高质量发展水平

范围	地级市
0.003~0.011	武威、张掖、固原、平凉、天水、呼伦贝尔、宝鸡、酒泉、渭南、赤峰、朔州、阳泉、咸阳、周口、驻马店、铜川、大同、兰州、枣庄、金昌、信阳、白银、濮阳
0.012~0.017	漯河、商丘、开封、太原、菏泽、吴忠、许昌、德州、鹤壁、巴彦淖尔、泰安、西宁、呼和浩特、南阳、安阳、平顶山、运城、定西、威海、通辽、长治、晋城、三门峡、晋中、日照、聊城
0.018~0.028	济宁、临汾、榆林、新乡、焦作、乌海、银川、石嘴山、吕梁、东营、淄博、忻州、嘉峪关、济南、临沂
0.029~0.053	潍坊、鄂尔多斯、烟台、包头、洛阳、郑州、乌兰察布、青岛
0.054~0.105	西安、延安、滨州、庆阳

（5）基于共享维度的测算结果显示（见表 5-11），工业高质量发展指数总体上空间分布较为分散，其中中高水平指数在下游地区较集中。由于历史、自然条件等条件的限制，黄河流域上游和中游地区经济社会发展相对滞后，不利于经济成果的共享。黄河流域中游地区与下游地区地理条件和经济基础比较好，工业非常发达，郑州、济南和青岛为主要发展城市，在很大程度上推动了成果共享。为使上下游地区共享经济社会发展的成果，要加快形成上下游地区优势互补、协调发展、合作共赢的局面，推进形成上下游地区共享共建机制，提高生态环境保护积极性与协调性，推动黄河流域中上游地区协同共治。

表 5-11　2020 年黄河流域各地级市共享维度的工业高质量发展水平

范围	地级市
0.004~0.012	石嘴山、乌海、嘉峪关、鹤壁、金昌、三门峡、酒泉、朔州、吴忠、漯河、庆阳、铜川、乌兰察布、巴彦淖尔
0.013~0.023	许昌、延安、开封、焦作、忻州、宝鸡、阳泉、吕梁、濮阳、白银、榆林、日照、通辽、晋城、鄂尔多斯、临汾、新乡、咸阳、运城、枣庄、德州、晋中、信阳、周口、驻马店、安阳、平顶山、包头、赤峰、东营、菏泽、渭南、长治、聊城、商丘、滨州、张掖
0.024~0.036	天水、固原、南阳、威海、大同、武威、泰安、呼和浩特、呼伦贝尔、银川、平凉、洛阳、西宁、临沂、淄博、济宁
0.037~0.058	定西、兰州、烟台、潍坊、太原
0.059~0.122	青岛、济南、郑州、西安

3. 黄河流域工业高质量发展水平差异的结构分解

工业高质量发展涉及新发展理念的五大方面，无论是全国层面还是区域层面的高质量发展水平差异，均来源于这五个方面。因此，本部分采用方差分解的方法，基于结构分解的视角，分析黄河流域工业高质量发展水平差异的来源。

（1）黄河流域整体工业高质量发展水平差异的结构来源。图5-7显示了2016~2020年黄河流域工业高质量发展水平差异的结构分解结果。从静态角度看，创新维度的差异是工业高质量发展水平差异的主要结构性来源，均值为36.30%。创新维度的差异贡献率较高，可能是因为随着经济的发展，高质量发展的内涵界定不再过度关注经济增长速度，而是关注经济效益和发展质量，由要素驱动向创新驱动转变，在保证经济效益的前提下重点突出创新对高质量发展的支撑力和引领力①，不断提高科技创新对高质量发展的贡献率。开放维度的差异均值为17.40%。协调和共享维度的差异贡献率比较相近，分别为16.40%和15.93%，影响最小的是绿色维度的差异，占比仅为13.96%。

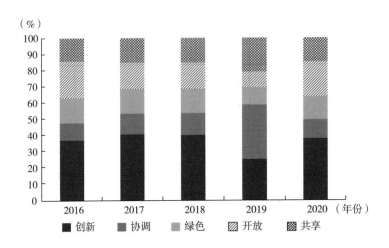

图5-7 黄河流域整体工业高质量发展水平差异的结构分解

从动态角度看，创新维度的差异贡献率在2016~2020年呈现波动变化趋势，2017年贡献率高达40.82%，到2019年下降至25.34%，但总体来看创新维度的

---

① 创新驱动助力经济高质量发展［EB/OL］.（2022-10-19）. https://theory.gmw.cn/2022-10/19/content_36098348.htm.

差异仍然是整个样本期最主要的结构性来源。协调维度的差异贡献率除了在2019年出现最高值33.44%外，其余各年份均保持在10%～13%，占比较稳定。绿色和共享维度的差异总体变化不大，而开放维度的差异在2019年贡献最低，降至9.9%，当今世界正处于百年未有之大变局，中国特色社会主义进入新时代，推进更高水平对外开放的外部环境和内部条件都在发生深刻变化，开放发展仍面临严峻挑战[①]。由此可见，缩小黄河流域整体工业高质量发展水平差异的关键在于创新和开放维度的差异。

（2）黄河流域上中下游地区工业高质量发展水平差异的结构来源。图5-8至图5-10显示了2016～2020年黄河流域上中下游地区工业高质量发展水平差异的结构分解结果，基本结论与黄河流域整体保持一致。从静态角度看，创新维度的差异是上中下游地区工业高质量发展的主要结构性来源，其差异贡献率的均值分别为36.86%、39.08%和37.63%。相比上游和中游地区，绿色维度的差异在下游地区贡献率最高，达到16.78%，下游地区以重工业为主，存在较为严重的环境污染问题，阻碍了黄河流域下游地区的绿色发展。因此，政府应围绕黄河流域下游地区的绿色生态廊道建设、三角洲湿地与生物多样性保护与修复、滩区生态综合治理等重点任务，组织实施一批重点生态保护修复工程。在协调维度，黄河流域中游地区工业协调发展水平呈波动向稳趋势，变化幅度较小，说明西部大

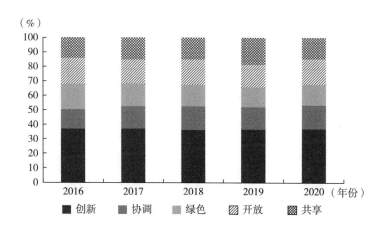

图5-8 黄河流域上游地区工业高质量发展水平差异的结构分解

① 我国高水平对外开放面临新环境新挑战［EB/OL］.（2018-11-14）. http：//www.china.com.cn/opinion/think/2018-11/14/content_72368077.htm.

开发战略和中部崛起战略虽然加快了黄河流域中游地区的发展，但该地区内各省份间的差距并没有得到有效改善，尤其是山西省新旧动能转换较慢，与其他省份相比依然存在不小的差距（张超、钟昌标，2020）。在共享维度，上游地区的贡献率均值最高，达到15.57%，下游地区的贡献率均值为12.85%。在其他几个维度，上中下游地区的占比相差不大。

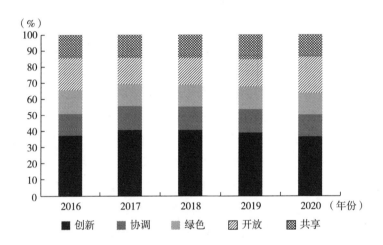

图 5-9　黄河流域中游地区工业高质量发展水平差异的结构分解

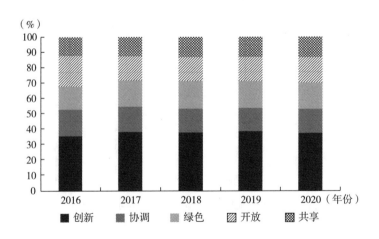

图 5-10　黄河流域下游地区工业高质量发展水平差异的结构分解

从动态角度看，上中下游地区创新维度的差异贡献率仍然最高，保持基本稳定，没有大的起伏波动。上游地区共享维度的差异贡献率先上升后下降，在 2019 年高达 18.52%，而协调和绿色维度的差异贡献率基本保持稳定。在中游地区，开放维度的差异贡献率在波动中上升，而绿色维度的差异贡献率在波动中下降。下游地区绿色维度的差异贡献率先上升后下降，贡献率在 2018 年最高为 17.91%；开放维度的差异贡献率在呈现先下降后上升的变化。

由此可见，上中下游地区都应继续坚持创新，中游地区应扩大对外开放，下游地区应加大绿色发展，提升环保力度，改善环境质量。同时，为了更好发挥黄河流域下游中心城市对中上游地区的带动作用，挖掘中上游广阔腹地蕴含的巨大内需潜力，应建立上中下游有机互补的绿色经济走廊，加快形成优势互补、协同发展的黄河流域高质量发展新格局。

4. Dagum 基尼系数及其分解

前文分析了我国黄河流域整体及上中下游地区工业高质量发展水平的动态演变过程。为了更深入地探讨这些地区发展水平分布差异的大小和差异的主要来源，部分选择利用 Dagum 基尼系数分解方法，对黄河流域整体和上中下游地区工业高质量发展水平的区域差异进行更细致的研究，测算结果如表 5-12 所示。

表 5-12　黄河流域工业高质量发展水平 Dagum 基尼系数及其分解结果

年份		2016	2017	2018	2019	2020
总体基尼系数		0.322	0.286	0.282	0.223	0.298
组内	上游	0.260	0.223	0.208	0.185	0.218
	中游	0.294	0.271	0.273	0.209	0.286
	下游	0.303	0.265	0.260	0.188	0.291
组间	上—中游	0.288	0.264	0.262	0.219	0.272
	上—下游	0.365	0.326	0.322	0.269	0.329
	中—下游	0.342	0.300	0.296	0.224	0.314
贡献率（%）	组内	31.619	31.410	31.314	30.015	32.170
	组间	42.925	44.332	44.632	48.059	40.529
	超变密度	25.456	24.258	24.054	21.925	27.301

由表 5-13 可知，黄河流域工业高质量发展水平的总体基尼系数呈现"下降—上升"的演变趋势。从整体看，样本期内组内、组间和超变密度的年均贡献率分别为 31.31%、44.10%、24.60%，其中组间的年均贡献率最大，即黄河流

域工业高质量发展水平的差异主要来源于上中下游地区间的差异。从演变趋势看，组间的贡献率以 2019 年为拐点呈现倒"U"形变化趋势，2020 年急速下滑。组内和超变密度贡献率以 2019 年为拐点呈现"U"形变化趋势，2020 年出现急速上升趋势。

为了更直观地展现区域内和区域间的基尼系数及时间演变趋势，进一步绘制了区域差异的演变趋势图（见图 5-11）。

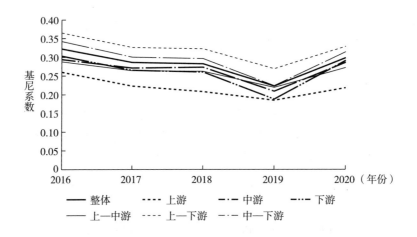

图 5-11　2016~2020 年黄河流域工业高质量发展水平区域差异演变趋势

由图 5-11 可知，黄河流域工业高质量发展水平在上—中游、上—下游、中—下游地区间均大体呈现先下降后上升的趋势，与整体差异走势一致，这说明黄河流域上中下游地区的工业高质量发展趋势由新冠疫情造成下降而后均逐年向好。具体来看：

上—中游地区间差异大致呈现"下降—上升"的演变趋势，其波动较大，工业发展受新冠疫情的影响严重，发展不充分。

上—下游地区间差异呈现"下降—上升"的演变趋势，该区域的工业发展逐渐走向高质、稳定，且该区域的基尼系数始终高于其他各子群间的数值。

中—下游地区间差异呈现"下降—上升"的演变趋势，区域工业对地区经济变化的反应明显，能借助地理位置优势迅速发展，差异大幅缩小。

黄河流域工业高质量发展水平差异的总体基尼系数先变小后增大，表明工业高质量发展水平的总体差异先降后升。从区域差异的来源来看，区域间贡献最大，区域内贡献居中，超变密度贡献最小，这表明区域间的差异是黄河流域工业高质量发展水平差异产生的主要来源。基础设施建设是实现黄河流域工业高质量发展的前提，因此亟待提高上中下游城市的基础设施水平，促进要素进行跨流域流动，从而使上中下游地区工业高质量发展水平达到相对均衡的状态。

5. 空间相关性检验

地理学第一定律表明，任何事物之间都是相关的，且相近的事物之间具有更强的相关性（Tobler，1970）。莫兰指数用来衡量地理事物的空间集聚状态，衡量相邻地级市工业高质量发展水平的空间相关关系，取值范围为［-1，1］，正值表示工业高质量发展水平具有空间正相关性，负值表示工业高质量发展水平具有空间负相关性，零值表示工业高质量发展水平不存在空间相关性。为进一步探究黄河流域各地级市工业高质量发展水平与相邻地区的发展状况是否显著相关，本部分基于空间权重矩阵，采用莫兰指数进行全局空间自相关分析，结果如表5-13所示。2016~2020年黄河流域工业高质量发展指数的全局莫兰指数介于［0.144，0.345］，且均通过了显著性检验，表明黄河流域工业高质量发展指数之间存在显著的空间正相关关系。

表5-13　黄河流域工业高质量发展水平全局空间自相关检验结果

年份	莫兰指数	Z值	P值
2016	0.345	4.602	0.000
2017	0.312	4.207	0.000
2018	0.287	3.893	0.000
2019	0.307	4.089	0.000
2020	0.144	2.045	0.041

为了进一步分析黄河流域工业高质量发展指数的空间集聚情况，本部分绘制莫兰散点图对其进一步解析（见图5-12）。图5-12显示，在不同年份绝大多数地级市落在了第一象限和第三象限，处于 H—H 型集聚区或 L—L 型集聚区，工业高质量发展指数呈现正向集聚特征；少数省份落在了第二象限和第四象限，处于 L—H 型集聚区或 H—L 型集聚区，工业高质量发展指数呈现负向离群特征。具体而言，2016 年、2018 年和 2019 年，落在第一、第三象限的地级市数量分别为 58、55 和 52，落在第二、第四象限的地级市数量分别为 18、21 和 24，

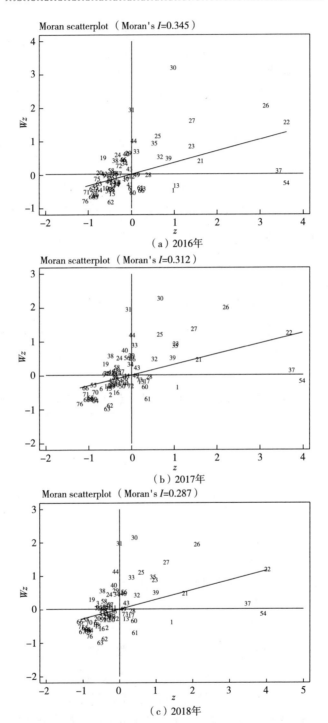

图5-12　2016~2020年黄河流域工业高质量发展水平莫兰指数散点图

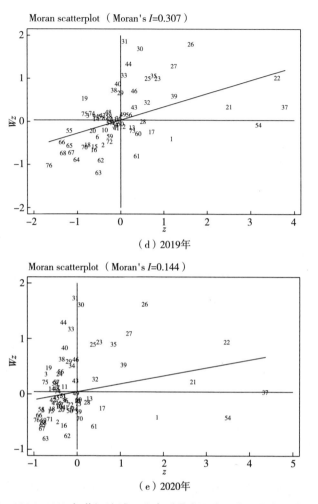

图 5-12　2016~2020 年黄河流域工业高质量发展水平莫兰指数散点图（续）

虽然第一、第三象限的地级市数量有所减少，但仍然占多数。济南、青岛、烟台、潍坊、威海、临沂、滨州、洛阳等在代表性的三个年份中始终落在第一象限，赤峰、通辽、商丘、铜川、嘉峪关、金昌、白银、天水、庆阳、定西、固原等市则始终落在第三象限，表明工业高质量发展指数的空间相关性具有较强的稳定性。上述空间相关性检验结果表明，黄河流域各地级市工业高质量发展指数表现出以 H—H 型集聚和 L—L 型集聚为主的正向集聚特征，工业高质量发展指数较高的地级市往往被工业高质量发展指数较高的地级市包围，工业高质量发展指数较低的地级市往往被工业高质量发展指数较低的地级市包围。

第四节　本章结论与启示

一、主要结论

实现工业高质量发展是贯彻落实黄河流域生态保护和高质量发展这一重大国家战略的重要一环，为此，本章基于 2016~2020 年黄河流域各地级市面板数据，从新发展理念出发，构建工业高质量发展评价指标体系，对工业高质量发展水平展开测度与分析，并进行空间差异分析，最终得出如下结论：

第一，通过测算黄河流域工业高质量发展水平，得出不同地区工业高质量发展水平存在多方面差异。从整体来看，黄河流域工业高质量发展水平不平衡，呈"下强上弱"的分布格局，上游地区产业结构单一，下游地区产业结构相对丰富，但产业布局趋同。山东省、陕西省和河南省居于前三。各地级市工业发展存在较大差距，工业高质量发展水平比较高的城市多集中于黄河下游东部地区及省会城市，而工业高质量发展水平较低的城市多为经济总量较低、工业化进程推进较晚的上游城市，这说明黄河流域部分地级市工业发展存在较大发展空间。从局部来看，样本期内，2019 年之前工业高质量发展水平呈上升趋势并平稳发展，2019 年开始出现大幅度衰减，受新冠疫情影响较为明显。同时，黄河流域上中下游地区的工业高质量发展水平始终存在明显的差距，下游地区工业高质量发展水平始终高于中上游地区，其与中上游地区的差距保持均匀态势。从区位分布来看，各省份之间工业发展差距明显，其中山东省高质量发展指数最高。此外，样本期内黄河流域各省（区）工业高质量发展水平的差距逐年缩小。

第二，根据所划分的工业高质量发展评价指标体系，同一维度、不同省（区）工业高质量发展水平同样存在差异。分维度来看，在创新维度，黄河流域各省份在以科技创新为主的创新发展动力方面存在失衡，科技人才培养不到位，科研经费投入不充分，政府支持力度不全面，致使创新产业发展缓慢，这也是八个省份工业高质量发展指数均值存在差异的主要原因。在协调维度，2016~2019 年各省（区）工业高质量发展指数均表现出上升趋势，工业协调经济体系各方面获得长足发展，并在 2019 年达到历史最高水平。在绿色维度，由于青海、内蒙古等地优良的自然环境条件及政策支持，其工业高质量发展指数居于黄河流域前列。由此可看出，良好的地理条件是工业赖以发展的必要条件。在开放维度，山东、陕西工业高质量发展指数的排名遥遥领先，山东的临海城市众多，地理位置优越，海陆交通便利，便于引进国外先进技术，对外开放程度高。在共享维度，工业高质量发展指数排名与各地经济发展水平高度相关，经济越发达的地区，指数排名越高。排名居于前列的地区包括中下游的山东省和陕西省，排名靠后的地区为西部内陆省份，如内蒙古和宁夏等。

第三，通过分析黄河流域工业高质量发展水平时空格局演变特征，得出黄河流域各地区工业高质量发展水平经历了一段时期的波动。根据核密度估计结果，在样本期内，黄河流域整体及上中下游地区的工业高质量发展水平分布曲线的峰值均发生一定程度的移动，呈现出"先右移后左移"的演变过程，充分说明考察期内黄河流域整体及上中下游地区的工业高质量发展水平经历了波动。从核分布曲线的波峰宽度来看，黄河流域整体及上中下游地区波峰宽度逐渐变窄，表明其工业高质量发展水平的绝对差距在逐渐缩小。从分布延展性来看，工业高质量发展指数在不断提高，同时流域整体及上中下游地区工业高质量发展指数的区域差距在逐渐扩大。根据空间自相关检验结果，黄河流域工业高质量发展指数之间存在显著的空间正相关关系，黄河流域各地级市工业高质量发展指数表现出以H—H型集聚和L—L型集聚为主的正向集聚特征，高质量发展指数较高的地级市往往被高质量发展指数较高的地级市包围，高质量发展指数较低的地级市往往被高质量发展指数较低的地级市包围。

第四，通过分析黄河流域工业高质量发展水平区域差异可知，黄河流域工业高质量发展水平的基尼系数整体呈现"下降—上升"的演变趋势，且差异来源主要为上中下游地区间的差异。从演变趋势看，子群间差异贡献率以2019年为拐点呈现倒"U"形变化趋势。

第五，通过对黄河流域工业高质量发展水平差异的结构分解可知，整体来看，创新维度的差异是黄河流域工业高质量发展水平差异的主要结构性来源，缩小黄河流域整体工业高质量发展水平差异的关键在于减少创新维度的差异。分流域来看，绿色维度的差异在下游地区贡献率最高，下游地区以重工业为主，存在较为严重的环境污染问题，阻碍了黄河流域下游地区的绿色发展，因而绿色发展也是提升工业高质量发展水平尤为重要的一个方面，黄河流域下游地区绿色维度的差异贡献率最高，这也从侧面反映了除创新外，注重绿色发展也是促进地区工业高质量发展必不可少的一环。

二、政策建议

黄河流域相关地区应贯彻落实中央的相关要求，结合黄河流域工业发展情况，精准施策，持续推动工业高质量发展，完整、准确、全面贯彻新发展理念，推动工业向更高水平迈进。根据上文结论可知，黄河流域上中下游地区工业发展不平衡，每一个流域都有符合自身工业发展的路径，因而本部分针对各流域工业发展情况分别提出相关建议。

首先，要解决黄河流域上游地区的产业结构问题，一是要引导黄河流域上游各省（区）特色产业的发展。二是要更加重视制造业对上游地区产业发展的促进作用，依靠技术创新和进步，发展高质量的上游产业链，如钢铁、化工、发电、现代农业产业链等。三是上游地区产业类型的选择应遵循轻工业和重工业共同发展的战略，根据市场需求，因地制宜，发展食品、纺织、家电等轻工业及太阳能、黄河梯级水库等工程项目。

其次，黄河流域中游地区应注重优化产业结构，发展优势产业的产业链，发展区域特色产业。山西应合理开发资源，积极引导煤炭多元化发展，可以将煤炭与电力、化工、运输等行业结合起来，形成一个完整的煤炭产业链。陕西可以借助关中地区的技术密集型产业，利用机械工程和发电等优势产业构建产业链。

最后，针对黄河流域下游地区产业结构趋同的现象，一方面要抓住各地区的比较优势及特色，积极发展优势产业和相关产业；另一方面要积极引导工业转移，协调工业系统合理布局，如三门峡的水电与有色金属产业、新乡的机械设备制造业等。在挖掘菏泽的化工产业等下游地区的新增长极的同时，完善河南省化工产业链和山东省石化产业链，在相关政策的调控下实现产业合理转移，中心城市大力发展创新型产业。

上文分流域对各地进行了相关建议的总结概述，但由于黄河流域是一个整体，要从整体的视角来提出相关建议来促进其发展，应充分考虑各流域的优势与劣势，实现优劣互补，最终实现黄河流域工业高质量发展。

第一，坚持中心发达城市辐射带动落后城市共同发展体系。尽管黄河流域工业高质量发展水平有所提升，但与长三角、珠三角、京津冀等区域相比仍存在一定差距。应充分认识到工业高质量发展对于实现黄河流域生态保护和高质量发展的重要性，并从经济效益、创新驱动、结构优化、绿色低碳、对外开放和成果共享等方面共同发力，提升黄河流域工业高质量发展水平。鼓励青岛、西安、郑州、济南、烟台、呼和浩特等地的工业进一步做大做强，支持淄博、洛阳、烟台、吴忠等城市加快发展特色产业，增强中心城市和次中心城市的辐射带动作用，带动其他城市共同发展。

第二，制定差异化产业发展政策。黄河流域的工业高质量发展呈现出极不均衡的局面，从地理区位来看，流域下游地区的工业高质量发展水平高于中游地区和上游地区，因此应以黄河流域中下游产业基础较强的地区为重点，搭建产供需有效对接，产业上中下游协同配合，产业链、创新链、供应链紧密衔接的产业合作平台，推动产业体系升级和基础能力再造。应打造能源资源消耗少、环境污染少、附加值高、市场需求旺盛的产业发展新引擎，加快发展新一代信息技术、新能源、新材料、高端装备、绿色环保、新兴服务业等战略性新兴产业，带动黄河流域绿色低碳发展。

第三，政府政策应对上中游地区有一定倾斜。鉴于黄河流域工业容易造成环境污染，上中游地区的环境直接影响下游地区水质，因而其生态环境保护具有特殊性，政府应给予上游地区和中游地区适当的政策倾斜，加大上中游地区环保力度，从源头上缩小上中下游地区工业高质量发展的区域差异。部门与部门、上中下游地区、城市与城市之间应加强生态管控与互助合作，同时加快针对黄河流域生态的立法，严惩破坏黄河流域生态环境的行为，进而补齐生态成果在城市高质量发展中的短板。依靠科技创新推动产业链、价值链提升，充分发挥智能制造、个性化定制、智能服务在工业转型升级中的作用，通过创新推动产业发展方式转变。

第四，创新人才培养和合作机制。根据结构化差异的分解结果可知，创新对黄河流域工业高质量发展的影响最大，人才是创新产生的来源，要想不断实现创新，应不断培养并吸引创新人才。依托沿黄九省（区）现有人才项目，完善人才吸引政策及市场化、社会化的人才管理服务体系，加大专业技术人才、经营管理人才的培养力度。深化"一带一路"合作，拓宽节能节水、清洁能源、清洁生产等领域的技术装备和服务合作，鼓励采用境外投资、工程承包、技术合作、装备出口等方式，推动绿色制造和绿色服务率先"走出去"。

第五，推进绿色工业体系建设。围绕黄河流域重点行业和重要领域，持续推进绿色产品、绿色工厂、绿色工业园区和绿色供应链建设，鼓励黄河流域各省（区）创建本区域的绿色制造标杆企业名单。推动黄河流域汽车、机械、电子、通信等行业龙头企业发展，将绿色低碳理念贯穿于产品设计、原料采购、生产、运输、储存、使用、回收处理的全过程，推动供应链全链条绿色低碳发展。

第六章　黄河流域服务业高质量
发展评价与时空分异

第一节　黄河流域服务业高质量发展内涵界定和
指标体系构建

党的二十大报告指出"高质量发展是全面建设社会主义现代化国家的首要任务"。在此背景下，创新、协调、绿色、开放、共享是我国实现高质量发展和构建人类命运共同体的重要途径；高质量发展强调将共享作为根本目的，这揭示了我国经济发展的战略目标定位，新时代我国要实现共同富裕仍面临着较多挑战。

近年来，服务业加速崛起，对经济发展的影响力日益凸显，成为经济发展的主动力和新引擎，有力提升了经济发展的质量和效率。黄河流域作为我国重要的经济地带，其服务业发展必将成为实现区域协调发展的重要支撑。高质量发展是我国经济社会发展的主题，服务业作为我国三次产业中增加值占比最高、吸纳就业最多、利用外资最多的行业，实现服务业高质量发展有着重要意义。研究服务业高质量发展问题，必须先回答服务业高质量发展与提高服务质量的关系。服务，即满足顾客需求、可识别、在本质上无形的活动，是在特定时间、地点能够产生价值，并能为顾客提供利益的经济活动。服务的性质主要表现为无形性、（生产和消费的）不可分割性、异质性、不可储存性、顾客参与性。产品或服务质量往往是指产品或服务能够满足实际需要的使用价值特性，而在竞争性领域，是指具有更高性价比且能更有效满足需要的质量合意性和竞争力特性。服务业高质量发展往往需要建立在稳定或提高服务质量的基础之上，这是显而易见的。

　　基于此，结合高质量发展的深刻内涵可以得出，服务业高质量发展是能满足人民日益增长的美好生活需要的发展，主要体现为服务业发展能够有效适应、创造和引领市场需求。进入新时代，我国社会主要矛盾已经转化为人民日益增长的美好生活需要和不平衡不充分的发展之间的矛盾。要顺应社会主要矛盾的变化，服务业高质量发展应先体现为能够满足人民日益增长的美好生活需要的发展，通过化解服务业发展相关的不平衡不充分问题，克服其对满足人民日益增长的美好生活需要的制约。服务业高质量发展的核心要义就在于要充分体现新发展理念，凸显创新、协调、绿色、开放、共享发展理念的系统性、整体性和协同性，将产业融合、服务创新、传统服务业转型升级作为推进服务业高质量发展的主要任务。

　　（1）坚持创新是服务业发展的第一动力，推动服务业创新发展，要把优化有利于服务业高质量发展的产业生态放在优先地位，要摒弃急功近利、急于求成的传统思维，尊重创新规律，尊重服务劳动价值的创新创业生态。

　　（2）坚持把协调作为服务业发展的内生特点，协调是实现服务业持续健康发展的内在要求，也是处理服务业与工业、农业关系应该遵循的基本准则，让协调成为服务业发展的内生特点，有利于更好地促进城乡协调发展、经济社会协调发展，以及新型工业化、信息化、城镇化、农业现代化同步发展，并将增强国家硬实力与提升国家软实力有机结合起来，增强服务业乃至经济社会发展的整体性。推进服务业协调发展，应重视服务业基础设施硬能力建设和人才队伍、服务环境等软能力建设的协调。

　　（3）坚持把绿色作为服务业发展的普遍形态，发展服务业是推进产业结构绿色转型的重要方式，但是发展服务业自身也有推进绿色转型的问题。建设资源节约、环境友好的绿色发展体系，实现绿色循环低碳发展、人与自然和谐共生，推进服务业自身的供给侧结构性改革，促进服务业规范化、标准化、品牌化、品质化，也与推进服务业绿色发展相关。

　　（4）坚持把开放作为服务业发展的必由之路，推进服务业高质量发展，应通过高质量发展推动全方位对外开放，激发服务业深化改革，为其持续注入强大动力。

　　（5）坚持把共享作为服务业发展的根本目的，共享成为根本目的是坚持以人民为中心的发展思想的必然要求，也是推进服务业高质量发展的要求。推进服务业整体的高质量发展应该做到让改革发展成果更多更公平惠及全体人民，努力坚持在发展中保障和改善民生，并为此坚守必要的底线，使人民获得感、幸福感、安全感更加充实、更有保障、更可持续。

具体而言，服务业高质量发展主要体现在"两高两强"四个方面：一是服务满意度高，即服务业能够提供满足市场需求的高品质服务产品，特别是生活性服务业能够更好满足人民日益增长的美好生活需要，打造高满意度的服务消费体验；二是支撑能力强，即服务业与工农业深度融合、良性互动，充分满足中间服务需求，能够有力支撑产业竞争力和产品附加值提升；三是产出效率高，即服务业资源配置效率高，能够以较少的生产要素投入获得更多的产出，确保我国经济中长期可持续发展；四是国际竞争力强，即服务产品在全球服务贸易中具有较强竞争力，形成具有全球知名度和影响力的服务品牌。由此可以看出，服务业高质量发展是新发展阶段我国服务业向更好满足人民日益增长美好生活需要、更好支撑产业转型升级、更好实现体系质量效益转型的综合体现。以服务业高质量发展推动经济稳中有进，必须把握好保持服务业较快增长、促进生产性服务业与制造业深度融合、深化服务业高水平全面开放、提升生活性服务业品质和消费满意度四个着力点。近年来，服务业加速崛起，对经济发展的影响力日益凸显，成为经济发展的主动力和新引擎，有力提升了经济发展质量和效率，黄河流域作为我国重要的生态屏障和经济地带，其服务业高质量发展必将成为实现区域协调发展的重要支撑。

第二节　数据来源及预处理

本章使用的数据主要来源于 2016～2020 年的《中国城市统计年鉴》、《中国区域经济统计年鉴》、各省及各地级市统计年鉴、EPS 数据库、国民经济和社会发展统计公报，以及山西、内蒙古、山东、河南、陕西、青海、甘肃和宁夏的统计局公布数据等。

黄河流经青海省、甘肃省、四川省、宁夏回族自治区、内蒙古自治区、陕西省、山西省、河南省、山东省九个省（区），但由于黄河只流经四川省的阿坝藏族羌族自治州和甘孜藏族自治州，且该地区情况较为特殊，故本指标编制时未予考虑。基于此，结合行政区域划分标准，选取 76 个地级市作为研究对象，参考师博和何璐（2021）的研究，对 76 个地级市进行区位划分，如表 6-1 所示。考虑到统计口径的一致性及数据的可得性，本章将面板数据的时间跨度设定为 2016~2020 年。

表 6-1 黄河流域上中下游地级市划分

区域	地级市
上游 （22 个）	呼和浩特市、包头市、乌海市、赤峰市、通辽市、鄂尔多斯市、呼伦贝尔市、巴彦淖尔市、乌兰察布市、兰州市、嘉峪关市、金昌市、白银市、武威市、张掖市、酒泉市、定西市、西宁市、银川市、石嘴山市、吴忠市、固原市
中游 （25 个）	太原市、大同市、阳泉市、长治市、晋城市、朔州市、晋中市、运城市、忻州市、临汾市、吕梁市、洛阳市、焦作市、三门峡市、南阳市、西安市、铜川市、宝鸡市、咸阳市、渭南市、延安市、榆林市、天水市、平凉市、庆阳市
下游 （29 个）	济南市、青岛市、淄博市、枣庄市、东营市、烟台市、潍坊市、济宁市、泰安市、威海市、日照市、临沂市、德州市、聊城市、滨州市、菏泽市、郑州市、开封市、平顶山市、安阳市、鹤壁市、新乡市、濮阳市、许昌市、漯河市、商丘市、信阳市、周口市、驻马店市

此外，对文章中的缺失数据采用平均增长率法和线性插值法进行插补。其中，平均增长率法是指使用缺失数据前（后）三年的数据增长率的平均值作为缺失数据相对于前一年（后一年）数据的增长率，并以此对缺失数据进行插补；线性插值法是指使用连接两个已知量的直线来确定这两个已知量之间未知量的值的估计方式。

第三节　实证结果

一、数据解释

黄河流域作为我国重要经济地带，服务业的快速发展为其发展注入了新的动力，成为实现区域协调发展战略的重要支撑。考虑到数据的可得性，本部分主要以服务业劳动生产率来度量黄河流域的服务业整体发展情况。具体来看，使用黄河流域 2016~2020 年 76 个地级市的第三产业增加值和第三产业从业人员人数的比值，计算服务业劳动生产率，以此作为服务业质量指数的衡量指标。下面分别对第三产业增加值和第三产业从业人员人数进行描述。

1. 第三产业增加值

黄河流域上中下游地区产业发展水平存在明显差异，在服务业中表现尤为明显。一般而言，经济规模越大的地区（用 GDP 来衡量）对服务业的需求会越旺盛（郭冲冲、马少晔，2016）。因此，本章借鉴服务业发展相关研究（赵瑞、申玉铭，2020），遵循科学性原则，并考虑数据的可获得性，选取能够反映整个区域服务业绝对水平的第三产业增加值作为衡量指标，对黄河流域 76 个地级市2016~2020 年的数据进行测量。

如表 6-2 所示，整体来看，2016~2020 年黄河流域上中下游地区服务业增加值稳步上升，其重心在中下游地区，共占全流域的 80% 以上，上游地区服务业增加值占比最少，占比不到 20%。黄河流域服务业总体发展水平呈现"下强上弱"的格局，说明第三产业增加值与当地经济发展状况密切相关，其占比符合实际经济发展状况。

表 6-2　2016~2020 年黄河流域上中下游地区服务业增加值占比

年份	流域位置	占黄河全流域比重（%）
2016	上游	17.78
	中游	24.87
	下游	57.35
2017	上游	16.61
	中游	25.48
	下游	57.91
2018	上游	13.97
	中游	26.45
	下游	59.58
2019	上游	14.18
	中游	27.05
	下游	58.78
2020	上游	13.77
	中游	27.07
	下游	59.16

　　具体来看，上游地区占比下降，中下游地区占比稳中增加，整体发展呈上升态势（见图6-1）。支撑这种现象的原因是：①各省（区）产业结构不断优化，第三产业比重持续增长。各地区各部门坚持以供给侧结构性改革为主线，着力构建现代化经济体系（韩喜平、马晨钤，2020）。随着服务领域改革持续深化，第三产业发展质量不断提升，重点领域蓬勃发展，转型升级成效显著（万丽，2022）。②上中下游地区差异明显，主导产业类型布局不同，导致经济发展侧重点不同。上游地区重在保护河湖湿地资源，中游地区重在巩固退耕还林还草成果，下游地区重在保证黄河长久安澜。

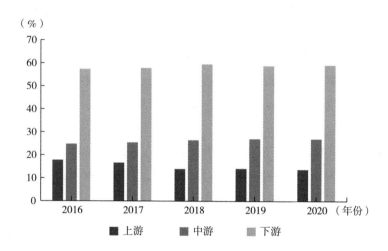

图6-1　2016~2020年黄河流域上中下游地区服务业增加值变化趋势

资料来源：国家统计局。

　　以2016年为基期，制作2017~2020年黄河流域上中下游地区服务业增加值增速表（见表6-3），2020年上中下游地区增速分别为7.06%、-2.40%、-0.97%。2017~2020年，黄河流域上游地区增速最快，下游地区增速居中，中游地区增速最慢，其中，下游地区服务业增加值的增速接近于黄河全流域平均增速。说明黄河上游地区服务业发展潜力巨大，政府加大力度扶持、生态旅游业融合发展等都将会成为未来拉动黄河流域上游地区服务业发展的关键因素；中游地区发展缓慢，动力明显不足，成为未来重点关注区域；下游地区由于地理位置优越、人口分布密集存在较高发展水平基础，因此增速处于平均水平。

表6-3　2017~2020年黄河流域上中下游地区服务业增加值增速　　单位:%

年份	2017	2018	2019	2020
上游	2.94	-1.47	18.89	7.06
中游	-0.09	-2.21	-3.66	-2.40
下游	-0.64	1.37	-2.81	-0.97
全流域平均	0.74	-0.77	4.14	1.23

总体而言，黄河流域不同地区服务业增速占比的差异主要受到其所在地区工业发展水平的影响，也与该地区生态环境保护、水资源节约利用、污染治理等问题息息相关。黄河流域源头、上中下游地区和黄河三角洲生态环境保护的主要问题各有不同，因此未来黄河流域生态环境保护必须遵循因地制宜、分类施策、宜林则林、宜草则草、宜农则农、宜牧则牧的原则，尊重科学规律，循序渐进改善黄河流域生态环境，实现黄河流域服务业的高质量发展。

2. 第三产业从业人员

一般而言，人口密集、从业人员越多的地区，对服务业的需求会越旺盛（郭冲冲、马少晔，2016）。因此，本部分考虑将第三产业从业人员作为衡量黄河流域服务业高质量发展水平的测度指标之一。

整体来看，黄河流域各省（区）第三产业从业人员数量情况如图6-2所示，山东省、内蒙古自治区及河南省从业人员数量位居前三，甘肃省、陕西省和山西省从业人员数量位于中等偏下水平，宁夏回族自治区和青海省的从业人员数量最少。人力资源状况整体呈现出"下游丰富，中游均等，上游匮乏"的分布态势。服务业内部发展并不平衡，地区间服务业发展水平差异依然较大。未来，人力资源禀赋应成为服务业调控的重点，通过创造"软环境"留住劳动力资源和人力资本（李敏纳等，2011）。

各省（区）第三产业从业人员数量总体呈逐年上升趋势，以2018年为拐点，出现"U"形变化趋势。这是因为服务业规模效益日益增加、技术进步导致劳动生产率提升，以人口红利为核心的传统产业不再占主导地位，传统用工模式升级导致用工规模总体下降，随后服务业继续发挥吸纳就业的蓄水池功效，从业人员稳步上升。

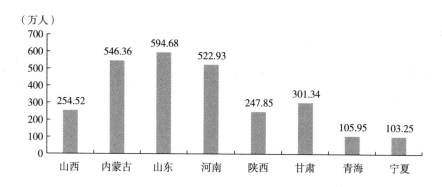

图 6-2 2016~2020 年黄河流域各省（区）服务业从业人员数量

资料来源：国家统计局。

二、黄河流域服务业高质量发展水平测算与分析

基于黄河流域 2016~2020 年 76 个地级市的第三产业增加值和第三产业从业人员人数数据，对服务业质量指数进行测算与排序，计算方法如下：黄河流域地级市服务业高质量发展指数＝黄河流域地级市第三产业增加值（百万元）/黄河流域地级市第三产业从业人员人数（万人）（张明志等，2022）。所得结果如表 6-4 所示。

表 6-4 2016~2020 年黄河流域服务业质量指数测算

| 地段 | 地区 | 2016 年 | 2017 年 | 2018 年 | 2019 年 | 2020 年 |
		劳动生产率	劳动生产率	劳动生产率	劳动生产率	劳动生产率
上游	内蒙古自治区	0.161	0.159	0.131	0.139	0.134
	呼和浩特市	0.246	0.260	0.190	0.201	0.178
	包头市	0.250	0.265	0.185	0.197	0.192
	乌海市	0.104	0.106	0.079	0.089	0.085
	赤峰市	0.098	0.075	0.098	0.104	0.108
	通辽市	0.118	0.120	0.087	0.087	0.091
	鄂尔多斯市	0.335	0.303	0.232	0.240	0.237
	呼伦贝尔市	0.088	0.076	0.078	0.081	0.078

地段	地区	2016 年	2017 年	2018 年	2019 年	2020 年
		劳动生产率	劳动生产率	劳动生产率	劳动生产率	劳动生产率
上游	巴彦淖尔市	0.108	0.118	0.130	0.143	0.121
	乌兰察布市	0.099	0.105	0.102	0.108	0.115
	青海省	0.346	0.358	0.377	0.345	0.327
	西宁市	0.084	0.083	0.088	0.088	0.085
	宁夏回族自治区	0.108	0.118	0.126	0.150	0.193
	银川市	0.132	0.147	0.161	0.162	0.158
	石嘴山市	0.111	0.115	0.118	0.132	0.210
	吴忠市	0.074	0.079	0.087	0.132	0.167
	固原市	0.115	0.129	0.139	0.176	0.239
	甘肃省	0.119	0.129	0.151	0.151	0.157
	兰州市	0.121	0.129	0.135	0.138	0.136
	嘉峪关市	0.114	0.120	0.182	0.172	0.182
	金昌市	0.081	0.092	0.104	0.105	0.116
	白银市	0.126	0.125	0.147	0.140	0.146
	武威市	0.136	0.156	0.172	0.210	0.223
	张掖市	0.069	0.076	0.084	0.089	0.080
	酒泉市	0.193	0.211	0.239	0.204	0.214
	定西市	0.114	0.123	0.149	0.168	0.164
中游	天水市	0.129	0.138	0.158	0.149	0.136
	平凉市	0.098	0.112	0.126	0.149	0.182
	庆阳市	0.128	0.146	0.174	0.162	0.116
	山西省	0.303	0.417	0.401	0.401	0.411
	太原市	0.330	0.375	0.413	0.439	0.465
	大同市	0.303	0.332	0.396	0.353	0.357
	阳泉市	0.331	0.358	0.375	0.358	0.361
	长治市	0.275	0.302	0.331	0.315	0.320
	晋城市	0.330	0.360	0.440	0.368	0.372
	朔州市	0.439	0.490	0.572	0.553	0.570
	晋中市	0.249	0.275	0.322	0.307	0.297
	运城市	0.244	0.275	0.318	0.305	0.313
	忻州市	0.196	0.220	0.263	0.280	0.291

地段	地区	2016 年	2017 年	2018 年	2019 年	2020 年
		劳动生产率	劳动生产率	劳动生产率	劳动生产率	劳动生产率
中游	临汾市	0.231	0.258	0.286	0.278	0.278
	吕梁市	0.201	0.221	0.248	0.260	0.255
	陕西省	0.208	0.235	0.288	0.306	0.318
	西安市	0.285	0.343	0.436	0.473	0.517
	铜川市	0.208	0.244	0.306	0.323	0.349
	宝鸡市	0.265	0.303	0.361	0.390	0.403
	咸阳市	0.321	0.307	0.341	0.368	0.329
	渭南市	0.211	0.239	0.269	0.297	0.304
	延安市	0.162	0.191	0.275	0.270	0.275
	榆林市	0.269	0.325	0.433	0.484	0.522
	河南省	0.295	0.338	0.447	0.462	0.472
	洛阳市	0.468	0.555	0.628	0.665	0.693
	焦作市	0.327	0.384	0.560	0.589	0.603
	三门峡市	0.381	0.451	0.486	0.504	0.526
	南阳市	0.242	0.268	0.371	0.435	0.469
下游	郑州市	0.440	0.503	0.653	0.644	0.633
	开封市	0.312	0.356	0.475	0.499	0.532
	平顶山市	0.307	0.348	0.423	0.446	0.459
	安阳市	0.386	0.461	0.455	0.444	0.458
	鹤壁市	0.273	0.306	0.424	0.416	0.414
	新乡市	0.341	0.415	0.499	0.514	0.530
	濮阳市	0.293	0.339	0.450	0.429	0.416
	许昌市	0.414	0.473	0.676	0.642	0.634
	漯河市	0.225	0.257	0.486	0.586	0.618
	商丘市	0.192	0.204	0.298	0.318	0.326
	信阳市	0.223	0.259	0.352	0.383	0.410
	周口市	0.211	0.250	0.348	0.358	0.367
	驻马店市	0.220	0.222	0.274	0.326	0.341
	山东省	0.558	0.602	0.673	0.599	0.623
	济南市	0.497	0.559	0.633	0.661	0.680
	青岛市	0.813	0.861	0.903	0.845	0.836

地段	地区	2016 年	2017 年	2018 年	2019 年	2020 年
		劳动生产率	劳动生产率	劳动生产率	劳动生产率	劳动生产率
下游	淄博市	0.676	0.748	0.810	0.557	0.571
	枣庄市	0.475	0.513	0.580	0.427	0.462
	东营市	0.714	0.760	0.873	0.624	0.643
	烟台市	0.649	0.702	0.802	0.870	0.907
	潍坊市	0.599	0.651	0.646	0.616	0.624
	济宁市	0.523	0.583	0.613	0.542	0.553
	泰安市	0.544	0.586	0.772	0.569	0.629
	威海市	0.758	0.828	0.900	0.755	0.800
	日照市	0.557	0.558	0.600	0.514	0.494
	临沂市	0.427	0.478	0.530	0.558	0.601
	德州市	0.414	0.447	0.537	0.564	0.622
	聊城市	0.409	0.426	0.454	0.404	0.418
	滨州市	0.582	0.617	0.740	0.595	0.612
	菏泽市	0.291	0.312	0.372	0.488	0.519

为直观展示服务业高质量发展指数变化趋势，绘制黄河流域各省（区）服务业高质量发展指数（见图6-3）和黄河流域各省（区）服务业高质量发展指数平均水平（见图6-4）柱状图。

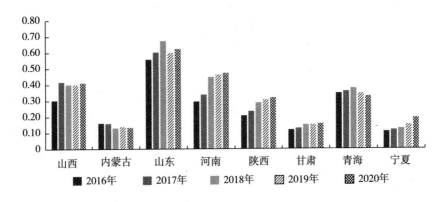

图6-3 黄河流域各省（区）服务业高质量发展指数

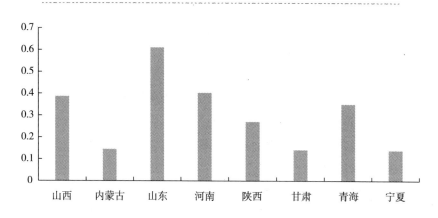

图 6-4　黄河流域各省（区）服务业高质量发展指数平均水平

整体来看，黄河流域各省（区）2016~2020 年发展趋势趋于一致，这是贯彻落实区域协调发展战略的重要成果。其中，山东省服务业高质量发展指数最高，河南省其次，这两个省份作为黄河流域下游地区的主力军，相较于其他省份，具备一定的地理位置优势，同时在人力、物力、财力方面具备丰富的资源优势，为服务业高质量发展提供了坚实保障。从地市来看，青岛市劳动生产率在 2016~2018 年高居首位，威海次之；烟台市劳动生产率在 2019~2020 年排在首位，青岛次之。山东省作为我国人口和经济大省，为我国 GDP 增长作出了突出贡献。这离不开青岛、烟台和威海等重要沿海城市经济高速发展的带动。作为环渤海地区重要的港口城市，烟台具备独特的海岸资源和便利的交通条件。根据《山东半岛城市群发展规划（2016—2030 年）》，山东半岛城市群全面对接国家区域发展战略，构建"两圈四区、网络发展"总体格局（刁姝杰等，2021），为推动黄河流域高质量发展提供动力支持系统。同时，加快推进中心城市建设，具体来看，郑州要深入推进供给侧结构性改革，提升科技创新能力，增强经济综合实力，建设具有创新活力、人文魅力、生态智慧、开放包容性的国家中心城市，在引领中原城市群一体化发展、支撑中部崛起和辐射带动黄河流域中下游地区发展中作出重要贡献。西安要深入推进"三中心二高地一枢纽"战略体系建设（苗长虹，2022），加快建设现代化经济体系，提高城市综合竞争力，打造国家向西开放的战略支点、引领西北地区和黄河流域中上游地区发展的重要增长极。发挥城市群和都市圈在引领区域经济转型升级、资源高效配置、技术创新扩散等方面的积极作用。

宁夏回族自治区、甘肃省、内蒙古自治区高质量发展指数较低。这主要是因为黄河中上游地区依旧存在部分贫困地区，受自然生态脆弱、水土流失严重等问题的限制，经济发展水平较为落后，未能为服务业发展提供良好的基础条件。

从全流域来看，2016~2020 年黄河流域服务业高质量发展指数整体呈上升趋势（见图 6-5）。黄河是中华文明最主要的发源地，近年来国家高度重视黄河流域发展，不断完善黄河流域高质量发展规划纲要。2019 年习近平总书记将"推动黄河流域生态保护和高质量发展"上升为重大国家战略；2020 年聚焦黄河重大国家战略，对战略部署作出重要指示；"十四五"时期采用新发展理念指导黄河流域高质量发展，推动全流域协调发展。因此，未来黄河流域服务业高质量发展指数将稳步增长。

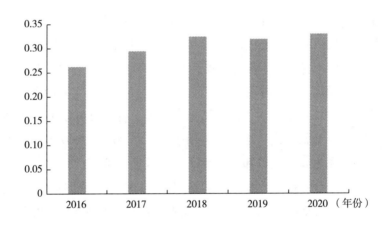

图 6-5　2016~2020 年黄河流域服务业高质量发展指数

从分布水平来看，下游地区的服务业高质量发展指数显著高于其他两个地区，并远高于全流域平均水平，中游地区发展趋势与平均水平基本吻合，三个地区的发展水平差距较大，不平衡、不协调状况明显，整体呈现下中上游梯度递减的空间分异特征（见图 6-6）。服务业能够提供强大发展动力，但上中游地区服务设施相对较薄弱，仍处于低发展水平。因此，深入推动黄河流域协调发展，扎实推进"下游统筹协调—中游稳步发展—上游开拓创新"受制于各地区不同的传统经济发展模式，导致地区间要素禀赋流动受限，下游地区长期的产业积累使空间发展格局的构建任务任重道远。

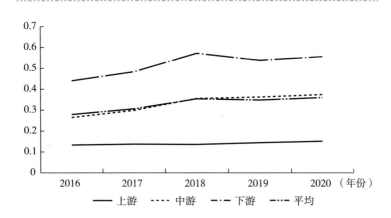

图6-6　黄河流域上中下游地区服务业高质量发展指数变化趋势

从分布形态来看，黄河流域三大地区服务业高质量发展水平呈波动变化状态。下游和中游城市在2016～2018年服务业高质量发展指数稳步上升，2019年有所回落，分布曲线呈现波动上升态势，上游城市则呈缓慢上升状态。党的十九大以来，党中央强调区域协同发展，大力支持黄河流域上中下游地区脱贫攻坚工作，协同推进"下游拉动上游，中游跟紧下游"精准帮扶战略，后期持续精准发力，兼顾全流域协同发展，筑牢减贫共富发展格局。

从发展水平来看，黄河全流域服务业高质量发展水平整体呈上升趋势，发展结构不合理、不均衡状况得到改善，但上中游地区服务业发展相对来说仍然滞后。这要求该地区未来应当统筹区域均衡发展工作，健全黄河流域区域发展机制，加速数字经济发展，促进区域经济平稳、健康、均衡发展。

三、黄河流域服务业高质量发展水平的空间分布

（一）空间自相关

为了探究黄河流域服务业高质量发展水平的空间关联特征，本部分对2016～2020年黄河流域服务业高质量发展水平进行空间自相关分析。

1. 全局莫兰指数

2016～2020年黄河流域整体及上中下游地区在空间权重矩阵下的全局莫兰指数及其显著性检验结果如表6-5所示。结果显示，上游地区未通过相关性检验，表明该地区各地级市的空间联系较弱，关联度较低。其余各地区及黄河流域整

体的莫兰指数均通过显著性检验，且莫兰数值均大于零，说明黄河流域中下游地区服务业高质量发展水平之间存在显著的空间正相关性，具有明显的聚类特征。

表6-5　2016~2020年黄河流域服务业高质量发展水平全局莫兰指数

流域位置	年份	莫兰指数	Z 值	P 值
上游	2016	−0.046	0.007	0.497
	2017	0.050	0.543	0.294
	2018	0.027	0.419	0.338
	2019	0.101	0.876	0.190
	2020	0.079	0.789	0.215
中游	2016	0.281	2.422	0.008
	2017	0.281	2.430	0.008
	2018	0.303	2.602	0.005
	2019	0.222	2.004	0.023
	2020	0.199	1.818	0.035
下游	2016	0.519	4.307	0.000
	2017	0.539	4.472	0.000
	2018	0.596	4.819	0.000
	2019	0.692	5.561	0.000
	2020	0.720	5.772	0.000
全流域	2016	0.765	9.647	0.000
	2017	0.769	9.675	0.000
	2018	0.785	9.837	0.000
	2019	0.777	9.727	0.000
	2020	0.762	9.542	0.000

整体来看，黄河流域全局莫兰指数在五年间呈现上升趋势，表明该区域内八省（区）服务业高质量发展水平的相互依赖性不断增强，且呈渐进式集聚态势。

2. 局部莫兰指数

为了确定具体的集聚区域，本部分绘制出局部莫兰指数散点图，研究局域空间的异质性，如图6-7所示。

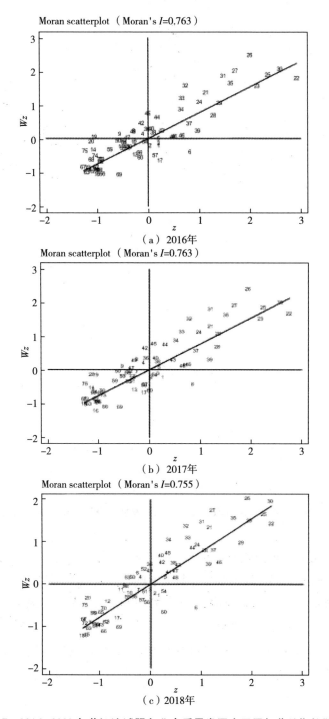

图 6-7　2016~2020 年黄河流域服务业高质量发展水平局部莫兰指数散点图

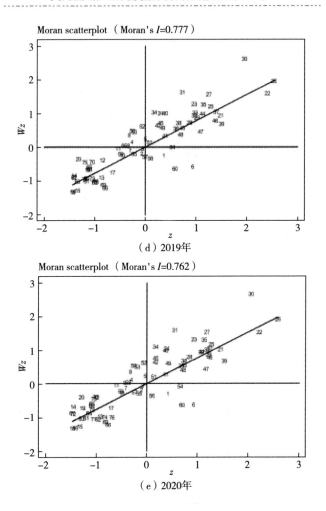

图 6-7　2016~2020 年黄河流域服务业高质量发展水平局部莫兰指数散点图（续）

由图 6-7 可知，黄河流域各地级市位于第一、第三象限的城市数量明显多于第二、第四象限，说明各城市服务业发展之间存在空间正相关关系。由于黄河流域上游地区检验结果不显著，因而本部分对黄河流域中游和下游地区各地级市服务业高质量发展水平展开详细分析。

图 6-8 为 2016~2020 年黄河流域中游地区服务业高质量发展水平的莫兰指数散点图，进一步揭示了服务业高质量发展水平的空间关联模式。

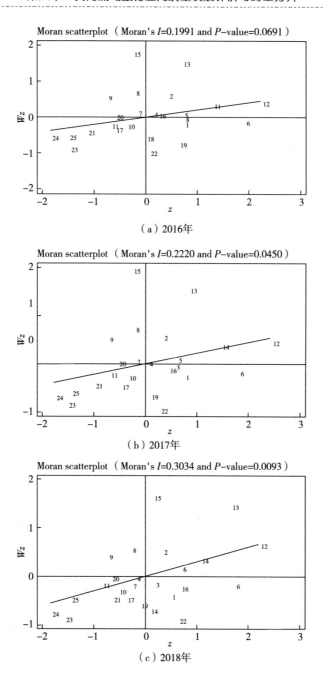

图 6-8　2016~2020 年黄河流域中游地区服务业高质量发展水平局部莫兰指数散点图

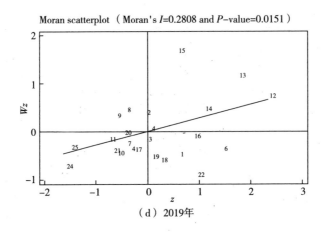

（d）2019年

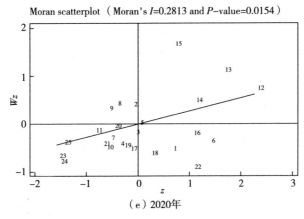

（e）2020年

图6-8　2016~2020年黄河流域中游地区服务业高质量发展水平局部莫兰指数散点图（续）

由图6-8可知，中游地区各地级市位于第一、第三象限的城市数量显著多于第二、第四象限，中游地区整体呈现正相关效应。具体来看，如表6-6所示，聚集状况为"高高"的地级市主要集中在河南省，具体为洛阳市、焦作市和南阳市，都属于经济发展水平较高的城市。甘肃省处于中游地区的地级市在2016~2020年基本呈现"低低"聚集状态，表明这五年间甘肃省服务业高质量发展水平远低于其他地区，未来要更加关注甘肃省服务业发展状况。此外，与前三年相比，2019年榆林市呈现"高低"聚集状态，该地区位于陕西省最北部，近年来呈现迅猛发展态势，服务业发展水平显著高于邻近地区。该市在2019年第三产业增加值跃居陕西省第二，它如何在保障自身发展水平提升的过程中带动周围地区发展是我们需要考虑的问题。

表6-6　2016～2020年黄河流域中游地区各地级市空间集聚情况

年份	2016	2017	2018	2019	2020
"高高"集聚状态	洛阳市	洛阳市　焦作市	洛阳市　焦作市	洛阳市　焦作市	洛阳市　焦作市　南阳市
"低高"集聚状态	—	—	—	—	—
"低低"集聚状态	延安市　天水市　平凉市　庆阳市	延安市　天水市　平凉市　庆阳市	天水市　平凉市　庆阳市	天水市　平凉市	天水市　平凉市
"高低"集聚状态	—	—	—	榆林市	榆林市

图6-9为2016～2020年黄河流域下游地区服务业高质量发展水平的莫兰指数散点图，进一步揭示了服务业高质量发展水平的空间关联模式。

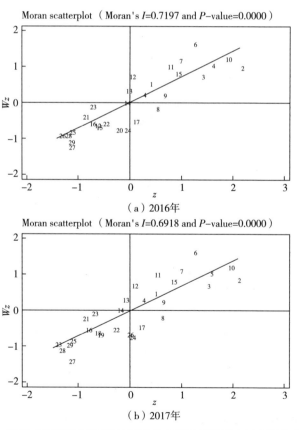

图6-9　2016～2020年黄河流域下游地区服务业高质量发展水平局部莫兰指数散点图

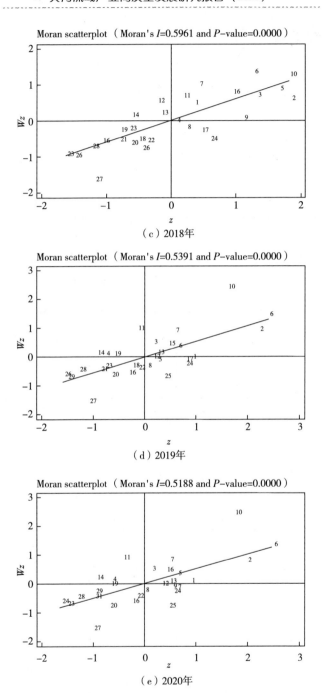

（c）2018年

（d）2019年

（e）2020年

图6-9　2016~2020年黄河流域下游地区服务业高质量发展水平局部莫兰指数散点图（续）

黄河流域下游地区主要包括山东省和河南省两大省份，通过测算黄河流域下游地区服务业高质量发展水平的局部莫兰指数可知，黄河流域下游地区各地级市处于"高高"聚集状态、"低低"聚集状态的城市数量明显多于"高低"聚集状态、"低高"聚集状态，说明下游地区各城市服务业高质量发展水平之间存在空间正相关关系。具体来看，由表6-7可知处于"高高"聚集状态的均是山东省的地级市；处于"低低"聚集状态的绝大部分是河南省的地级市。可见，山东省的服务业发展水平高于河南省。

表6-7　2016~2020年黄河流域下游地区各地级市空间集聚情况

年份	2016	2017	2018	2019	2020
"高高"聚集状态	青岛市　淄博市 东营市　烟台市 潍坊市　威海市	青岛市　淄博市 东营市　烟台市 潍坊市　威海市	青岛市　淄博市 东营市　烟台市 威海市　滨州市	青岛市　烟台市 威海市	青岛市　烟台市 威海市
"低高"聚集状态	—				
"低低"聚集状态	漯河市　商丘市 信阳市　周口市 驻马店市	漯河市　商丘市 信阳市　周口市 驻马店市	菏泽市	商丘市　信阳市 驻马店市	商丘市　信阳市 周口市　驻马店市
"高低"聚集状态	—	—	商丘市　信阳市 周口市　驻马店市		—

其中，山东省的青岛市、烟台市和威海市在2016~2020年均处于"高高"聚集状态，表明这几个地级市相对于其他城市来说服务业发展水平较高。淄博市、东营市在2016~2018年处于"高高"聚集状态，2018年以后该情况消失，可见近几年这些城市的服务业发展水平有待提升，需要探索服务业发展新模式，在保持原有水平的基础上带动周围城市共同发展。菏泽市2018年处于"低低"聚集状态，该市既需要周围城市的带动，也需要自身水平的提升。综合来看，山东省省会城市的辐射带动力不足，应以两圈（济南、青岛都市圈）为核心，大力发展中西部城市服务业发展水平，弥补"短板"，推动服务业高质量发展。

河南省部分地级市均位于"低低"聚集状态，商丘市、信阳市、周口市、驻马店市由前两年的"低低"聚集状态转为2018年的"高低"聚集状态，随后又转变为"低低"聚集状态，说明这几座城市也在对服务业新发展模式进行不断探索，在这过程中服务业发展水平得到了一定的提升。整体来看，与山东省相比，河南省服务业发展水平较低，中心城市数量较少，需提升中心城市服务业发展能级，探索服务业高质量发展新模式。

（二）空间分布格局

通过对黄河流域各地级市服务业高质量发展水平进行空间可视化分析，了解其空间分布状况，测算结果如表6-8所示。

表6-8　2020年黄河流域服务业高质量发展水平

范围	地级市
<25	呼伦贝尔市、张掖市、西宁市、乌海市、通辽市、赤峰市、乌兰察布市、金昌市、庆阳市、巴彦淖尔市、兰州市、天水市、白银市、银川市、定西市、吴忠市、呼和浩特市、嘉峪关市、平凉市、包头市、石嘴山市、酒泉市、武威市、鄂尔多斯市、固原市
25~50	吕梁市、延安市、临汾市、忻州市、晋中市、渭南市、运城市、长治市、商丘市、咸阳市、驻马店市、铜川市、大同市、阳泉市、周口市、晋城市、宝鸡市、信阳市、鹤壁市、濮阳市、聊城市、安阳市、平顶山市、枣庄市、太原市、南阳市、日照市
50~75	西安市、菏泽市、榆林市、三门峡市、新乡市、开封市、济宁市、朔州市、淄博市、临沂市、焦作市、滨州市、漯河市、德州市、潍坊市、泰安市、许昌市、东营市、济南市、洛阳市
>75	威海市、青岛市、烟台市

结合上文分析及表6-8的分析结果可知，2016~2020年黄河全流域服务业发展水平稳步上升，呈现明显的地域特征，发展整体重心向东部偏移。尤其是山东省服务业高质量发展水平最高，在黄河流域下游对服务业发展起到决定性作用，此外，上游城市始终处于低速发展水平。具体来看：黄河流域服务业劳动生产率在空间分布上呈现两方面的特征：①集聚分布，劳动生产率排在前位的城市大多位于山东省和河南省；②东强西弱，按照上中下游三大流域划分，可以概括为"上游分散—中游波动—下游聚集"空间格局，这与上中下游城市发展状况相符。

黄河流域各地级市在2016~2020年服务业高质量发展水平的空间分布情况如表6-9所示。

表 6-9 2016~2020 年黄河流域各地级市服务业高质量发展水平

范围	地级市
<25	张掖市、呼伦贝尔市、西宁市、乌海市、赤峰市、金昌市、通辽市、乌兰察布市、吴忠市、巴彦淖尔市、兰州市、平凉市、白银市、石嘴山市、天水市、定西市、庆阳市、银川市、嘉峪关市、固原市、武威市、酒泉市、呼和浩特市、包头市、延安市、吕梁市、忻州市
25~50	渭南市、临汾市、商丘市、鄂尔多斯市、驻马店市、铜川市、晋中市、运城市、周口市、长治市、信阳市、咸阳市、宝鸡市、大同市、阳泉市、南阳市、鹤壁市、晋城市、濮阳市、菏泽市、平顶山市、太原市、榆林市、西安市、聊城市、漯河市、开封市、安阳市、新乡市、三门峡市、枣庄市、焦作市
50~75	德州市、临沂市、朔州市、日照市、济宁市、许昌市、洛阳市、济南市、泰安市、潍坊市、滨州市、淄博市、东营市
>75	烟台市、威海市、青岛市

由表 6-9 可知，黄河流域服务业高质量发展水平在空间分布上呈现两个特征：①集聚分布，高质量发展指数排在前位的城市大多位于山东省和河南省；②东强西弱，按照上中下游三大流域划分，可以概括为"上游分散、中游波动、下游聚集"的空间格局，这与上中下游城市发展状况相符。

四、黄河流域服务业高质量发展水平区域差异分析

为进一步具体描述黄河流域 76 个地级市服务业高质量发展水平的区域非均衡程度，本部分利用 Dagum 基尼系数分解方法对其进行测度（陈明华等，2023），并对上中下游地区进行分析，结果如表 6-10 所示。2016~2020 年黄河流域服务业高质量发展水平总体基尼系数呈现出"上升—下降"的趋势，由 2016 年的 0.330 下降至 2020 年的 0.306，在 2018 年达到 0.334。2018 年作为转折点，黄河流域服务业高质量发展水平整体差异不断缩小。从国家政策层面和全局把控上看，将黄河流域生态保护和高质量发展上升为重大国家战略以来，黄河流域服务业高质量发展水平的空间非均衡性得到了有效控制。

表 6-10 黄河流域服务业高质量发展水平 Dagum 基尼系数及其分解结果

年份	基尼系数				贡献率（%）		
	总体	组内	组间	超变密度	组内	组间	超变密度
2016	0.330	0.076	0.233	0.020	23.103	70.817	6.080
2017	0.332	0.075	0.239	0.019	22.465	71.920	5.615

续表

年份	基尼系数				贡献率（%）		
	总体	组内	组间	超变密度	组内	组间	超变密度
2018	0.334	0.066	0.257	0.012	19.589	76.866	3.545
2019	0.306	0.057	0.236	0.013	18.776	77.020	4.204
2020	0.306	0.058	0.234	0.014	19.076	76.448	4.477

　　根据图6-10，从黄河流域服务业高质量发展水平区域内差异的变化趋势来看，上游地区和下游地区基尼系数的走势大致相同，整体呈下降趋势；中游地区基尼系数的走势比较平稳，随时间推移与上游和中游地区有所交叉。经济发展程度不同的地区，其服务业高质量发展水平往往存在不同程度的内极化效应，空间差异较大。

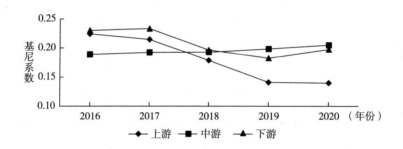

图6-10　黄河流域服务业高质量发展水平区域内差异及演变趋势

　　区域间基尼系数可反映黄河流域不同区域间服务业高质量发展水平的差异。图6-11表明，黄河流域上下游地区间服务业高质量发展水平差异最大，呈现"先上升，再下降"的演变趋势，上中游地区间差异最小，呈现"先下降，再上升"的演变趋势。2016~2020年黄河流域服务业高质量发展水平区域间差异的演变趋势基本平稳。

　　图6-12描述了2016~2020年黄河流域服务业高质量发展水平区域差异的来源及贡献率。从图6-12中可看出，区域内差异贡献率、区域间差异贡献率及超变密度差异贡献率总体趋势比较平稳，变化幅度较小。黄河流域服务业高质量发展水平差异主要来自区域间发展水平的差异，平均占比达70%左右。这说明黄河流域不同区域间的服务业高质量发展水平仍有很多未竟之业（吴凤娇、王伟，2022）。

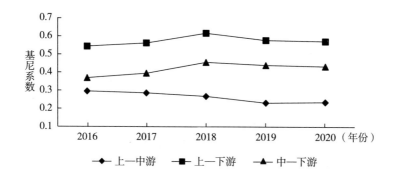

图 6-11 黄河流域服务业高质量发展水平区域间差异及演变趋势

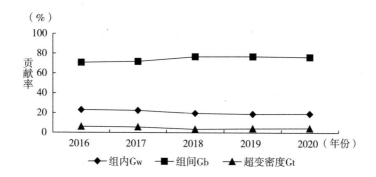

图 6-12 黄河流域服务业高质量发展水平区域差异来源及贡献率

五、黄河流域服务业高质量发展水平的动态演变过程

为了更加形象直观地展示黄河流域服务业高质量发展水平、分布格局及演变趋势，本部分绘制了黄河流域服务业高质量发展水平的三维核密度估计图，如图 6-13 所示。密度曲线的分布位置表示黄河流域服务业高质量发展水平，右移和左移分别说明黄河流域服务业高质量发展水平提升和降低。密度曲线波峰的高度和宽度，表示黄河流域服务业高质量发展水平的差异大小，波峰高、宽度窄表明黄河流域服务业高质量发展水平的差异小，波峰低、宽度大表明黄河流域服务业高质量发展水平的差异大。密度曲线波峰的数量，反映了黄河流域服务业高质量发展水平的极化程度的高低，波峰越多表明黄河流域服务业高质量发展水平的极化程度越高，两极分化越严重，反之越低。密度曲线的拖尾程度表示黄河流域服务业高质量发展水平的差异大小，拖尾越长，差异越大，反之越小

（吴碧瑶等，2023）。

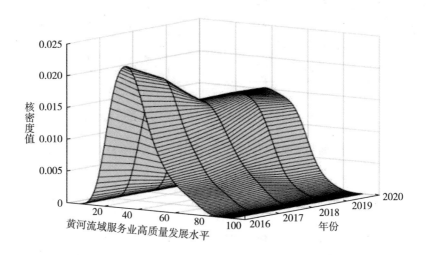

图6-13　黄河流域服务业高质量发展水平核密度估计图

　　从分布位置来看，流域整体的服务业高质量发展水平呈右移态势，说明这五年黄河流域服务业高质量发展水平提升明显，这与前文差异变化趋势的分析基本一致；从分布态势上看，密度曲线高度先下降再升高，宽度亦如此，说明黄河流域服务业高质量发展水平总体差距在不断变大，但变化较为曲折；从极化特征来看，区域整体的服务业高质量发展水平分布仅由一个主峰构成，密度曲线整体呈现"单峰"特征，说明黄河流域服务业高质量发展水平不存在多极分化趋势（杨孟阳、唐晓彬，2023），发展差距在日益缩小。综合来说，黄河流域服务业高质量发展呈现总体水平不断提高与总体差距缩小并存的动态演变趋势。

　　如图6-14所示，从黄河流域上游地区来看，密度曲线整体右移明显，说明这五年黄河流域上游地区服务业高质量发展水平着力提升。2016年曲线高度最高，随后不断下降，2018年曲线降至峰底，随后开始上升，说明黄河流域上游地区服务业高质量发展水平差异呈现逐年波动增大的发展态势。2016年存在多个波峰，其余年份波峰数量开始减少，说明黄河流域上游地区服务业高质量发展水平的极化现象得到缓解，上游地区服务业发展水平开始趋于一致。总体来看，黄河流域上游地区服务业高质量发展水平差异扩大趋势得到缓解，且极化发展态势得到有效控制。

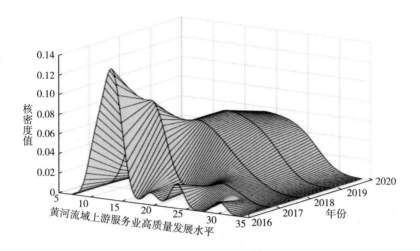

图6-14 黄河流域上游地区服务业高质量发展水平核密度估计图

如图6-15所示，从黄河流域中游地区来看，无论是分布位置、波峰高度还是波峰数量，密度曲线整体分布较为均匀，说明黄河流域中游地区服务业高质量发展水平较为均衡，差异变化不大，不存在极化现象。这意味着黄河流域中游地区服务业高质量发展面临瓶颈，经济增长放缓、创新驱动力不足、人才资源缺乏等问题束缚了高质量发展的持续推进，亟须优化产业结构、提升可持续发展能力。未来应重点考虑黄河流域中游地区服务业高质量发展着力点，发挥特色产业优势，拉动黄河流域中游地区服务业高质量发展。

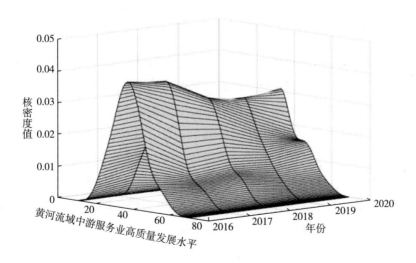

图6-15 黄河流域中游地区服务业高质量发展水平核密度估计图

黄河流域下游地区服务业高质量发展水平如图6-16所示，从具体演变趋势来看，黄河流域下游地区的演变过程同样较为简单，这与其较为强大的服务业发展基础密切相关。随着时间的推移，曲线的高度在不断增加，宽度在不断变窄，即其服务业高质量发展水平的绝对差异在逐步缩小，不断朝着更加平衡的方向发展。

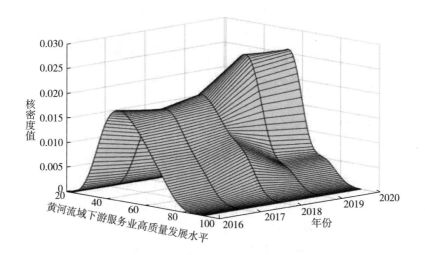

图6-16　黄河流域下游地区服务业高质量发展水平核密度估计图

六、黄河流域服务业高质量发展水平的转移路径

前文对黄河流域服务业高质量发展水平的空间格局、全局空间自相关性、区域差异分析及动态演变过程进行了详细的测度和分析。但是传统数理统计的可视化表达方法和探索性空间数据分析无法精确反映各地级市服务业高质量发展水平相对位置的动态变化及发生状态转移的概率。为了深入分析黄河流域服务业高质量发展水平的时空演变特征，本部分采用马尔可夫链分析法，通过构建马尔可夫链转移矩阵，测度黄河流域服务业高质量发展水平的转移概率，反映黄河流域服务业高质量发展水平动态演变趋势。空间马尔可夫链分析法将"空间滞后"这一概念引入马尔可夫链模型（Rey and Montouri，1999），考察本地区状态的"转移"是否与其邻近地区的状态有关，即通过对条件概率和非条件概率的比较来考察邻近地区对本地区的空间作用。

本部分将中国 76 个地级市的服务业高质量发展水平按分位数分组的方法划分为四种不同类型,分别为低(0~25%)、较低(25%~50%)、较高(50%~75%)、高(75%~100%)四种状态,并分别用 k=1,2,3,4 表示,构建传统的马尔可夫链转移概率矩阵和基于空间的马尔可夫链转移概率矩阵。其中,从低值向高值转移定义为向上转移,由高值向低值转移定义为向下转移。

1. 传统马尔可夫链分析

表 6-11 为 2016~2020 年黄河流域服务业高质量发展马尔可夫链转移概率矩阵,根据计算结果可得:①2016~2021 年处于低发展水平、中低发展水平、中高发展水平、高发展水平的地市累计频次分别为 94、100、90、96。②对角线的概率值均大于非对角线的概率值,说明黄河流域服务业高质量发展类型转移具有稳定性,维持原有状态的概率较大。③黄河流域服务业高质量发展水平存在"俱乐部收敛"现象(王少剑等,2020),服务业高质量发展水平低和高的类型在下一阶段维持原有状态的概率最大,分别为 91.14% 和 98.57%。④在相邻年份的城市服务业高质量发展类型转移实现"跨越式"发展的概率较小,各状态类型实现跨等级转移的概率均小于 2%。这说明黄河流域服务业高质量发展是一个循序渐进的过程(曹政,2022)。

表 6-11 2016~2020 年黄河流域服务业高质量发展马尔可夫链转移概率矩阵

类型	n	1	2	3	4
1	79	0.911	0.087	0.000	0.000
2	79	0.013	0.722	0.253	0.013
3	76	0.000	0.066	0.750	0.184
4	70	0.000	0.000	0.014	0.986

注:n 表示 2016~2020 年黄河流域的 76 个地级市中分别在四类发展水平下进行转化的区域样本量;1~4 表示服务业高质量发展水平处于低、较低、较高和高四种状态。

2. 空间马尔可夫链分析

在传统的马尔可夫链转移概率矩阵中加入空间滞后条件,构建空间马尔可夫链转移概率矩阵(王少剑等,2020),通过对比分析不同邻域背景下黄河流域服务业高质量发展类型的转移概率,探讨邻域背景对黄河流域服务业高质量发展类型转移的影响。表 6-12 为 2016~2020 年黄河流域服务业高质量发展类型的空间马尔可夫链转移概率矩阵。

表6-12　2016~2020年黄河流域服务业高质量发展类型的空间马尔可夫链转移概率矩阵

邻域类型	t \ t+1	n	1	2	3	4
1	1	30	0.967	0.033	0.000	0.000
	2	16	0.000	0.875	0.125	0.013
	3	3	0.000	0.667	0.000	0.184
	4	0	0.000	0.000	0.000	0.986
2	1	31	0.903	0.097	0.000	0.000
	2	33	0.000	0.758	0.242	0.000
	3	20	0.000	0.050	0.750	0.200
	4	8	0.000	0.000	0.000	1.000
3	1	17	0.882	0.118	0.000	0.000
	2	28	0.000	0.643	0.321	0.036
	3	37	0.000	0.054	0.784	0.162
	4	30	0.000	0.000	0.000	1.000
4	1	1	0.000	1.000	0.000	0.000
	2	2	0.500	0.000	0.500	0.000
	3	16	0.000	0.000	0.813	0.186
	4	32	0.000	0.000	0.031	0.969

（1）整体看，邻域状态在黄河流域地级市服务业高质量发展类型转移过程中发挥着重要作用。对比传统的马尔可夫链转移概率矩阵，在不同的地理背景下，黄河流域地级市服务业高质量发展类型的转移概率发生了较为明显的变化。

（2）分类型看，黄河流域地级市服务业高质量发展类型具有协同性。当邻域类型为1时，在t时段服务业高质量发展水平低的城市数量明显多于其他类型的城市数量；当邻域类型为4时，在t时段服务业高质量发展水平高的城市数量明显多于其他类型的城市数量。

（3）空间马尔可夫链转移概率矩阵在空间维度为"俱乐部收敛"现象提供了解释依据。受邻域类型溢出效应的影响，黄河流域服务业高质量发展类型转移容易在一定的地理空间内形成"俱乐部收敛"现象。在服务业高质量发展水平低的区域，其发展类型向上转移的概率上升，向下转移的概率下降，因此该地理范围内服务业高质量发展水平低的城市数量有增加的趋势，反之亦然。

第四节　本章结论与启示

一、主要结论

本章基于黄河流域 76 个地级市 2016~2020 年第三产业增加值和第三产业从业人员数量数据，对服务业劳动生产率进行测算，用以衡量黄河流域服务业高质量发展水平，并分地区考察黄河流域服务业高质量发展水平的时空分布，得到以下研究结论：

（1）服务业高质量发展水平较高的地级市大多位于山东省和河南省。整体来看，黄河流域内的大多数省（区）位于中西部欠发达地区，产业层次比较低，产业结构以第二产业为主，黄河流域服务业发展水平总体偏低，但整体呈现上升态势。分地区来看，黄河流域高质量下游地区服务业高质量发展水平和发展速度明显高于上中游地区，高质量发展指数中游地区的发展仍然相对滞后。分省份来看，山东省服务业高质量发展指数最高，河南省其次，这两个省份作为黄河流域下游地区的主力军，相对于其他省份，具备一定的地理位置优势，同时在人力、物力、财力方面具备丰富的资源优势，为服务业高质量发展提供了坚实保障。

（2）空间集聚现象明显，"东强西弱"特征显著。整体来看，黄河流域服务业发展水平呈上升趋势，具有明显的地域特征，发展重心整体向东部偏移。按照上中下游三大流域划分，黄河流域服务业高质量发展水平可概括为"上游分散—中游波动—下游聚集"的空间格局，这与上中下游城市发展状况相符。根据空间自相关检验结果，黄河流域地级市服务业高质量发展水平存在空间正相关关系。整体来看，黄河流域全局莫兰指数在五年间呈现上升趋势，表明该区域内八省（区）服务业高质量发展水平的相互依赖性不断增强，且呈渐进式集聚态势。

（3）整体发展较为均衡，区域发展差异明显。Dagum 基尼系数及其分解结果表明，黄河流域服务业高质量发展水平总体基尼系数呈现出"上升—下降"的演变趋势。黄河全流域服务业高质量发展水平整体呈上升趋势，发展结构不合理、不均衡状况得到改善。经济发展程度不同的地区，其服务业高质量发展水平往往存在不同程度的区域内极化效应，空间差异较大。核密度估计结果显示，流域整体的服务业高质量发展水平呈右移态势，说明黄河流域服务业高质量发展呈现总体水平不断提高与总体差距缩小并存的动态演变趋势。

二、政策建议

千百年来，奔腾的万里黄河哺育着中华民族，孕育了中华文明。如何更好地保护我们的母亲河，如何实现黄河流域服务业的高质量发展，一直以来牵动着全国人民的心。基于上述研究结论，本部分给出以下几点政策建议：

1. 立足优势，提升水平

黄河流域拥有相对显著的能源资源、人口与经济等规模优势，以及产业基础、中心城市和经济地理区位等优势。该地区应坚持面上保护、点上开发理念，各省（区）立足优势，打造黄河流域多层级增长极，全力提升黄河流域服务业高质量发展水平。

分流域看，上游地区要充分利用好农业及生态景观等资源，立足生态禀赋，发展生态旅游等特色服务业。同时，以呼包鄂为核心沿黄河交通干线经济带加强交通网络建设，提高与中下游地区的联系度，与优势互补的产业共同发展，提高经济发展水平。下游地区应充分利用黄河流域下游省份城镇密集、中心城市人口与经济集中度高的优势，带动更多的就业机会、更大的经济扩散效应及更高的规模收益，加大人才引进力度，提升科技水平，稳步发展现代服务业。综上，黄河流域应充分利用生态环境、资源要素、产业基础、设施网络等方面的优势，突出服务业发展的个性化，注重综合竞争力的培育。

2. 产业联动，融合发展

大力培育产业联动、融合发展的经济增长极（马程、周武忠，2021）。黄河流域资源型城市众多，这决定了第二产业在这些城市中的重要地位，未来要实现经济高质量发展就亟须进行产业转型升级，发挥服务业尤其是生产性服务业在其中的重要作用。结合黄河流域服务业发展特征和战略目标，积极发展与先进制造业、现代农业相关的现代服务业，通过与先进制造业、现代农业融合发展，以及服务业内部的联动发展，加快提升黄河流域整体产业层次、发展质量和综合竞争力。因此，第二、第三产业的融合发展对黄河流域产业转型升级、新旧动能的转化、经济高质量发展有重要意义。遵循"共同抓好大保护、协同推进大治理"的理念（张永姣、王耀辉，2023），加强上中下游之间的分工协作，构建综合竞争力强大的现代服务业。

3. 区域协调，优化布局

以中心城区、核心区块为依托，加快完善城镇服务功能，明确功能分区与空间布局，打造不同层次的服务业集聚区，形成配置合理、功能清晰的空间组织形态，构建具有核心竞争力、强大辐射力的服务业集群。以流通和开放为导向强化黄河流域内外经济联系，打造黄河流域多层级增长极（文玉钊等，2021），构建以中心城市为极核面向周边的放射状开发开放新模式；以区域功能差异化为引领构建黄河流域现代产业体系，探索黄河流域内部多元化区域合作方式。同时，也要促进黄河流域产业协同发展布局。黄河流域各区域发展优势各不相同，这为上中下游产业服务业协同发展创造了空间。各区域发挥比较优势，可以更好地实现特色产业与服务业融合，进而借助服务产业发展，加快各区域经济高质量发展。依托城市群和主要交通干线打造黄河活力经济轴带。根据流域内不同区域的资源环境承载能力、现有开发密度和发展潜力，明确在生态保护、现代农业的主体功能定位和发展方向。依托城市群和交通干线，积极培育黄河流域的经济增长核心区。加快人口、产业聚集，辐射带动沿线地区发展。

4. 龙头带动，联动发展

以中心城市为带领，带动周边地区发展，形成"中心城市—都市圈—城市群"多层级增长极。在基础设施方面，依托高铁、高速公路，大力推进中心城市与都市圈（都市区）、城市群之间的快速交通网络建设，打造"一小时"生活圈和工作圈。在中心城市建设方面，打造重要功能板块，优化城市内部空间结构，进一步促进兰州—西宁城市群、关中城市群、中原城市群发展，加快推进西安、洛阳、郑州、济南等大都市圈及黄河"几"字弯都市圈建设，加强中心城市与周边城市的优势互补和协同发展，推进人口、产业、交通、公共服务、市场的一体化对接。

发挥服务业高水平城市的带动作用，培育现代服务业增长极，加强省会城市与周边地级市，以及地级市与周边地区的联系，形成区域互补的空间格局，进一步加强上中下游之间的联系，实现区域联动发展。

5. 创新体制，开放发展

加快推进服务领域市场化改革，制定和完善扶持服务业发展的各项政策，努力营造全面开放、集聚人才、鼓励创业的发展环境，加强与周边大中城市和周边县市的联动，吸引多元投资主体进入服务业市场。提升科技服务能力和创新水平。坚持创新驱动发展战略，助力黄河流域数字经济发展。黄河流域生态的脆弱性与环境的高负载决定了其必须遵循新发展理念，将创新作为核心驱动力，培育新动能产业、新业态，提高全要素生产率。以新一代数字信息技术为核心的生产方式实现传统产业效率变革，是黄河流域在新发展阶段实现高质量发展的必经之路。一是要完善人才引进制度加大复合型人才的引进力度，完善现代化人才培育体系。二是要加大对数字经济的支持力度。一方面推动数字产业化，发挥数字产业集聚辐射，增强新兴产业对研发型人才和应用型人才的吸纳能力，为数字经济持续快速发展奠定人力资本基础。另一方面推动产业数字化，促进数字经济赋能实体产业，以创新驱动助力传统产业迈入数字经济新时代。三是要强化创新成果转化，优化创新成果审核流程，强调创新成果的创新性、稳定性、安全性与普适性，避免社会资源浪费。

依托国家中心城市培育黄河创新走廊（李蕾、张其仔，2021）。强化企业创新主体地位，引导各类创新要素向企业集聚，使企业成为创新决策、研发投入、科研攻关、成果转化的主体。鼓励企业牵头建设产业技术创新联盟，实施企业创新创业协同行动。黄河流域经济高质量发展必须高度关注流域的特殊性，高度重视流域发展的整体性，高度审视流域经济比较优势的尺度特征，高度注重流域经济的发展基础，高度聚焦流域创新驱动。

近年来，黄河流域各省份积极探索服务业高质量发展路径，在实施黄河重大国家战略过程中谱写了新篇章。各省份、各区域的特色举措与发展成果，为奏响新时代黄河流域服务业高质量发展的"黄河大合唱"奠定了坚实基础。

三、创新与特色

（1）研究视角的创新。本章选取黄河流域作为研究对象，在认真学习领悟习近平新时代中国特色社会主义思想的基础上对经济高质量发展的内涵进行了界定和外延。当前，关于高质量发展的理论基础、评价指标等的研究较多，但大多是关于经济方面的高质量发展水平的评价，对行业高质量发展尤其是服务业高质量发展的研究缺乏系统性的探讨。本章以黄河沿线的八个省（区）76个地级市为研究对象，通过总结服务业高质量发展的内涵和基本特征，分析黄河流域服务业高质量发展所存在的问题，不仅可以在一定程度上对服务业高质量发展的内涵进行诠释，也弥补了黄河流域服务业定量研究方面的不足，对丰富和完善黄河流域服务业高质量发展的科学研究具有重要理论和现实意义。本章的研究方向和研究内容具有一定的开拓性（杨华，2021）。

（2）评价指标的创新。自党的十九大提出"高质量发展"这一概念后，我国在推动高质量发展方面做出了一系列宏观调控和政策制定等行动，以期更快更好更有效地满足人民日益增长的美好生活需要。本章基于能反映服务业高质量发展的全面性和科学性的指标，以创新为第一动力、协调为内生特点、绿色为普遍形态、开放为必由之路、共享为根本目的五个内涵为指导思想，对流域内服务业高质量发展情况进行综合评价（刘洁，2021）。

（3）研究方法的创新。本章不仅测算了2016～2020年黄河流域8省（区）76个地级市的服务业高质量发展水平，还对其进行了横向和纵向的对比分析，从时间和空间上分别探讨了黄河流域、各省（区）和各地级市服务业高质量发展水平的变化规律，全面地对黄河流域服务业高质量发展水平的时空演变趋势进行评价，并由此提出针对性的建议。针对黄河流域服务业高质量发展水平这一核心选题，创新性地提出了一套可适用于地级市（州、盟）尺度、反映高质量发展内涵、符合国家战略需求和体现黄河流域服务业特点的服务业高质量发展水平评价指标体系；构建了融合时间维度和空间维度的服务业高质量发展水平的研究框架和脉络，延伸和拓展了高质量发展水平评价和服务业高质量发展研究的理论框架（迟宏杰，2021）。

四、不足与展望

本章在充分梳理黄河流域服务业高质量发展内涵的基础上，基于黄河流域2016～2020年76个地级市的第三产业增加值和第三产业从业人员数量的数据，对服务业高质量发展水平进行测算并分析其特征，进一步对黄河流域各地级市的服务业高质量发展水平进行空间可视化分析，了解其空间分布状况；通过空间自相关检验探究黄河流域服务业高质量发展水平的空间关联特征；利用Dagum基尼系数分解方法分析黄河流域服务业高质量发展水平的区域差异及来源，并绘制三维核密度图，研究黄河流域服务业高质量发展水平的动态演变过程；最后采用马尔可夫链分析方法探究黄河流域服务业高质量发展水平的转移路径。上述内容丰富了黄河流域服务业高质量发展水平的实证研究，但仍存在一定的局限性和拓展空间。

1. 不足之处

第一，研究指标的构建较简单。本章的研究对象为黄河流域，由于研究相关内容的文献较少，可借鉴的部分不足，加之考虑到黄河流域服务业数据的可得性问题，因此在构建指标体系时，仅选取了第三产业增加值和第三产业从业人员人数两个指标对服务业劳动生产率进行测算，以衡量服务业高质量发展水平，选取的指标较少、较简单，无法充分反映黄河流域服务业高质量发展的真实水平，会对本章的研究及相关结论产生一定的影响。后续研究有待进一步拓展指标体系，更加充分地衡量黄河流域服务业高质量发展水平，使研究内容更具说服力和可信性。

第二，时间跨度较短，样本量较少。由于"高质量发展"这一概念提出时间较晚，发展时间较短，加之黄河流域 76 个地级市的服务业数据存在部分缺失，综合考虑下，本章选取 2016~2020 年黄河流域 76 个地级市的第三产业增加值和第三产业从业人员人数两个指标对服务业劳动生产率进行测算。时间跨度为 5 年，相对较短，导致总样本量相对较少，不能全面地揭示黄河流域服务业高质量发展水平多年来的演变趋势和特征，同时会对本章的实证结果产生一定的干扰，后续研究有待进一步拓展样本数据的时间跨度，以期进一步提高实证研究的精准性和研究内容的充分性。

2. 研究展望

第一，优化指标体系。基于党的二十大精神和新发展理念，考虑到黄河流域服务业的快速发展，以及不同时期的发展目标各有侧重，未来在对黄河流域服务业高质量发展水平评价指标进行选择时，应充分阅读并借鉴相关国家政策文件中对服务业高质量发展界定的内容，在广泛查阅相关期刊文献的基础上，力争做到与时俱进，实行动态调整，将评价指标体系不断进行细分和丰富。依托创新、协调、绿色、开放、共享的新发展理念和高质量发展要求，分维度构建黄河流域服务业高质量发展水平评价指标体系，以期更加贴切黄河流域服务业的高质量发展水平。

第二，拓宽时间跨度。未来需结合评价指标体系中各维度指标的选取原则，在考虑黄河流域服务业相关数据可得性的基础上，尽可能地从各大数据库（如国家统计局、各省统计年鉴、中国第三产业统计年鉴、万德数据库等）搜寻指标数据。对于部分缺失值，可通过均值法、线性插值法等方法来获取，延长指标数据的时间跨度，增加样本量，以期更加全面地反映黄河流域服务业高质量发展水平的演变趋势。

第三，细化研究对象。本章主要分析了我国黄河流域服务业高质量发展水平的整体状况，未来可根据相关政策文件对服务业的分类，结合高质量发展要求，进一步探讨我国不同类型服务业高质量发展情况，从更细致的层面深入分析黄河流域服务业高质量发展水平演变趋势和特征，从而提出更为具体、更加有效和更具针对性的建议。

第七章 黄河流域资源环境承载力评价与时空分异

第一节 黄河流域资源环境承载力内涵界定和指标体系构建

一、资源环境承载力相关内涵界定

黄河流域是中华文明的发祥地,在中国生态安全和经济社会发展中具有重要的全局性和战略性地位。同时,黄河流域资源丰富,拥有煤炭、石油、天然气、有色金属和水力资源,是中国重要的能源、化工、原材料和基础工业基地。随着西部大开发、中部崛起等战略的实施,近年来黄河流域经济保持快速增长,能源、原材料工业发展更为迅速。资源开发利用是一把"双刃剑",其在促进经济增长的同时,也会导致区域出现不同程度的资源耗竭、环境污染、生态破坏与发展衰退等问题。2019年9月,习近平总书记在黄河流域生态保护和高质量发展座谈会上指出,加强对黄河流域生态保护和高质量发展的领导,要抓紧开展顶层设计。2020年1月,习近平总书记在中央财经委员会第六次会议上强调,黄河流域必须下大气力进行大保护、大治理,走生态保护和高质量发展的路子,这为黄河流域的生态保护和环境治理提供了基本遵循。

1. 环境承载力的界定

自工业革命以来,人类社会的生产力得到了前所未有的巨大提升,但日益严峻的生态破坏和环境恶化问题对人类的生存和发展构成了严重威胁。如何评估环境系统的承载能力成为学术界普遍关注的课题。环境承载力是一个综合性概念，明确环境承载力的定义是进行环境承载力研究的前提。尽管人类社会与环境系统的关系受到了广泛关注，但环境承载力的概念至今没有定论。曾维华等（1991）认为，环境承载力是指在一定时期与一定范围内，以及一定自然环境条件下，在维持环境系统结构不发生质的改变，环境功能不遭受破坏的前提下，环境系统所能承受人类活动的阈值。彭再德等（1996）认为，区域环境承载力是指在一定时期和一定区域范围内，在维持区域环境系统结构不发生质的改变，区域环境功能不朝恶性方向转变的条件下，区域环境系统所能承受的人类各种社会经济活动的能力。夏军（2002）认为，环境承载力是指在一定生活水平和环境质量要求下，在不超出生态系统弹性限度条件下，环境子系统所能承纳的污染物数量，以及可支撑的经济规模与相应的人口数量。

环境承载力是评判人类社会经济活动和环境系统协调程度的重要依据，对区域经济高质量发展的战略规划和路径选择具有重大的参考价值。环境承载力具有以下特性：一是客观性。一定时期内某一区域的环境承载力是客观存在的，是可以量化和评价的。二是主观性。不同区域的自然禀赋、发展状况、主要矛盾等存在差异，对环境承载力的评价标准和量化方法也不尽相同，因此针对环境承载力的评价分析具有主观性。三是动态性。环境承载力并非固定不变的，而是随着时间、空间、生产力水平的变化而变化的。人类可以通过转变发展方式、提高环境治理能力等手段来提高区域环境承载能力，增强人类社会经济活动和环境系统的协调度，进而推动区域经济的高质量发展。

鉴于前人的研究成果，结合环境承载力的特征，本章将环境承载力定义为：在不超出环境系统弹性限度的前提下，一定时期内某一区域提供的资源储备和生态环境所能容纳的最大人口规模和经济发展总量，体现了该区域环境系统对人类各种社会建设及经济活动的承受能力。因此，评价区域环境承载力不能就环境论环境，必须立足客观现状，坚持问题导向，着眼于长远发展，从"资源—环境—社会经济"复合系统的角度来进行研究分析。

2. 资源环境承载力的界定

从资源环境承载力角度研究"区域社会经济—资源—环境"问题是学术热点和交叉前沿领域，资源环境承载力不仅是一个探讨"最大负荷"的具有人类极限意义的科学命题，而且是一个极具实践价值的人口与资源环境协调发展的政策议题，甚至是一个涉及人与自然关系、关乎人类命运共同体的哲学问题。

20 世纪初期，资源环境承载力的概念已具雏形，最早可见于 1902 年 Pfaundler 的《物理观点之世界经济》和美国 1906 年农业部年鉴（封志明等，2017）。20 世纪末以来，出于对资源耗竭和环境恶化的科学关注，资源环境承载力在区域规划、生态系统服务评估、全球环境现状与发展趋势及可持续发展研究领域受到越来越多的重视。目前，关于资源环境承载力的概念比较统一，绝大部分学者认为资源环境承载力可以衡量资源环境系统对特定人类活动的承受力，是对资源承载力、环境容量（环境承载力）、生态承载力等概念与内涵的集成表达，它是一个国家和地区可持续发展的基础，是一个国家在一定时期内实施可持续发展战略，规划经济发展规模、人口总量及布局、资源供需和环境保护的科学依据。基于此，本章将资源环境承载力定义为：一定时期及经济技术水平下，在保证水资源、能源合理开发利用和保护良好生态环境的前提下，一定区域的资源环境所能承受人类各种社会经济活动的能力。

3. 黄河流域资源环境承载力的界定

黄河流经青海、甘肃、宁夏、内蒙古、陕西、山西、河南、山东、四川九省（区），干流全长 5464 千米。从地理学的角度看黄河流域的范围是明确的，但从经济学视角研究区域环境承载力时，黄河流域的研究范围应适度扩大。本章以黄河流域为基础，综合考虑行政区划的完整性、统计数据的可得性、环境治理的协同性和流域经济社会发展的整体性等因素，研究范围包括青海、甘肃、宁夏、内蒙古、陕西、山西、河南、山东八省（区）。

黄河流域横跨西部、中部、东部三大区域，地理范围广，生态安全任务重，沿黄各省（区）生态环境禀赋不一，且发展不具备典型的流域经济特征。因此，黄河流域的资源环境承载力既不同于一省一区的资源环境承载力，又不等于沿黄各省（区）资源环境承载力的简单加总，与具备典型流域经济特征的长江流域资源环境承载力存在显著差异。评判黄河流域资源环境承载力必须在一般资源环境承载力基本内涵的基础上，兼顾黄河流域对构筑北方生态屏障、维护国家生态安全的支撑作用。考虑到黄河流域是我国重要的水资源分布区、能源富集区和粮食生产核心区，是"水—能源—粮食"纽带关系相互依存、耦合协调和复杂关联的特殊空间载体。本章将黄河流域资源环境承载力的概念界定为在保证水资源、能源合理开发利用和良好生态环境的前提下，黄河流域的资源环境所能承受人类各种社会经济活动的能力。

二、资源环境承载力评价指标体系构建

资源环境承载力评价旨在判断资源承载力、环境承载力是否与经济高质量发展相协调，评价指标体系的构建及指标的选取对评价结果的准确性具有重要意义。随着资源环境承载力理论研究的不断深入，近年来资源环境承载力评价取得了大量成果，形成了多样化的评价方法。从目前的研究成果来看，资源环境承载力的评价方法大致可以归纳为指标体系评价法、系统模拟法、供需平衡法和环境容量法四个类别。其中，指标体系评价法最为常见，该方法能够综合反映区域资源环境承载状况，适用于区域资源环境承载力的宏观评价。对于黄河流域资源环境承载力评价而言，指标体系评价法易于抓住流域资源环境系统的突出矛盾、统筹考虑影响流域资源环境承载力的决定因素，进而形成对黄河流域资源环境承载力现状的总体把握。

有关资源环境承载力评价指标体系的构建，已有学者给出了不同的观点：王艳和雷淑珍（2022）结合黄河流域实际情况，为充分体现黄河流域水资源保护及水土流失治理的长期效果，从社会经济、资源、环境三个子系统中选取20个指标构成资源环境承载力评价指标体系；任保平和邹起浩（2021）基于影响黄河流域环境承载力的关键要素，结合黄河流域生态环境方面存在的突出问题，从经济社会、资源、环境三个维度出发，选取了24项基础指标，构建了黄河流域环境承载力指标体系；李红梅等（2020）从经济社会、资源、环境三个维度构建了长江沿线（宜昌—荆州段）资源环境承载力评价指标体系；杨丽娜等（2020）基于区县尺度资源承载力评价对评价结果精确性及实用性的需求，从自然条件、水资源、土地资源、生态环境、经济条件、社会条件六个层面构建了资源环境承载力评价指标体系；刘金花等（2019）从资源、生态环境、经济、社会四个方面构建了济南市资源环境承载力评价指标体系，基于村镇尺度进行了集聚效应分析；尚勇敏和王振（2019）基于城市资源环境承载力内涵与概念模型，从经济社会、资源、环境三方面构建了城市资源环境承载力评价指标体系。

本章在已有资源环境承载力评价指标体系的基础上，以沿黄省（区）资源环境和经济发展的客观实际为依据，以流域在国家层面承担的生态安全重任为基本遵循，以"资源—环境—社会经济"复合系统的协调发展为目标，进行了综合考察。本章从资源禀赋、资源利用、环境压力和环境治理四个维度构建黄河流域资源环境承载力评价指标体系（见表7-1），并将资源禀赋的重点放在了粮食

产量、农作物播种面积上，将资源利用的重点放在了水资源的利用上。

表 7-1　黄河流域资源环境承载力评价指标体系

一级指标	二级指标	指标解释	方向
资源禀赋	人均土地面积	土地面积/人口总数	正向
	人均粮食产量	粮食产量/人口总数	正向
	人均农作物播种面积	农作物播种面积/人口总数	正向
资源利用	人均能源消耗量	能源消耗量/人口总数	负向
	居民人均生活用水量	生活用水量/人口总数	负向
	居民人均生活用电量	生活用电量/人口总数	负向
环境压力	万元 GDP 废水排放量	工业废水排放量/生产总值	负向
	单位 GDP 耗电量	工业耗电量/生产总值	负向
	万元 GDP 二氧化硫排放量	工业二氧化硫排放量/生产总值	负向
	化肥施用强度	化肥施用量/农作物播种面积	负向
环境治理	绿地覆盖面积	绿地面积/土地面积	正向
	污水处理厂集中处理率	污水处理厂集中处理率	正向
	生活垃圾无害化处理率	生活垃圾无害化处理率	正向

资源禀赋维度。资源禀赋是指黄河流域资源的发育程度、规模、结构等方面的综合状况，是对该区域资源素质状态作出的综合评价。黄河流域的经济发展是建立在其资源环境基础上的，也就是说黄河流域可利用的资源禀赋对其经济发展有着决定性的影响，因此在资源禀赋维度下，本章选取人均土地面积、人均粮食产量和人均农作物播种面积三个二级指标。

资源利用维度。资源利用主要测度黄河流域经济发展过程中的资源利用和消耗状况。资源利用的增加会显著降低黄河流域资源环境承载力，因此本章选取人均能源消耗量、居民人均生活用水量和居民人均生活用电量三个二级指标反映黄河流域的资源利用和消耗情况。

环境压力维度。工业"三废"、居民的生活污水及农业化肥直接影响环境容量和环境质量，会降低黄河流域的环境资源承载能力，因此本章选取具有代表性的万元 GDP 废水排放量、单位 GDP 耗电量、万元 GDP 二氧化硫排放量、化肥施用强度四个二级指标来反映黄河流域的环境压力。

环境治理维度。环境治理主要测度黄河流域经济发展过程中的生态保护、环境污染治理状况。在这一维度下本章选取的绿地覆盖面积这一二级指标从侧面反映了区域生态系统的服务功能。因为工业"三废"、居民的生活污水及农业化肥会直接影响环境容纳和环境质量，考虑到近年来部分省（区）的数据缺失，本章从环境污染的对立面着手，选取污水处理厂集中处理率、生活垃圾无害化处理率等环境治理指标来判断黄河流域的环境治理情况。

第二节　数据来源及预处理

本章采取《中国城市统计年鉴》《中国环境统计年鉴》等公开发表的数据，研究范围涵盖黄河流经的青海省、甘肃省、宁夏回族自治区、内蒙古自治区、陕西省、山西省、河南省、山东省八个省（区），其中上游地区22个地级市、中游地区25个地级市、下游地区29个地级市，总计76个地级市，并对少量的缺失数据采用插值法和回归拟合法进行填补。

由于黄河流经四川省的只有阿坝藏族羌族自治州和甘孜藏族自治州，且其地域情况较为特殊，考虑到统计口径的一致性及数据可得性、可比性等因素，故四川省不予考虑。基于此，结合行政区域划分标准对76个地级市进行区位划分，如第四章表4-2所示。

第三节　实证结果

一、黄河流域资源环境承载力测算

1. 权重计算

基于上文构建的评价指标体系，本节对黄河流域2016~2020年76个地级市的资源环境承载力水平进行测算。

首先，邀请中国环境科学学会、山东省生态保护专家库多名专家对指标体系的维度及指标进行打分。

第一，根据专家打分填写判断矩阵，构建主观评价矩阵，如下：

$$A = \begin{bmatrix} 1 & 6 & 0.25 \\ 0.167 & 1 & 0.2 \\ 4 & 5 & 1 \end{bmatrix} \tag{7-1}$$

第二，根据矩阵 A 计算特征向量及最大特征根：资源禀赋（A 的第一行）的特征值为 $\sqrt[1/3]{1 \times 6 \times 0.25} = 1.145$。

同理，A 的特征向量为：

$$\alpha = \begin{bmatrix} 1.145 \\ 0.507 \\ 1.821 \end{bmatrix} \tag{7-2}$$

故，资源禀赋（A 的第一行）的权重为 $w_1 = \dfrac{1.145}{1.145 + 0.507 + 1.821}$

由此可得四个维度的权重值。

第三，进行一致性检验。由 $A\alpha = \lambda\alpha$ 解出最大特征根，由式（1-9）至式（1-11）计算 CI 和 RI 及 CR 值，进行判别。计算结果如下：

（1）专家 1 打分的目标层判断矩阵 CR=0.092，资源禀赋、资源利用、环境压力和环境治理层的 CR 值分别为 0.000、0.000、0.046 和 0.018，均通过了一致性检验。

（2）专家 2 打分的目标层判断矩阵 CR=0.080，资源禀赋、资源利用、环境压力和环境治理层的 CR 值分别为 0.000、0.000、0.065 和 0.000，均通过了一致性检验。

（3）专家 n 打分的目标层判断矩阵 CR=0.000，资源禀赋、资源利用、环境压力和环境治理层的 CR 值分别为 0.000、0.000、0.069 和 0.000，均通过了一致性检验。

在此基础上计算评价指标权重，并取均值运用层次分析法获得权重，如表 7-2 第 7 列所示。由此可知：资源禀赋维度的人均土地面积和资源利用维度的人均能源消耗量的指标权重大于 0.1，说明专家对资源环境承载力的评价倾向于从资源禀赋、资源利用维度出发。人均农作物播种面积、居民人均生活用水量和绿地覆盖面积的指标重要度小于 0.05，不是资源环境承载力的关键因素。

其次，对各评价指标应用全局熵值法计算指标权重，如表 7-2 第 8 列所示。由此可知：各维度指标的重要度均小于 0.1，均未成为资源环境承载力的主要影响因素。人均土地面积、人均粮食产量和人均农作物播种面积的指标重要度小于0.05，为非关键因素。可见，两种评价方式的重要度相差甚远，因此需要采用组合方法进行指标赋权，消除内部差异。

最后，借助组合赋权法计算综合权重，计算方法如下：

第一，根据数名专家的打分运用层次分析法计算权重，即人均土地面积的权重为 $w_{11} = \dfrac{0.409 + \cdots + 0.048}{n} = 0.154$，其他同理。

第二，依据层次分析法和熵值法得到的权重，计算组合权重，即人均土地面积的组合权重为 $w_1 = \dfrac{(0.154 \times 0.014)^{1/2}}{0.918} = 0.051$，其他同理。

计算所得的综合权重如表7-2第9列所示。具体来看：资源利用维度的人均能源消耗量、环境治理维度的污水处理厂集中处理率及生活垃圾无害化处理率的指标重要度大于0.1，为资源环境承载力的主要影响因素和关键因素，需重点关注与改进优化。人均粮食产量、人均农作物播种面积的指标重要度小于0.05，可见其对资源环境承载力水平的影响较小，但不可忽略其逆向冲击给资源环境承载力带来的负面影响。

表7-2 评价指标权重及组合赋权

一级指标	二级指标	三级指标	w_{1j}（A）	w_{1j}（B）	w_{1j}（C）	w_{1j}	w_{2j}	w_j
资源环境承载力	资源禀赋	人均土地面积	0.409	0.004	0.048	0.154	0.014	0.051
		人均粮食产量	0.082	0.031	0.048	0.054	0.004	0.016
		人均农作物播种面积	0.068	0.004	0.048	0.040	0.004	0.014
	资源利用	人均能源消耗量	0.140	0.121	0.143	0.135	0.098	0.125
		居民人均生活用水量	0.047	0.024	0.071	0.047	0.098	0.074
		居民人均生活用电量	0.094	0.024	0.071	0.063	0.098	0.086
	环境压力	万元GDP废水排放量	0.010	0.094	0.083	0.062	0.098	0.085
		单位GDP耗电量	0.021	0.056	0.083	0.053	0.098	0.079
		万元GDP二氧化硫排放量	0.019	0.115	0.070	0.089	0.098	0.089
		化肥施用强度	0.008	0.194	0.049	0.084	0.098	0.099
	环境治理	绿地覆盖面积	0.017	0.047	0.057	0.041	0.097	0.068
		污水处理厂集中处理率	0.046	0.141	0.114	0.100	0.098	0.108
		生活垃圾无害化处理率	0.040	0.141	0.114	0.099	0.098	0.107

2. 资源环境承载力发展水平计算

运用表 7-2 的综合权重进行加权求和，得到 2016~2020 年黄河流域各地级市资源环境承载力的综合得分，如表 7-3 所示。

表 7-3　2016~2020 年黄河流域各地级市资源环境承载力

年份	2016	2017	2018	2019	2020
山西省	0.755	0.768	0.785	0.792	0.794
太原市	0.786	0.781	0.783	0.787	0.792
大同市	0.737	0.760	0.770	0.777	0.782
阳泉市	0.699	0.726	0.739	0.761	0.774
长治市	0.682	0.697	0.788	0.791	0.793
晋城市	0.751	0.789	0.798	0.800	0.797
朔州市	0.811	0.810	0.813	0.816	0.816
晋中市	0.781	0.790	0.804	0.805	0.805
运城市	0.795	0.784	0.787	0.790	0.786
忻州市	0.776	0.804	0.801	0.804	0.799
临汾市	0.762	0.768	0.788	0.795	0.796
吕梁市	0.731	0.737	0.762	0.784	0.792
内蒙古自治区	0.789	0.770	0.769	0.772	0.768
呼和浩特市	0.800	0.794	0.788	0.789	0.784
包头市	0.729	0.726	0.743	0.750	0.752
乌海市	0.710	0.694	0.704	0.715	0.715
赤峰市	0.815	0.816	0.818	0.821	0.819
通辽市	0.808	0.792	0.785	0.784	0.784
鄂尔多斯市	0.812	0.760	0.759	0.759	0.745
呼伦贝尔市	0.802	0.786	0.786	0.784	0.783
巴彦淖尔市	0.803	0.789	0.783	0.789	0.786
乌兰察布市	0.823	0.773	0.750	0.758	0.745
山东省	0.809	0.790	0.808	0.808	0.831
济南市	0.809	0.800	0.828	0.837	0.872
青岛市	0.847	0.821	0.848	0.849	0.885
淄博市	0.817	0.816	0.835	0.835	0.865
枣庄市	0.810	0.804	0.818	0.812	0.831

续表

年份	2016	2017	2018	2019	2020
东营市	0.797	0.784	0.802	0.795	0.822
烟台市	0.795	0.765	0.783	0.786	0.813
潍坊市	0.805	0.773	0.790	0.791	0.812
济宁市	0.812	0.793	0.811	0.812	0.830
泰安市	0.825	0.804	0.818	0.816	0.834
威海市	0.820	0.800	0.811	0.810	0.841
日照市	0.792	0.778	0.790	0.789	0.807
临沂市	0.805	0.786	0.809	0.808	0.826
德州市	0.818	0.804	0.819	0.817	0.837
聊城市	0.817	0.789	0.810	0.812	0.826
滨州市	0.763	0.723	0.728	0.733	0.756
菏泽市	0.807	0.800	0.820	0.824	0.837
河南省	0.799	0.803	0.809	0.813	0.814
郑州市	0.821	0.811	0.812	0.816	0.820
开封市	0.809	0.823	0.828	0.832	0.832
洛阳市	0.814	0.807	0.807	0.792	0.803
平顶山市	0.794	0.792	0.796	0.798	0.802
安阳市	0.786	0.803	0.804	0.805	0.805
鹤壁市	0.800	0.817	0.820	0.822	0.823
新乡市	0.788	0.786	0.789	0.791	0.803
焦作市	0.782	0.800	0.804	0.810	0.811
濮阳市	0.773	0.797	0.808	0.809	0.813
许昌市	0.810	0.820	0.824	0.821	0.817
漯河市	0.811	0.811	0.810	0.824	0.824
三门峡市	0.796	0.798	0.798	0.802	0.805
南阳市	0.795	0.809	0.814	0.819	0.820
商丘市	0.798	0.784	0.799	0.807	0.812
信阳市	0.768	0.762	0.805	0.822	0.803
周口市	0.822	0.812	0.814	0.828	0.826
驻马店市	0.816	0.819	0.814	0.827	0.822
陕西省	0.769	0.773	0.775	0.781	0.785
西安市	0.773	0.802	0.794	0.801	0.809

年份	2016	2017	2018	2019	2020
铜川市	0.746	0.749	0.762	0.772	0.778
宝鸡市	0.789	0.789	0.783	0.788	0.793
咸阳市	0.786	0.768	0.771	0.757	0.755
渭南市	0.733	0.749	0.754	0.775	0.792
延安市	0.773	0.774	0.764	0.772	0.771
榆林市	0.786	0.778	0.795	0.800	0.794
甘肃省	0.742	0.758	0.782	0.789	0.795
兰州市	0.697	0.786	0.781	0.788	0.782
嘉峪关市	0.434	0.552	0.577	0.584	0.560
金昌市	0.731	0.695	0.703	0.738	0.775
白银市	0.755	0.816	0.806	0.803	0.807
天水市	0.784	0.832	0.827	0.830	0.834
武威市	0.820	0.792	0.812	0.823	0.827
张掖市	0.800	0.813	0.815	0.818	0.821
平凉市	0.803	0.689	0.808	0.815	0.819
酒泉市	0.834	0.827	0.835	0.837	0.848
庆阳市	0.743	0.736	0.830	0.832	0.846
定西市	0.759	0.803	0.813	0.814	0.828
青海省	0.683	0.666	0.690	0.725	0.729
西宁市	0.683	0.666	0.690	0.725	0.729
宁夏回族自治区	0.728	0.712	0.733	0.739	0.734
银川市	0.724	0.729	0.741	0.736	0.729
石嘴山市	0.670	0.637	0.663	0.668	0.689
吴忠市	0.736	0.726	0.748	0.751	0.707
固原市	0.781	0.756	0.779	0.802	0.812

从整体看，黄河流域各省（区）的资源环境承载力均大于0.6，这意味着黄河流域资源环境承载力普遍较高。从时间跨度看，2016~2020年流域内除内蒙古自治区之外，其余省（区）的资源环境承载力皆在不同程度上有所提高。这表明2016~2020年黄河三角洲的生态环境保护治理取得了显著的成效。

基于这些数据进行描述性分析，如表7-4所示，探究黄河流域各年份资源环境承载力的现状及其特点，从而为黄河流域的生态保护提出完善建议。

表 7-4 黄河流域各年份资源环境承载力描述性统计

年份	2016	2017	2018	2019	2020
平均值	0.777	0.775	0.788	0.793	0.798
平均值标准误差	0.006	0.005	0.005	0.005	0.005
中位数	0.794	0.789	0.798	0.801	0.806
众数	0.434	0.551	0.577	0.584	0.560
标准偏差	0.056	0.047	0.042	0.040	0.045
方差	0.003	0.002	0.002	0.002	0.002
范围	0.412	0.280	0.271	0.265	0.325
最小值	0.434	0.552	0.577	0.584	0.560
最大值	0.847	0.832	0.848	0.849	0.885
总和	59.075	58.934	59.868	60.243	60.683

由表 7-4 可以看出，黄河流域各年份的资源环境承载力平均值均超过了 0.7，用其来代表黄河流域资源环境承载力的整体水平，可以看出黄河流域的资源环境承载力呈现出长期向好的发展趋势，这说明黄河流域的生态保护与环境治理工作已取得显著成效。进一步观察发现，2016~2018 年，黄河流域资源环境承载力的中位数稳定在 0.79 左右，这说明黄河流域的资源环境承载力中等水平较高，2019~2020 年其中等水平超过了 0.8，表现出较好的发展趋势。另外，从众数来看，黄河流域的资源环境承载力低于平均数和中位数，而且黄河流域资源环境承载力最大值和最小值之间的差距较大，这可能意味着黄河流域各地级市间的区域差异较大，存在着发展不均衡的问题。

二、黄河流域资源环境承载力综合评价

为直观展示黄河流域资源环境承载力的变化趋势，本部分绘制了黄河流域资源环境承载力综合评价表和柱状图，如表 7-5 和图 7-1 所示。

表 7-5 黄河流域各地级市资源环境承载力

范围	地级市
0.560~0.641	嘉峪关

续表

范围	地级市
0.642~0.723	石嘴山、吴忠、乌海
0.724~0.805	银川、西宁、乌兰察布、鄂尔多斯、包头、咸阳、滨州、延安、阳泉、金昌、铜川、大同、兰州、呼伦贝尔、通辽、呼和浩特、巴彦淖尔、运城、太原、吕梁、渭南、长治、宝鸡、榆林、临汾、晋城、忻州、平顶山、信阳、新乡、洛阳、安阳、三门峡、晋中
0.806~0.887	日照、白银、西安、焦作、商丘、潍坊、固原、烟台、濮阳、朔州、许昌、平凉、赤峰、南阳、郑州、张掖、东营、驻马店、鹤壁、漯河、周口、聊城、临沂、武威、定西、济宁、枣庄、开封、天水、泰安、德州、菏泽、威海、庆阳、酒泉、淄博、济南、青岛

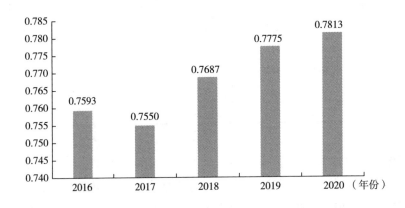

图 7-1 2016~2020 年黄河流域资源环境承载力

表 7-5 为 2020 年黄河流域资源环境承载力状况，具体表现如下。

第一，整体上看，2020 年黄河流域各地级市资源环境承载力空间分布存在明显的差异，整体呈现出以甘肃、山东两省为核心的双核空间特征，较高值区主要围绕高水平区分布，西部和南部地区为资源环境承载力低值区。总的来看，黄河流域下游地区资源环境承载力高于上游地区。

第二，具体来看，陇东南地区的庆阳市、平凉市、天水市，河西走廊地区的张掖市、酒泉市和陇中地区的定西市资源环境承载力状态较高，资源环境承载力指数均在 0.7 以上；山东省各地级市的资源环境承载力整体水平较高，除滨州外，其余各地级市的资源环境承载力指数均在 0.75 以上，西南地区枣庄和菏泽的资源环境承载力指数达到了 0.8 以上；黄河流域中游地区的资源环境承载力状态表现较好，山西省的资源环境承载力指数达到了 0.7 以上。

由图 7-1 可以看出，2016~2020 年黄河流域资源环境承载力整体呈现"先小幅下降、后大幅上升"的趋势。具体来看，2016~2017 年黄河流域资源环境承载力呈现小幅下降的趋势，2017 年后黄河流域资源环境承载力呈现稳步提高的趋势，这表明这些年的黄河治理已有显著成效，流域内生态环境不断改善，呈现出长期向好的趋势。

2016~2020 年资源环境承载力变化情况有以下两个方面的原因。

第一，2016 年黄河流域资源环境承载力小幅下降的可能原因。由于 2016 年全国灾情时空分布不均衡，全国 31 个省（自治区、直辖市）近 90% 的县级行政区不同程度受到自然灾害影响。2016 年汛期黄河流域多分散性局地暴雨，部分支流发生了多年未见的较大洪水，各地区灾情差异较大，暴雨、洪涝给生态系统造成了直接的破坏和影响，加上时空的滞后性，2016~2017 年黄河流域资源环境承载力指数呈现出下降的趋势。

第二，2017~2020 年黄河流域资源环境承载力大幅提高的可能原因。由于 2017 年是党和国家事业发展中具有重大意义的一年，也是黄河流域生态环境保护非常重要的一年。2017 年生态环境保护和问责力度空前，首次开启生态保护红线战略。各地区、各部门在以习近平同志为核心的党中央坚强领导下，以习近平新时代中国特色社会主义思想为指导，认真贯彻党中央、国务院决策部署，以改善生态环境质量为核心，以加快建设生态文明标志性举措为突破口，全力以赴推进生态环境保护各项工作，取得积极进展和成效。

1. 黄河流域资源环境承载力区位评价

在此基础上，分别测算黄河流域上中下游地区的资源环境承载力，如图 7-2 所示。

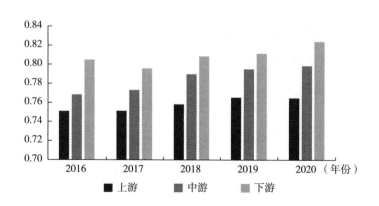

图 7-2　黄河流域上中下游地区资源环境承载力时空分异特征

由图 7-2 可以看出，黄河流域下游地区的资源环境承载力在 2017 年有小幅下降，上游地区在 2020 年有小幅下降，中游地区的资源环境承载力均保持上升态势；上中下游地区的资源环境承载力呈现阶梯状分布特征，空间上呈现上游持续追赶、中下游稳中有进的基本格局。这表明近年来黄河治理已见成效，流域生态环境不断改善，区域发展长期向好。黄河流域资源环境承载力区位评价如下：

第一，2016~2019 年黄河流域上游地区的资源环境承载力稳中有进，但在 2020 年有小幅下降。青海三江源是黄河的源头，是黄河流域重要的水源涵养区和水源补给区，黄河流域上游地区每年向下游地区输出 264.3 亿立方米的清洁水源，上游地区的生态战略地位突出。黄河流域上游地区的青海、甘肃、宁夏由于特殊的自然地貌、环境容量、水土资源等条件，长期存在建设土地的有限性和经济发展用地需求日益高涨的内在矛盾，故其资源环境承载力指数较黄河流域其他省（区）偏低。

第二，位于黄河流域下游地区的山东、河南两省把生态环境保护作为推进黄河流域生态文明建设的主战场，加大生态环境监管力度，不断完善政策机制，实施了一系列水土保持、重点支流治理等重大工程，推进一批山水林田湖草生态保护及修复，生态环境综合防治成效显著。因此，下游地区河南、山东两省的资源环境承载力指数普遍较高。

第三，位于黄河流域陕西段承担了全省 83% 以上的工业用水和 78% 以上的生活用水，污染防治任务重。与此同时，位于黄河流域中游的还有山西省，两省自然环境相同，经济增长实力稳步提升，在资源环境承载方面表现出了较强能力，具有潜力巨大，有待进一步挖掘。

2. 黄河流域资源环境承载力省际评价

本部分为直观展示各省（区）资源环境承载力的变化趋势，绘制了黄河流域各省（区）资源环境承载力情况表和柱状图，如表 7-6 和图 7-3 所示。

表 7-6　黄河流域各省（区）资源环境承载力

年份	2016	2017	2018	2019	2020
山西省	0.755	0.768	0.785	0.792	0.794
内蒙古自治区	0.789	0.770	0.769	0.772	0.768
山东省	0.809	0.790	0.808	0.808	0.831

续表

年份	2016	2017	2018	2019	2020
河南省	0.799	0.803	0.809	0.813	0.814
陕西省	0.769	0.773	0.775	0.781	0.785
甘肃省	0.742	0.758	0.782	0.789	0.795
青海省	0.683	0.666	0.690	0.725	0.729
宁夏回族自治区	0.728	0.712	0.733	0.739	0.734

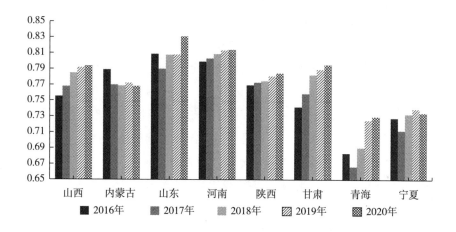

图 7-3　2016~2020 年黄河流域各省（区）资源环境承载力

由表 7-6 和图 7-3 可以看出，各省（区）资源环境承载力存在明显差异。其中，山东、河南两省资源环境承载力的基础较好，两省的资源环境承载力总体呈现上升趋势。虽然 2016 年甘肃省、青海省的资源环境承载力较低，但 2020 年两省的指数已有较大提高，发展形势整体向好。各省（区）资源环境承载力的具体差异如下：

（1）山东、河南两省这些年的环境治理成效十分显著，其环境承载力指数不断提升。资源环境承载力的提升得益于两省的协同共治。2021 年 4 月，山东省和河南省推动建立黄河流域首个省际生态保护补偿机制，签订了《黄河流域（豫鲁段）横向生态保护补偿协议》。协议实施范围为河南省、山东省黄河干流流域（豫鲁段），其中河南省为上游区域，山东省为下游区域。自签约以来，黄河入鲁水质始终保持在Ⅱ类以上，"鲁豫双赢"在全国范围内引发了强烈反响，获得了财政部给予的专项奖励，并带动了部分黄河上中游省份的积极效仿。同时，山东还率先批准省内沿黄九市制定黄河水资源保护与节约集约利用法规，成为全国范围内服务黄河战略的首次流域协同立法，充分彰显了山东勇于肩负黄河国家战略的责任与担当。

（2）山西、陕西、内蒙古三省（区）的资源环境承载力基础较好，山西、陕西两省稳中求进，2016年内蒙古的资源环境承载力水平达到最佳，2017~2020年资源环境承载力处于平稳状态。近些年来，山西积极推进能源革命综合改革试点，加大力度实施煤炭清洁高效利用和节能降耗，2015~2019年其单位GDP电力消费量和单位GDP能耗逐年递减，地方财政节能环保支出占GDP比重由2015年的0.84%上升到2019年的1.33%，环境治理力度不断加大。与此同时，山西贯彻节水优先发展战略，实施了严格的水资源管理制度，大力推进各领域节水行动，用水总量得到控制，用水效率不断提升，水资源配置实现了进一步优化。2018年山西启动了"两山七河一流域"生态修复治理计划，实施山水林田湖草的系统综合治理，全流域布局、区域推进的生态修复保护格局逐步形成。陕西重点流域的"一河一策"方案治理效果显著，地表水监测断面中Ⅰ~Ⅲ类水质的占比由2015年的56.5%上升到2019年的82.8%，水域环境大幅改善；水土流失综合治理初见成效，黄河水系各支流年输沙量虽有波动，但占黄河流域输沙总量的比例呈下降趋势；环境风险监控预警体系进一步升级，生态保护管理制度体系不断完善。

（3）除内蒙古自治区外，黄河流域其他省（区）的资源环境承载力皆在不同程度上有所提高。2016年内蒙古自治区的资源环境承载力达到最佳，2017~2020年资源环境承载力处于平稳状态，波动不大。甘肃省资源环境承载力基础较差，但发展形势总体较好，其资源环境承载力由2016年的0.742提高到2020年的0.795，增长最快。青海、宁夏两省（区）环境承载力总体偏低，这两个区域也是黄河流域环境治理的重点和难点所在。近几十年，青海开始在生态环境保护上持续发力，三江源生态保护和建设二期、祁连山生态保护和建设综合治理、退牧还草工程、退化草原人工种草生态修复等重大工程扎实推进。2016年，青海启动三江源国家公园体制试点，探索在青藏高原建设国内首个国家公园。2020年《关于实施〈三江源国家公园体制试点方案〉的部署意见》确定的8个方面31项重点工作任务已全部完成。在多方努力下，西北原野逐渐恢复勃勃生机。数据显示，2020年青海草原综合植被盖度达到57.4%，比2015年提高3.82个百分点。三江源生态保护和国家公园体制试点取得的一系列成效是青海环境承载力取得大幅提升的关键原因。宁夏资源环境承载力呈曲折上升的态势，变化幅度不大。

3. 黄河流域资源环境承载力分维度评价

同上文计算方式，通过组合权重加权求和，得到 2016~2020 年黄河流域各地级市各维度的资源环境承载力，测算结果如表 7-7 所示。

表 7-7　黄河流域各省（区）不同维度资源环境承载力

维度	年份	山西省	内蒙古自治区	山东省	河南省	陕西省	甘肃省	青海省	宁夏回族自治区
资源禀赋	2016	0.071	0.247	0.063	0.080	0.072	0.153	0.03	0.125
	2017	0.071	0.259	0.067	0.081	0.072	0.141	0.029	0.164
	2018	0.073	0.282	0.066	0.083	0.074	0.141	0.033	0.102
	2019	0.070	0.286	0.066	0.083	0.074	0.141	0.033	0.093
	2020	0.071	0.289	0.066	0.084	0.078	0.142	0.032	0.099
资源利用	2016	0.676	0.599	0.661	0.698	0.663	0.690	0.554	0.707
	2017	0.663	0.566	0.532	0.682	0.648	0.685	0.570	0.738
	2018	0.647	0.574	0.638	0.668	0.628	0.666	0.547	0.743
	2019	0.641	0.595	0.633	0.662	0.639	0.668	0.517	0.741
	2020	0.620	0.585	0.777	0.646	0.629	0.650	0.486	0.740
环境压力	2016	0.162	0.126	0.148	0.145	0.201	0.159	0.240	0.370
	2017	0.137	0.135	0.135	0.140	0.198	0.142	0.262	0.381
	2018	0.117	0.135	0.128	0.130	0.208	0.126	0.193	0.364
	2019	0.112	0.131	0.126	0.126	0.188	0.112	0.160	0.362
	2020	0.106	0.128	0.121	0.120	0.188	0.084	0.148	0.334
环境治理	2016	0.120	0.127	0.346	0.196	0.158	0.085	0.163	0.208
	2017	0.124	0.126	0.362	0.207	0.188	0.089	0.164	0.212
	2018	0.132	0.128	0.375	0.215	0.191	0.093	0.166	0.202
	2019	0.142	0.129	0.387	0.226	0.197	0.093	0.169	0.174
	2020	0.149	0.126	0.402	0.235	0.210	0.094	0.195	0.145

（1）在资源禀赋维度，内蒙古自治区的资源环境承载力指数呈稳步上升趋势，宁夏回族自治区的资源环境承载力波动较大。相较于 2016 年，甘肃省和宁夏回族自治区的资源环境承载力有小幅下降。

（2）在资源利用维度，2016~2020年各省（区）资源环境承载力波动较大，相较于2016年，2020年山东省和宁夏回族自治区资源环境承载力均有明显提升，其他省（区）有明显下降。

（3）在环境压力维度，相较于2016年，2020年除内蒙古自治区资源环境承载力有小幅提升外，其他省（区）均有明显下降。

（4）在环境治理维度，相较于2016年，除内蒙古自治区、宁夏回族自治区外，2020年其他省（区）的资源环境承载力均有小幅提升。

基于上述数据，绘制黄河流域各维度资源环境承载力描述性分析表，如表7-8所示，探究黄河流域各维度资源环境承载力的现状及其特点，并分析不同维度间所出现的差异。

表7-8　黄河流域各维度资源环境承载力描述性统计

维度	最小值	最大值	均值	标准偏差
资源禀赋	0.014	0.831	0.111	0.123
资源利用	0.352	0.837	0.665	0.103
环境压力	0.019	0.594	0.132	0.077
环境治理	0.041	1.000	0.217	0.216

由表7-8可知，黄河流域环境压力维度的资源环境承载力远远高于其他维度，这说明工业"三废"、居民的生活污水排放量及农业化肥的施用量在环境容纳能力的范围之内，并没有对环境质量造成严重的危害。在资源禀赋维度，资源环境承载力的最低值稳定在0.01左右，这说明黄河流域的人均土地面积、人均粮食产量和人均农作物播种面积并没有达到理想的状态。此外，从表7-8不难看出，黄河流域不同维度的资源环境承载力有着明显的差异，多个维度不协调、不平衡发展的现象突出。

三、黄河流域资源环境承载力空间分布格局

2020年各维度的资源环境承载力空间分布情况，如表7-9至表7-12所示。

由表7-9可知，基于资源禀赋维度的测算结果显示，2020年黄河流域资源环境承载力呈现"西高东低"的空间分布格局。

表 7-9 黄河流域资源禀赋维度资源环境承载力

范围	地级市
0.014~0.078	太原、乌海、西安、郑州、兰州、西宁、阳泉、威海、银川、烟台、嘉峪关、淄博、青岛、济南、日照、晋城、临沂、天水、洛阳、泰安、枣庄、长治、石嘴山、潍坊、吕梁、咸阳、平顶山、大同
0.079~0.098	晋中、三门峡、平凉、宝鸡、焦作、铜川、济宁、渭南、呼和浩特、定西、运城
0.098~0.185	临汾、许昌、包头、安阳、东营、延安、开封、庆阳、鹤壁、濮阳、新乡、漯河、白银、武威、南阳、菏泽、聊城、滨州、商丘、忻州、信阳、朔州、榆林、周口、吴忠、金昌、驻马店、固原、德州
0.186~0.846	张掖、乌兰察布、鄂尔多斯、赤峰、巴彦淖尔、通辽、酒泉、呼伦贝尔

由表 7-10 可知，基于资源利用维度的测度结果显示，2020 年资源环境承载力分布不均衡，下游地区的资源环境承载力高于中上游地区。

表 7-10 黄河流域资源利用维度资源环境承载力

范围	地级市
0.154~0.198	呼伦贝尔、郑州、太原、西安
0.199~0.259	信阳、许昌、咸阳、大同、天水、驻马店、南阳、商丘、平凉、酒泉、赤峰、定西、周口、呼和浩特、张掖、庆阳、临汾、漯河、濮阳、开封、新乡、平顶山、洛阳、宝鸡、鹤壁、三门峡、兰州、忻州、渭南、武威、朔州、巴彦淖尔、安阳、吕梁、菏泽、运城、延安、固原、长治
0.260~0.299	铜川、晋中、临沂、焦作、济宁、泰安、白银、德州、枣庄、聊城、威海、济南、晋城、青岛、金昌、潍坊、烟台、榆林
0.300~0.844	吴忠、淄博、通辽、日照、西宁、阳泉、银川、东营、石嘴山、包头、鄂尔多斯、乌兰察布、滨州、乌海、嘉峪关

由表 7-11 可知，基于环境压力维度的测算结果显示，2020 年资源环境承载力呈现出"东高西低"的空间分布特征，中下游地区的资源环境承载力高于上游地区。

表 7-11 黄河流域环境压力维度资源环境承载力

范围	地级市
0.022~0.048	酒泉、庆阳、天水、济南、信阳
0.049~0.069	青岛、张掖、开封、许昌、兰州、赤峰、驻马店、南阳、定西、武威、三门峡、周口、朔州、郑州、洛阳、太原、漯河、菏泽、榆林、大同、呼和浩特、威海、临沂

范围	地级市
0.070~0.099	商丘、平凉、鹤壁、泰安、阳泉、德州、晋中、济宁、呼伦贝尔、西安、濮阳、安阳、焦作、平顶山、东营、淄博、宝鸡、固原、白银、晋城、忻州、临汾、新乡、烟台、长治
0.100~0.390	潍坊、吕梁、鄂尔多斯、枣庄、巴彦淖尔、渭南、延安、聊城、日照、包头、运城、金昌、铜川、西宁、咸阳、通辽、乌海、吴忠、银川、乌兰察布、滨州、嘉峪关、石嘴山

由表7-12可知，基于环境治理维度的测算结果显示，2020年资源环境承载力从上游到下游依次递增，下游地区的资源环境承载力指数较高，中上游较低。

表7-12　黄河流域环境治理维度资源环境承载力

范围	地级市
0.233~0.276	吴忠、呼伦贝尔、酒泉、延安、定西、榆林、武威、巴彦淖尔、赤峰、庆阳、张掖、忻州、通辽、吕梁、鄂尔多斯、银川、白银、乌兰察布、临汾、平凉
0.278~0.309	天水、运城、金昌、固原、渭南、信阳、三门峡、宝鸡、晋城、咸阳、驻马店、朔州、周口、包头、长治
0.310~0.390	南阳、商丘、大同、平顶山、晋中、安阳、铜川、阳泉、西宁、洛阳、新乡、濮阳、兰州、菏泽、滨州、德州、潍坊
0.400~0.997	临沂、济宁、许昌、呼和浩特、泰安、嘉峪关、开封、聊城、日照、漯河、焦作、烟台、东营、鹤壁、石嘴山、乌海、威海、枣庄、太原、济南、西安、淄博、郑州、青岛

四、黄河流域资源环境承载力空间自相关检验

1. 全局自相关检验

黄河流域资源环境承载力的全局莫兰指数如表7-13所示。莫兰指数的范围在-1~1。当莫兰指数大于0时，表示数据呈空间正相关，值越大空间相关性越强；当莫兰指数小于0时，表示数据呈空间负相关，值越小空间差异越大；当莫兰指数为0时，空间分布呈随机性。

表7-13　黄河流域资源环境承载力全局自相关检验结果

年份	莫兰指数	Z值	P值
2020	0.179	2.544	0.005

年份	莫兰指数	Z 值	P 值
2019	0.107	1.594	0.055
2018	0.080	1.214	0.112
2017	0.037	0.653	0.257
2016	0.029	0.601	0.274

P 值表示概率，当 P 很小时，意味着所观测到的空间格局不太可能产生于随机过程（小概率事件），因此可以拒绝零假设。

全局空间自相关测度结果显示，黄河流域各地级市资源环境承载力整体上呈现出空间正相关关系，即资源环境承载力强的城市周围有较多资源环境承载力较强的城市集聚。由表 7-13 可知，2020 年的全局莫兰指数通过了置信水平为 0.05 的显著性检验，2019 年的全局莫兰指数通过了置信水平为 0.1 的显著性检验，2020 年和 2019 年的莫兰指数均大于 0.1，这表明各地级市资源环境承载力的空间正相关关系确实存在。结合实际情况分析，这些年，国家支持黄河流域各地区发挥比较优势，构建了以中心城市为内核，引领都市圈乃至城市群，带动整个流域高质量发展的动力系统。这一举措对城市间的相互作用起到重要的促进作用。

2. 局部空间自相关检验

莫兰指数散点图用于衡量黄河流域各地级市资源环境承载力的空间差异程度，图 7-5 中 X 轴为变量 v 的离差，Y 轴为变量 v 的空间滞后变量 W。

需要注意的是，莫兰指数散点图中的四个象限分别用来识别一个地区与其邻近地区之间的关系。第一象限（HH），表示本身是高值，周围的地区也是高值；第二象限（LH），表示本身是低值，但它周边的地区都是高值；第三象限（LL），表示本身是低值，周边地区也是低值；第四象限（HL），表示本身是高值，但被低值所包围。

各地级市的资源环境承载力可分为四种相关模式：第一象限表示某城市自身资源环境承载力较强，而且周边城市资源环境承载力也较强（HH）；第二象限表示某城市资源环境承载力较弱，但周边地区资源环境承载力较强（LH）；第三象限表示某城市资源环境承载力较弱，且周边地区资源环境承载力也较弱（LL）；第四象限表示某城市资源环境承载力较强，但周边地区资源环境承载力较弱（HL）。其中，第一、三象限表示正的空间自相关性关系，第二、四象限表示负的空间自相关性关系。

2019 年和 2020 年黄河流域资源环境承载力的局部莫兰指数散点图如图 7-4、图 7-5 所示。

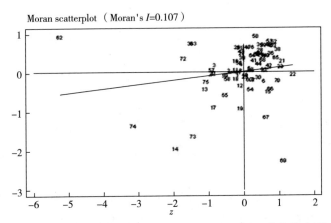

图 7-4　2019 年黄河流域资源环境承载力局部莫兰指数散点图

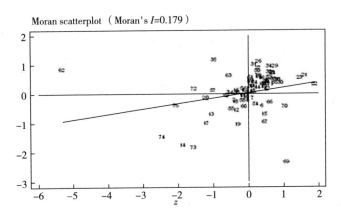

图 7-5　2020 年黄河流域资源环境承载力局部莫兰指数散点图

由图 7-4 和图 7-5 可以看出，黄河流域位于第一、第三象限的地级市均多于位于第二、第四象限的地级市，说明位于第一象限的城市自身资源环境承载力较强，其周边城市资源环境承载力也较强（HH）；位于第三象限的城市资源环境承载力较弱，其周边城市资源环境承载力也较弱（LL），说明黄河流域各地级市资源环境承载能力存在正相关性。

进一步地，为准确分析处于不同象限的地级市的数量及城市变化情况，整理四个象限内空间自相关检验显著（P 值小于 0.1）的所有地级市，如表 7-14 所示。

表 7-14　黄河流域资源环境承载力局部自相关测算结果

年份	2016	2020
第一象限（HH）	30	32
第二象限（LH）	15	11
第三象限（LL）	11	19
第四象限（HL）	20	14

由表 7-14 可知，从局部相关的角度来看，无论是 2016 年还是 2020 年，黄河流域位于第一、三象限的地级市均多于位于第二、四象限的地级市，表明"高—高"型和"低—低"型聚集的地级市较"高—低"型、"低—高"型聚集的地级市多。简单地说，资源环境承载力强（弱）的地级市在空间上更易聚集。从差异的角度来看，2016～2020 年，位于第一象限的地级市从 30 个增至 32 个，位于第三象限的地级市从 11 个增至 19 个，说明资源环境承载力的空间差异变小了，位于第一象限的城市自身资源环境承载力较强，其周边城市资源环境承载力也较强；位于第三象限的城市资源环境承载力较弱，其周边城市资源环境承载力也较弱，黄河流域各地级市资源环境承载能力存在正相关性。

五、黄河流域资源环境承载力耦合协调分析

有学者认为系统由无序向有序转变的关键是系统内部序参量之间的协同作用，耦合协调度不仅可以反映出系统的耦合程度，还能够反映出系统整体的协同效应（徐维祥等，2017；刘波等，2020）。本部分借鉴物理学科中的耦合度模型，构建了黄河流域资源环境承载力耦合协调度模型。

1. 耦合度模型

本部分黄河流域资源环境承载力包括资源禀赋、资源利用、环境压力、环境治理四个维度，这四大维度的耦合度模型如下：

$$C_4 = 4\left\{\frac{U_1 \cdot U_2 \cdot U_3 \cdot U_4}{(U_1 + U_2 + U_3 + U_4)^4}\right\}^{\frac{1}{4}} \qquad (7-3)$$

式中：U_1、U_2、U_3、U_4 分别代表黄河流域资源禀赋、黄河流域资源利用、

黄河流域环境压力、黄河流域环境治理四个单元的综合评价指数；C_4代表这四大维度的耦合度，$0 \leq C_4 < 1$。

2. 耦合协调度模型

在耦合度模型中，当黄河流域四大维度的资源环境承载力都较低时会产生较高的耦合度，为了避免这一问题，本部分引入了耦合协调度模型来反映系统间的协同效应（江红莉、何建敏，2010；Hui E C M et al.，2015；崔木花，2015）。

$$D = \sqrt{C \cdot T} \tag{7-4}$$

$$T = \alpha U_1 + \beta U_2 + \gamma U_3 + \lambda U_4 \tag{7-5}$$

式中：D代表耦合协调度指数，表示系统的协调和互动程度；T代表四大维度的综合评价指数，反映四大维度的整体效益；α、β、γ、λ为待定权数，$\alpha + \beta + \gamma + \lambda = 1$。在耦合协调过程中，本部分认为四者承担着同等重要的作用，所以$\alpha = \beta = \gamma = \lambda = 0.25$。为直观解释黄河流域四大维度资源环境承载力耦合协调发展所处的时序空间，需对耦合协调度等级（师博等，2021）进行划分（见表7-15）。

表7-15 耦合协调度的等级划分

耦合度	发展类型	耦合协调度	发展类型
0	无关状态	0.10~0.19	严重失调
0~0.30	低水平耦合	0.20~0.29	重度失调
0.30~0.50	颉颃时期	0.30~0.39	轻度失调
0.50~0.80	磨合时期	0.40~0.49	濒临失调
0.80~1.00	高水平耦合	0.50~0.59	勉强协调
		0.60~0.69	初级协调
		0.70~0.79	中级协调
1	良性共振耦合	0.80~0.89	良好协调
		0.90~1.00	优质协调

根据构建的指标体系与各年统计数据，对评价指标进行标准化处理，运用耦合度模型与耦合协调度模型测算并分析2016~2020年黄河流域各地区的耦合协调情况。

根据耦合度模型，计算黄河流域整体及上中下游地区的耦合度，并绘制黄河流域及上中下游地区资源环境承载力的耦合度趋势图，如图7-6所示。

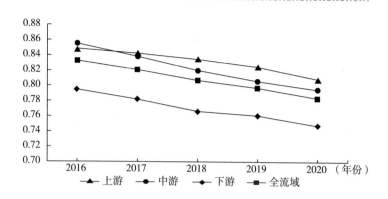

图7-6 黄河流域及上中下游地区资源环境承载力的耦合度

由图7-6可以看出，2016~2020年黄河流域资源环境承载力的耦合度变化趋势大致呈现持续下降态势，表明黄河流域四大维度资源环境承载力的相互作用程度不断减弱。从全流域看，2016~2020年黄河流域资源环境承载力的耦合度处于0.78~0.84，系统耦合度由"高水平耦合"状态转变为"磨合耦合"状态，需要引起注意。黄河流域上中下游的耦合度变化趋势相似，均呈现逐年下降趋势。2016~2020年上游地区一直处于"高水平耦合"状态；中游地区的耦合度在2019年之前一直处于"高水平耦合"状态，但2020年其状态转变为"磨合耦合"，其下降幅度较大；下游地区的耦合度居于末位。从耦合度具体变化来看，不同地区的耦合情况存在一定差异性，处于"高水平耦合"状态的地区均出现不进反退问题，不甚理想。出现这种现象可能是因为流域自身发展出现瓶颈，需要找到症结所在，加大生态保护力度，回归原有发展轨道。

单凭耦合度仅仅能判断黄河流域各个维度的耦合关系强度，反映不出资源环境承载力的强弱。运用耦合协调度模型，计算黄河流域整体及上中下游地区的耦合协调度，并绘制黄河流域及上中下游地区资源环境承载力的耦合协调度趋势图，如图7-7所示。

总体上看，黄河流域上中下游地区的耦合协调程度差异较大，各地区均面临"濒临失调"问题；耦合协调程度最好的地区是上游地区，但也已出现"濒临失调"问题。分地区看，2016~2020年上游地区的耦合协调度呈现"上升—下降"的变化趋势，尽管在五年间其协调度有所上升，但一直处于"濒临失调"状态。中游地区的耦合协调度在样本期内一直处于"濒临失调"状态。2016~2020年下游地区的耦合协调度有所提升，但仍处于"濒临失调"状态。黄河各地区的耦

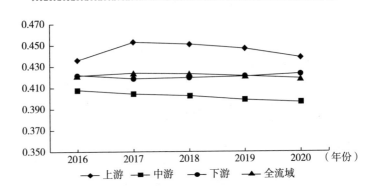

图7-7 黄河流域及上中下游地区资源环境承载力的耦合协调度

合协调度这五年均出现下降，资源环境承载力在各地区间存在一定的差异，资源禀赋、资源利用、环境压力与环境治理系统间的耦合协调发展态势不容乐观。

2016~2020年各省份的耦合度和协调度如图7-8和图7-9所示。图7-8是2016~2020年各省份耦合度的柱状图，图7-9是2016~2020年各省份耦合协调度的柱状图。由图7-8、图7-9可以看出，各省份耦合度普遍较高，基本位于0.8左右，大多属于"高水平耦合"，耦合度较高表明黄河流域各维度资源环境承载力之间存在很强的相互作用，但是无法确定这种相互作用是良性的还是恶性的。各省（区）协调度普遍较低，除宁夏回族自治区在0.5左右波动外，其余各省（区）均在0.4左右波动，这表明各省（区）均面临"濒临失调"或"勉强协调"问题。耦合协调度较低表明两个系统之间的良性耦合程度较低，也就是说两个系统处于低水平的相互制约状态，而不是高水平的相互促进状态。因此，2016~2020年黄河流域四个维度资源环境承载力之间的耦合协调度等级不高。

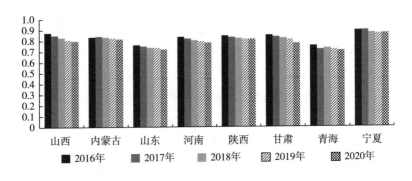

图7-8 黄河流域各省（区）耦合度变化情况

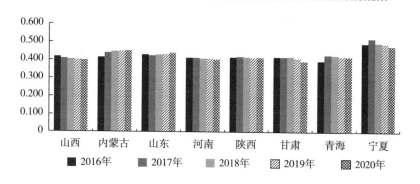

图7-9 黄河流域各省（区）耦合协调度变化情况

六、黄河流域资源环境承载力核密度估计

为了探究黄河流域资源环境承载力的时序演变趋势，对黄河流域资源环境承载力进行核密度估计，测算结果如图7-10所示。

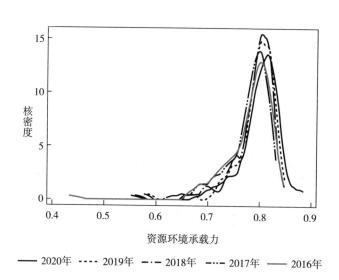

图7-10 黄河流域资源环境承载力核密度估计

从整体看，2016~2020年的资源环境承载力核密度估计曲线总体右移，表明黄河流域资源环境承载力呈现提升态势。2009年核密度估计曲线右尾明显拉长，表明2009年黄河流域各地区资源环境承载力差异较大。

从峰值看，2018 年和 2019 年的核密度峰值较大，处于 15 附近。与 2016 年相比，2020 年的核密度峰值有所增大，这说明黄河流域各地区资源环境承载力差异程度逐渐增大。

从形状看，2016 年、2017 年、2020 年资源环境承载力核密度估计曲线均为单峰，未出现两极分化的情况。

七、黄河流域资源环境承载力区域差异

本部分利用 Dagum 基尼系数分解方法测算了黄河流域资源环境承载力的区域差异，研究区域为上游、中游、下游三个地区，测算结果如表 7-16 所示。

表 7-16　黄河流域资源环境承载力 Dagum 基尼系数及其分解结果

年份		2016	2017	2018	2019	2020	均值
总体基尼系数		0.032	0.030	0.026	0.024	0.027	0.028
组内差异	上游	0.012	0.014	0.013	0.013	0.015	0.013
	中游	0.023	0.025	0.016	0.014	0.013	0.018
	下游	0.053	0.047	0.041	0.038	0.042	0.044
组间差异	上—中游	0.026	0.023	0.018	0.017	0.020	0.021
	上—下游	0.041	0.037	0.037	0.035	0.041	0.038
	中—下游	0.041	0.038	0.033	0.030	0.033	0.035
贡献率（%）	组内	26.88	29.01	26.97	27.30	25.63	27.16
	组间	49.05	42.83	53.72	52.37	59.40	51.47
	超变密度	24.08	28.16	19.32	20.34	14.97	21.37

总体基尼系数在 2016~2020 年呈现出"下降—上升"的变动特征，在 2019 年和 2016 年分别达到低谷（0.024）和顶峰（0.032），这反映出黄河流域各地级市资源环境承载力的相对差异没有表现出严格的递减趋势，高效协同的城市群发展格局还未完全形成。

从差异来源来看，组内、组间和超变密度的年均贡献率分别为 27.16%、51.47%、21.37%，呈现出"组间高于组内、组内高于超变密度"的分布格局。其中，组间和超变密度的年均贡献率总和超过 72%，远大于组内的贡献率，说明组间差异是黄河流域各地级市资源环境承载力总体差异的主要来源，而组内差异对总体差异的影响相对较小。

在样本期内，超变密度贡献率整体上呈现"上升—下降"交替的波动变化特征，由 2016 年的 24.08% 上升至 2017 年的 28.16%，达到顶峰后，在 2020 年出现最低值 14.97%。超变密度能够反映区域内的交叉重叠状况，与 2016 年比，2020 年的超变密度有所下降，这意味着各地级市资源环境承载力间的差异将会更为明显。

黄河流域及上中下游地区 Dagum 基尼系数的变化趋势，如图 7-11 所示。

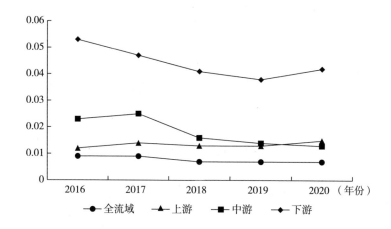

图 7-11　黄河流域及上中下游地区 Dagum 基尼系数变化趋势

从黄河流域整体来看，资源环境承载力的 Dagum 基尼系数在 2016～2019 年小幅下降，这说明资源环境承载力的不平衡问题得到了一定缓解，地区差异正不断缩小。

从各地区来看，相比中游和下游地区，2016～2020 年上游地区 Dagum 基尼系数一直较小且相对平稳，说明上游地区是三大区域中内部不平衡性最小的区域。中游地区的 Dagum 基尼系数在 2016～2020 年呈现出"上升—下降"的变动特征，但整体的不平衡性有所缓解。下游地区的 Dagum 基尼系数在 2016～2020 年呈现出"下降—上升"的变动特征，但整体的不平衡性有所缓解。

图 7-12 描绘了上游与中游地区、上游与下游地区、中游与下游地区之间的 Dagum 基尼系数的变化趋势。由图 7-12 可以看出，各区域之间的资源环境承载力状况存在明显的差异。从整体来看，上游—中游和中游—下游的 Dagum 基尼系数变化趋势较为一致，但中游—下游的 Dagum 基尼系数均高于上游—中游的

Dagum 基尼系数，而上游—下游的 Dagum 基尼系数变化趋势与前两者差异较为明显。

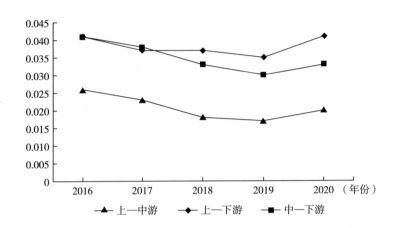

图 7-12　黄河流域上中下游地区间 Dagum 基尼系数的变化趋势

　　分区域来看，①上游—中游的 Dagum 基尼系数呈现出"先减小再上升"的变化特征，整体上呈下降趋势。分阶段来看，2016~2018 年 Dagum 基尼系数呈明显的下降趋势，2018~2019 年下降趋势有所缓解，2019~2020 年出现上升态势，约为 0.02，这意味着上游和下游地区之间的差距正在缩小，区域不平衡问题有所缓解。②中游—下游的 Dagum 基尼系数变化趋势同上游—中游相似，但其始终位于上游—中游之上。总体而言，中游和下游地区之间的差距也正在缩小，区域不平衡问题得到缓解。③上游—下游的 Dagum 基尼系数呈现明显的阶段性特征，按照其变化趋势大致可划分为 2016~2018 年、2018~2019 年、2019~2020 年三个阶段。第一阶段，上游—下游的 Dagum 基尼系数呈现下降趋势，并在 0.037 上下轻微波动；第二阶段其 Dagum 基尼系数继续下降，稳定在 0.035 左右；第三阶段，上游—下游的 Dagum 基尼系数呈上升趋势，其数值与 2016 年相等，稳定在 0.041。这意味着 2016~2019 年上游和下游地区之间的差距有所减小，2019~2020 年差距又开始拉大。另外，2018~2020 年，上游—下游的 Dagum 基尼系数一直大于上游—中游和中游—下游的 Dagum 基尼系数，并 2019~2020 年表现出明显的上升趋势，这意味着上游地区和下游地区之间的差距比较明显，而且上游和下游地区之间的不平衡问题仍在加剧。

本部分进一步对 Dagum 基尼系数进行分解，从而探讨区域间差异的来源。Dagum 基尼系数能够衡量出区域差距的三种来源，包括区域内部的不平衡、区域之间的不平衡及超变密度。

从图 7-13 可以看出，2016～2020 年黄河流域资源环境承载力区域间差异产生的内在机制发生了明显的变化。由图 7-13 可知，2018 年是区域差异来源贡献率变化的分水岭。2018 年前，三种来源的贡献率在不同年份均有增有减。2018年后，三种来源的贡献率开始出现分化，呈现出明显的变化特征。区域之间差异的贡献率呈波动上升趋势，从 2018 年的 53.72% 增加到 2020 年的 59.40%，这意味着区域间差异对黄河流域资源环境承载力整体不平衡的贡献已接近 60%。超变密度贡献率的变化趋势与区域间贡献率的变化趋势相反，呈波动下降趋势，从 2016 年的 24.08% 下降到 2020 年 14.97%，下降超过 9 个百分点。超变密度能够反映区域间的交叉重叠情况，超变密度不断下降，意味着这种交叉重叠情况正逐渐减少，资源环境承载力区域间的差异更为明显。区域内差异贡献率整体上呈下降趋势，从 2016 年的 26.88% 下降到 2020 年的 25.63%，表明区域内差异对黄河流域资源环境承载力整体不平衡的贡献在减少，这也意味着单个区域内的资源环境承载力两极分化现象可能逐渐消失。

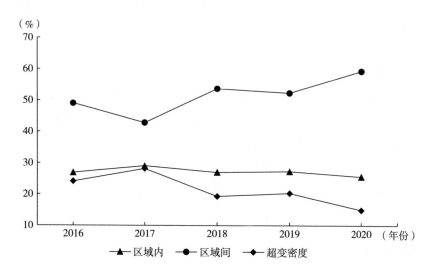

图 7-13　区域差异来源的贡献率变化趋势

第四节　本章结论与启示

一、主要结论

本章基于 2016~2020 年黄河流域八省（区）76 个地级市的数据，构建黄河流域资源环境承载力评价指标体系，测度了黄河流域资源环境承载力水平，并探析其时空分异特征。主要结论如下：

第一，2016~2020 年黄河流域资源环境承载力实现了回升向好的发展态势，上中下游的发展状况呈现出阶梯状分布特征。

第二，2020 年黄河流域地级市资源环境承载力空间分布存在明显的差异，整体呈现以甘肃、山东两省（区）为核心的双核空间特征。

第三，空间全局自相关测度结果显示，黄河流域各省（区）的资源环境承载力差异明显，黄河流域各地级市间资源环境承载力发展整体上呈现出空间正相关关系，资源环境承载力发展水平高的城市周围有较多发展水平高的城市集聚。

第四，黄河流域资源环境承载力耦合协调的结果表明，2016~2020 年黄河流域资源环境承载力内部四大维度子系统彼此相互作用程度不断减弱，黄河流域各流域的耦合协调程度差异较大，各流域均面临"濒临失调"问题。

第五，黄河流域资源环境承载力核密度估计结果显示，2016~2020 年黄河流域资源环境承载力水平呈现增长态势，但 2020 年的核密度峰值有所增大，黄河流域各区域资源环境承载力水平差异程度逐渐增大。

第六，总体基尼系数在 2016~2020 年整体呈现下降趋势，群间差异是黄河流域各地市资源环境承载力水平总体差异的主要来源，而群内差异对总体差异的影响甚微。

二、政策建议

黄河流域生态保护和高质量发展是中华民族伟大复兴和永续发展的千秋大计。黄河流经青海、四川、甘肃、宁夏、内蒙古、山西、陕西、河南和山东 9 个省（区），流域面积 75 万平方千米，是中华文明的主要发祥地，是我国重要的生态屏障、重要的经济地带。中华人民共和国成立以来，国家对黄河流域水土流失与黄河水患进行了长期大规模综合治理，保障了黄河流域生态安全与经济社会发展。因此，提出能够提升黄河流域资源环境承载力的对策建议，对推动黄河流域生态保护和高质量治理具有重要意义。

1. 强化流域系统治理，护佑黄河长久安澜

虽然上述结论表明黄河流域上中下游地区资源环境承载力呈现出上游持续追赶、中下游稳中有进的基本格局，但对黄河流域的治理往往以行政单元为管理边界各自治理，这种割裂式的单元化治理忽略了黄河各流域之间的耦合性和关联性，难以形成推动黄河流域生态保护和高质量发展的整体合力。若需进一步提升各流域资源环境承载力，必须加强黄河流域上中下游地区的相互协同，以便更好地提升流域发展质量。

首先，要提升黄河流域上游地区水源涵养能力。2016~2019年黄河流域上游地区的资源环境承载力稳中有进，但2020年有小幅下降。黄河流域上游地区每年向下游输出264.3亿立方米的清洁水源，生态战略地位突出。要提升黄河流域上游地区的资源环境承载力，必须坚持以三江源、祁连山、甘南黄河上游水源涵养区等为重点，实施一系列重大生态保护修复和建设工程，提升水源涵养能力。

其次，统筹推进黄河流域中游地区水土保持和污染治理能力。黄河流域是全国水土保持工作的重点。其中，从内蒙古河口镇到山西龙门，这一段黄河两岸约11万平方千米的地区，包括陕西、山西和内蒙古三省（区）的42个县（旗），水土流失尤为严重，这块地区是黄河流域水土保持工作的重点和难点。就黄河中上游而言，这块地区是人口比较稠密的地区，有劳动力，并且已经积累了一些控制水土流失的成功经验，这为治理这块地区的水土流失提供了便利条件。

最后，做好黄河三角洲的保护工作。由于干旱等原因，水资源十分短缺，导致黄河三角洲湿地生态系统面临着整体退化的风险。因此，应大力加强黄河下游湿地生态系统的修复工作，保护生物多样性，推进下游河道和滩区环境的综合治理，实施滩区土地综合整治，加强滩区水源和优质土地的保护和修复，构建滩河林田草综合生态空间，促进黄河下游河道生态功能提升和入海口生态环境改善，从而促进河流生态系统健康，增加生物多样性。

2. 各省（区）协同共治，谱写黄河治理大合唱

梳理黄河流经的各省（区）亟待治理的关键问题，建立健全区域生态环境保护协作机制，探索建立跨区域协作模式，推动解决重大共性生态环境问题，对

科学保护黄河流域生态环境、推动流域经济社会高质量发展具有极其重要的意义。

首先，山东、河南两省应继续推进协同治理，加速推进生态保护、修复、治理。山东、河南两省的资源环境承载力基础较好，环境治理成效也十分显著，其资源环境承载力快速提升，提升幅度大于同期流域内其他省份。两省于 2021 年签订了《黄河流域（豫鲁段）横向生态保护补偿协议》，协议实施范围为河南省、山东省黄河干流流域（豫鲁段）。豫鲁段上下游省份搞"对赌"，但赌的不是"营收指标"，而是水质改善情况，意在共同推动黄河干流跨省界断面水质稳中向好，这份协议构建了生态保护与部门、个体自觉之间的关联，是黄河全流域健全"保护责任共担、流域环境共治、生态效益共享"的横向生态补偿机制的应有之义，同时向其他省份共治黄河提供了政策参考。

其次，山西、陕西、内蒙古三省（区）应稳步推进黄河流域生态保护。山西资源环境承载力在黄河流域相对较强，未来应持续推进汾河流域治理，筑牢生态屏障。作为资源、能源大省，下一步山西应强化汾河流域水资源治理，确保减污与增水并重，全流域、全方位、全系统综合施治。陕西省应继续强化黄河流域水土保持、生态修复，加大对黄土高原地区水土流失的控制力度。内蒙古自治区应继续大力开展生态保护和修复，扩大环境容量，加强生物多样性保护。下一步内蒙古自治区应继续强化重要生态空间保护，划定并严守生态保护红线，持续推进天然林保护、"三北"防护林建设等国家重点森林生态系统建设和保护工程。

最后，甘肃应继续提高生态治理水平，青海、宁夏应继续巩固生态优势。甘肃是黄河流域重要的水源涵养区、补给区，承担着黄河上游生态修复、水土保持和污染防治的重任。下一步甘肃应不断提升城市污水处理能力，进一步加大洪道治理力度，大力推进生态湿地修复。青海要把三江源保护作为生态文明建设的重中之重，继续推进国家公园建设，理顺管理体制，创新运行机制，加强监督管理，强化政策支持，探索更多可复制、可推广的经验；要加强雪山冰川、江源流域、湖泊湿地、草原草甸、沙地荒漠等的生态治理、修复，全力推动青藏高原生物多样性保护。

3. 加快产业链提档升级，助力黄河生态优化

加快推进生态文明建设是加快转变经济发展方式、提高发展质量和效益的内在要求，事关"两个一百年"奋斗目标和中华民族伟大复兴中国梦的实现。黄河流域应以推动生态文明建设为首要前提，积极加快产业优化升级，为实现黄河

流域生态保护和经济高质量发展打造强劲引擎。在产业升级的进程中，黄河流域各地级市都要贯彻新发展理念，以供给侧结构性改革为主线，紧抓亟须改变的重点领域，淘汰落后动能，改造提升传统动能建立起清洁安全与高效集约的绿色发展方式，尽快全面实现新旧动能转换，打造出鲁豫引领、晋陕响应、青宁蒙甘川联动的产业发展新格局。

首先，黄河流域各地级市要加快能源化工核心产业链的提档升级，特别是宁夏银川、陕西榆林和内蒙古鄂尔多斯这一"能源金三角"，以及以山西晋城、运城、晋中为核心的传统煤化工产业集群，以吕梁、太原、临汾为核心的焦化深加工产业集群和以长治、阳泉、朔州为核心的现代煤化工产业集群，确保黄河流域对国家能源安全的重要地位。同时把握好传统能源产业和新能源产业发展的两大方向，传统能源产业要注重加大兼并重组和鼓励技术创新，以先进技术为支撑，促进黄河流域走纵向延伸的精深加工路线，并优化横向补链延链工作。新能源产业应实施优先发展战略，推动能源产业实现绿色化转型。

其次，打造富有竞争优势且生态优良的农牧业生产高地。黄河流域上游的河套平原、中游的渭河平原和下游的华北平原，具备土壤肥沃、地势平坦和灌水便利等有利的自然条件，是重要的农业区和商品粮基地。该地区应发挥其比较优势，打造富有竞争优势和与众不同的农牧业生产高地，将绿色发展作为提升农产品生产质量与效率的核心指导理念，随后扩大规模实现规模经济。

最后，鼓励较发达地区将产业集群转移到黄河流域。积极推动黄河流域内各地区承接先进的产业，以产业带动资本、人才和技术等生产要素在黄河流域的聚集，促进黄河流域整体产业升级，增强产业的核心竞争力。

三、创新之处

本章围绕黄河流域资源环境承载力这一关键问题展开了系统研究。主要创新点如下：

1. 研究维度创新

在已有资源环境承载力评价指标体系的基础上，本章以沿黄省（区）资源环境和经济发展的客观实际为依据，以流域在国家层面承担的生态安全重任为基本遵循，以"资源—环境—社会"经济复合系统的协调发展为目标进行综合考察后，从资源禀赋、资源利用、环境压力和环境治理这四个维度出发，构建了黄河流域资源环境承载力的评价指标体系。本章的实证研究结果符合实际情况且效果出色，验证了指标体系的可行性，使研究结果更加准确可靠。

2. 研究内容新颖

近年来，生态文明建设不断被提及，在"绿水青山就是金山银山"理念的推动下，资源环境承载力的测度，以及资源、环境、社会经济的可持续利用成为关注重点，本章以黄河流域为研究对象，评估资源环境承载力及其现状，有利于黄河流域的可持续发展。

3. 研究方法创新

截至目前，关于资源环境承载力的研究成果颇多，但大多数研究主要集中在对资源环境的定性评价上，学术界关于黄河流域资源环境承载力的实证性研究较少。本章在对黄河流域资源环境承载力进行测算和综合评价时，采用层次分析法和熵值法相结合的方法对指标体系进行组合赋权，对黄河流域上中下游地区的资源环境承载力进行更精准的测度，并有针对性地给出黄河流域资源环境可持续发展的对策建议，这对于把握黄河流域资源环境承载力现状，促进黄河流域资源环境承载力稳步提升，推动黄河流域产业群高质量发展意义重大。

四、不足与展望

本章从资源禀赋、资源利用、环境压力和环境治理四个方面对黄河流域资源环境承载力进行评价研究，对黄河流域产业群的高质量发展具有一定的指导意义。本章在研究的过程中仍存在一些不足，在日后的研究中需要从以下几个方面继续完善：

（1）选取的评价指标直接影响着评价的结果，因此评价指标的选取是否科学、合理和恰当显得尤为重要。本章从资源禀赋、资源利用、环境压力和环境治理四个维度构建了黄河流域资源环境承载力评价指标体系，共包括 13 项指标。由于部分指标数据无法获取，部分更能反映黄河流域资源环境承载力情况的指标未能列入，因此在一定程度上影响了测算结果。在未来研究中，可以考虑运用大数据、遥感等技术收集更有价值的数据。

（2）本章仅对 2016~2020 年的黄河流域资源环境承载力进行了评价，选取的时间段仅能反映"十三五"时期的情况。我国黄河流域生态环境保护从中华人民共和国成立以来已有 74 年，希望以后的研究能够延伸时间序列，可以从更早的时间开始研究黄河流域的资源环境承载力，那样将会得到一个更加完整的黄河流域资源环境承载力随时间变化的规律。

参考文献

[1] Chen Y P, Fu B J, Zhao Y, et al. Sustainable development in the Yellow River Basin: Issues and strategies [J]. Journal of Cleaner Production, 2020, 263: 121223.

[2] Dagum C. A new decomposition of the Gini income inequality ratio [J]. Empirical Economics, 1997 (4): 515-531.

[3] Dagum C. Decomposition and interpretation of Gini and the generalized entropy inequality measures [J]. Statistica, 1997, 57 (3): 295-308.

[4] Hui E C M, Wu Y, Deng L, et al. Analysis on coupling relationship of urban scale and intensive use of land in China [J]. Cities, 2015, 42: 63-69.

[5] Lan H, Peng J, Zhu Y, et al. Research on geological and surfacial processes and major disaster effects in the Yellow River Basin [J]. Science China Earth Sciences, 2022, 65 (2): 234-256.

[6] Liu K, Qiao Y, Shi T, et al. Study on coupling coordination and spatiotemporal heterogeneity between economic development and ecological environment of cities along the Yellow River Basin [J]. Environmental Science and Popilation Research, 2021, 28: 6898-6912.

[7] Rey S J, Montouri B. D. US regional income convergence: A spatial econometric perspective [J]. Regional studies, 1999, 33 (2): 143-156.

[8] Thomas L Saaty. The U. S. -OPEC energy conflict the payoff matrix by the Analytic Hierarchy Process [J]. International Journal of Game Theory, 1979 (4): 225-234.

[9] Tobler W R. A computer movie simulating urban growth in the Detroit region [J]. Economic Geography, 1970, 46 (Sup1): 234-240.

［10］ Wang K F, Xu M, Chen X M. The comprehensive evaluation on resource environmental bearing capacity of central cities in the Yellow River Delta-A case study on Dongying City ［J］. Journal of Groundwater Science and Engineering, 2017, 5 (4): 354-363.

［11］ Wang K F, Xu M. The Study of the Resource-Environmental Carring Capacity in the Yellow River Delta ［J］. Advances in Engineering Research, 2017, 114: 545-548.

［12］ Zhang H, Sun Y, Zhang W, et al. Comprehensive evaluation of the eco-environmental vulnerability in the Yellow River Delta wetland ［J］. Ecological Indicators, 2021, 125 (3): 107514.

［13］ Zhao J H, Xiu H R, Wang M, et al. Construction of evaluation index system of green development in the Yellow River basin based on DPSIR model ［J］. Earth and Environmental Science. IOP Publishing, 2020, 510 (3): 032033.

［14］ Zhao K, Zhang R, Liu H, et al. Resource endowment, industrial structure, and green development of the Yellow River Basin ［J］. Sustainability, 2021, 13 (8): 4530.

［15］ Zhao Y, Hou P, Jiang J, et al. Coordination study on ecological and economic coupling of the Yellow River basin ［J］. International Journal of Environmental Research and Public Health, 2021, 18 (20): 10664.

［16］ Zhu M, Tang H, Elahi E, et al. Spatial-temporal changes and influencing factors of ecological protection levels in the middle and lower reaches of the yellow river ［J］. Sustainability, 2022, 14 (22): 14888.

［17］ 柏梦婷, 吕秀芬. 乡村振兴背景下我国农业产业高质量发展路径探析 ［J］. 甘肃农业, 2023, 548 (2): 10-13.

［18］ 曹政. 陕西省区域经济时空分异及其影响机制的多尺度分析 ［D］. 西安: 西北大学, 2022.

［19］ 车明佳, 赵彦云. 中国工业高质量发展生态及指数分析 ［J］. 山西财经大学学报, 2021, 43 (4): 1-16.

［20］ 陈海霞. 黄河流域数字经济发展现状及路径 ［J］. 濮阳职业技术学院学报, 2022, 35 (2): 11-14.

［21］ 陈景华, 徐金. 中国现代服务业高质量发展的空间分异及趋势演进

［J］. 华东经济管理，2021，35（11）：61-76.

［22］陈明华，刘玉鑫，刘文斐，等. 中国城市民生发展的区域差异测度、来源分解与形成机理［J］. 统计研究，2020，37（5）：54-67.

［23］陈明华，王山，刘文斐. 黄河流域生态效率及其提升路径——基于100个城市的实证研究［J］. 中国人口科学，2020，199（4）：46-58，127.

［24］陈明华，王哲，李倩，等. 黄河流域高质量发展的不平衡不充分测度及成因［J］. 当代经济研究，2022，325（9）：57-70.

［25］陈明华，王哲，谢琳霄，等. 中国中部地区高质量发展的时空演变及形成机理［J］. 地理学报，2023，78（4）：859-876.

［26］陈少炜，肖文杰. 黄河流域高质量发展与生态福利绩效耦合协调分析［J］. 人民黄河，2022，44（12）：1-6，24.

［27］陈肖飞，杜景新，李元为，等. 高质量发展视角下黄河流域城市网络的结构演变与影响因素研究［J］. 人文地理，2023，38（1）：87-96.

［28］程蕾，陈吕军，田金平，等. "以水定产"驱动的黄河流域可持续水管理策略研究［J］. 中国工程科学，2023，25（1）：187-197.

［29］迟宏杰. 黄河流域经济高质量发展的评价研究［D］. 兰州：兰州财经大学，2021.

［30］崔木花. 中原城市群9市城镇化与生态环境耦合协调关系［J］. 经济地理，2015，35（7）：72-78.

［31］崔盼盼，赵媛，夏四友，等. 黄河流域生态环境与高质量发展测度及时空耦合特征［J］. 经济地理，2020，40（5）：49-57，80.

［32］刁姝杰，匡海波，李泽，等. 港口发展对经济开放的空间溢出效应研究——基于两区制空间 Durbin 模型的实证分析［J］. 管理评论，2021，33（1）：54-67.

［33］董艳敏，严奉宪. 中国农业高质量发展的时空特征与协调度［J］. 浙江农业学报，2021，33（1）：170-182.

［34］杜宇，黄成，吴传清. 长江经济带工业高质量发展指数的时空格局演变［J］. 经济地理，2020，40（8）：96-103.

［35］段鑫，陈亮. 产业结构升级对黄河流域资源型城市经济高质量发展的影响研究［J］. 生态经济，2023，39（2）：92-99.

［36］方琳娜，尹昌斌，方正，等. 黄河流域农业高质量发展推进路径

［J］. 中国农业资源与区划，2021，42（12）：16-22.

［37］封志明，杨艳昭，闫慧敏，等. 百年来的资源环境承载力研究：从理论到实践［J］. 资源科学，2017，39（3）：379-395.

［38］冯飞，吴明阳. 科技创新与产业结构升级促进黄河流域经济高质量发展的内在机制研究［J］. 人民黄河，2023，45（1）：13-18.

［39］付晨玉，杨艳琳. 中国工业化进程中的产业发展质量测度与评价［J］. 数量经济技术经济研究，2020，37（3）：3-25.

［40］高泉涌. 工业产业高质量发展赋能中国式现代化的作用机理与实施路径［J］. 塑料科技，2023，51（12）：125-128.

［41］高雪，尹朝静. 新发展理念下的中国农业高质量发展水平测度与评价研究［J］. 中国农业资源与区划，2023，44（1）：75-83.

［42］高玉玲，张军献，崔树彬. 流域能源化工有色金属工业与黄河水质研究［J］. 人民黄河，2002（7）：21-23.

［43］顾晋饴，田世民，梁帅. 黄河流域生态保护和高质量发展的资源要素及其法制保障［J］. 人民黄河，2022，44（S1）：1-4.

［44］郭冲冲，马少晔. 我国服务业发展对城镇化的影响——基于西部地区的实证研究［J］. 商业经济研究，2016，695（4）：147-149.

［45］郭晗. 黄河流域高质量发展中的可持续发展与生态环境保护［J］. 人文杂志，2020，285（1）：17-21.

［46］郭晗，胡晨园. 黄河流域生态环境保护与工业经济高质量发展：耦合测度与时空演化［J］. 宁夏社会科学，2022，236（6）：132-142.

［47］郭吉涛，骆更岩. 税收负担如何影响企业高质量发展：基于企业数字化转型的调节效应［J］. 深圳大学学报（人文社会科学版），2023，40（4）：65-75.

［48］郭郡郡，刘玉萍. 中国农业高质量发展的时空差异与动态演进［J］. 生态经济，2022，38（10）：102-110.

［49］郭力，程一凡，朱坤林. 黄河流域城市生态效率时空分异特征及其影响机制——基于沿黄34城市的实证［J］. 生态经济，2023，39（3）：101-108，116.

［50］郭庆旺. 罗伯特·索洛的长期经济增长模型评述［J］. 世界经济研究，1988（3）：74-78.

［51］韩喜平，马晨钤．深刻理解高质量发展是全面建设社会主义现代化国家的首要任务［J］．广西师范大学学报（哲学社会科学版），2023，59（1）：1-7.

［52］郝金连，王利，孙根年，等．黄河流域高质量发展空间格局演进——基于新发展理念视角［J］．中国沙漠，2022，42（6）：266-276.

［53］郝宪印，邵帅．黄河流域生态保护和高质量发展的驱动逻辑与实现路径［J］．山东社会科学，2022（1）：30-38.

［54］贺辉．论黄河流域高质量发展之生态补偿机制优化［J］．人民黄河，2022，44（8）：13-16.

［55］侯冠宇．营商环境赋能工业高质量发展：影响因素与提升路径［J］．理论月刊，2023（11）：85-97.

［56］胡芮．黄河流域产业协同集聚对高质量发展的影响研究［D］．兰州：兰州财经大学，2022.

［57］黄德春，林欣，贺正齐．黄河流域经济高质量发展与水资源消耗脱钩关系研究［J］．经济与管理评论，2022，38（3）：25-37.

［58］黄燕芬，张志开，杨宜勇．协同治理视域下黄河流域生态保护和高质量发展——欧洲莱茵河流域治理的经验和启示［J］．中州学刊，2020，278（2）：18-25.

［59］黄占平，王仕海．基于可持续发展理念探索土地开发利用与水土流失的防治［J］．环境工程，2023，41（8）：376-377.

［60］江红莉，何建敏．区域经济与生态环境系统动态耦合协调发展研究［J］．软科学，2010，24（3）：14-19.

［61］江激宇，倪婷，佟大建，等．大学农业科技推广对农业高质量发展的影响：基于新农村发展研究院建设的准自然实验［J］．科技管理研究，2022，42（20）：96-104.

［62］姜长云，盛朝迅，张义博．黄河流域产业转型升级与绿色发展研究［J］．学术界，2019，258（11）：68-82.

［63］矫健，聂雁蓉，张仙梅，等．加快推进都市农业高质量发展对策研究——基于成都市对标评价［J］．中国农业资源与区划，2020，41（7）：201-206.

［64］金凤君，马丽，许堞．黄河流域产业发展对生态环境的胁迫诊断与优化路径识别［J］．资源科学，2020，42（1）：127-136.

［65］巨虹，李同昇，翟洲燕．基于 ETFP 的黄河流域工业高质量发展水平时空分异研究［J］．资源科学，2020，42（6）：1099-1109.

［66］康艳青，李春荷，朱永明．黄河流域城市群高质量发展评估与空间分异研究［J］．生态经济，2023，39（2）：86-91.

［67］黎新伍，徐书彬．基于新发展理念的农业高质量发展水平测度及其空间分布特征研究［J］．江西财经大学学报，2020（6）：78-94.

［68］李本庆，岳宏志．数字经济赋能农业高质量发展：理论逻辑与实证检验［J］．江西财经大学学报，2022，144（6）：95-107.

［69］李本庆，周清香，岳宏志．生产性服务业集聚能否助推黄河流域城市高质量发展？［J］．经济经纬，2022，39（2）：88-98.

［70］李标，孙琨．新时代中国工业高质量发展的理论框架与水平测度研究［J］．社会科学研究，2022，260（3）：73-83.

［71］李菲菲，蔡威熙．黄河流域农业生态效率时空差异分析［J］．科技与经济，2022，35（5）：51-55.

［72］李红梅，刘波，袁琴，等．长江沿线（宜昌—荆州段）资源环境承载力评价指标体系与实证研究［J］．资源环境与工程，2020，34（S2）：78-82，117.

［73］李嘉豪，于婧，任凯，等．黄河流域特色农业发展路径探析［J］．广东蚕业，2022，56（6）：113-115.

［74］李金铠，汪文翔，孟慧红，等．生态承载力视角下黄河流域开发区演变趋势及产业集聚特征研究［J］．人民黄河，2022，44（8）：109-113，118.

［75］李蕾，张其仔．"十四五"黄河流域产业竞争力提升的方向和路径［J］．中国发展观察，2021，263（11）：23-25.

［76］李林山，赵宏波，郭付友，等．黄河流域城市群产业高质量发展时空格局演变研究［J］．地理科学，2021，41（10）：1751-1762.

［77］李敏纳，蔡舒，张慧蓉，等．要素禀赋与黄河流域经济空间分异研究［J］．经济地理，2011，31（1）：14-20.

［78］李帅，魏虹，倪细炉，等．基于层次分析法和熵权法的宁夏城市人居环境质量评价［J］．应用生态学报，2014，25（9）：2700-2708.

［79］李文启，赵家未．黄河流域农业生态效率与绿色全要素生产率耦合协调研究［J］．生态经济，2022，38（5）：121-128，168.

［80］李宜馨．黄河文化与黄河文明体系构建浅议［J］．中州学刊，2022，312（12）：146-149.

［81］李玉文，徐中民，王勇，等．环境库兹涅茨曲线研究进展［J］．中国人口·资源与环境，2005，15（5）：7-14.

［82］李豫新，曹梦渊．黄河流域城市综合承载力时空演进及影响因素研究［J］．生态经济，2022，38（12）：72-81，88.

［83］李治国，霍冉，周行．数字经济、能源生产率与高质量发展——基于黄河流域面板数据的实证研究［J］．河南师范大学学报（自然科学版），2023，51（2）：32-44.

［84］刘波，龙如银，朱传耿，等．江苏省海洋经济高质量发展水平评价［J］．经济地理，2020，40（8）：104-113.

［85］刘建华，黄亮朝，左其亭．黄河流域生态保护和高质量发展协同推进准则及量化研究［J］．人民黄河，2020，42（9）：26-33.

［86］刘娇妹，王刚，付晓娣，等．黄河流域河南段生态保护和高质量发展评价研究［J］．人民黄河，2023：45（7）：7-13.

［87］刘洁．黄河流域旅游业高质量发展评价指标体系构建与实证研究［D］．南宁：广西大学，2021.

［88］刘金花，李向，郑新奇．多尺度视角下资源环境承载力评价及其空间特征分析——以济南市为例［J］．地域研究与开发，2019，38（4）：115-121.

［89］刘琳轲，梁流涛，高攀，等．黄河流域生态保护与高质量发展的耦合关系及交互响应［J］．自然资源学报，2021，36（1）：176-195.

［90］刘若江，金博，贺姣姣．黄河流域绿色发展战略及其实现机制研究［J］．西安财经大学学报，2022，35（1）：15-27.

［91］刘潭，徐璋勇．黄河流域经济发展、绿色创新与生态环境的协同演变［J］．统计与决策，2022，38（14）：105-109.

［92］刘烜，孙斌，薛建春，等．耦合协调视角下黄河流域城市群一体化发展研究［J］．资源开发与市场，2023，39（4）：435-443.

［93］刘洋，马静．黄河流域中心城市高质量发展空间网络结构特征分析［J］．生态经济，2023，39（3）：109-116.

［94］刘颖鑫．科技服务业视角下的黄河流域绿色全要素生产率——基于空间面板计量的研究［D］．哈尔滨：哈尔滨工业大学，2021.

［95］刘志仁，王嘉奇．黄河流域政府生态环境保护责任的立法规定与践行研究［J］．中国软科学，2022，375（3）：47-57．

［96］鲁钊阳，杜雨潼．数字经济赋能农业高质量发展的实证研究［J］．中国流通经济，2022，36（11）：3-14．

［97］马程，周武忠．关于黄河流域城乡融合发展的思考［J］．中国名城，2021，35（2）：1-6．

［98］马丽，田华征，康蕾．黄河流域矿产资源开发的生态环境影响与空间管控路径［J］．资源科学，2020，42（1）：137-149．

［99］马永伟．工匠精神促进制造业高质量发展的实证研究——基于中国省域制造业工匠精神指数测度的数据检验［J］．河南师范大学学报（哲学社会科学版），2022，49（4）：75-82．

［100］马中东，周桐桐，高建刚．数字经济对黄河流域制造业绿色全要素生产率的影响研究［J］．人民黄河，2023，45（4）：6-12，34．

［101］孟琳琳．黄河流域生产性服务业发展水平时空格局及影响因素分析［D］．开封：河南大学，2021．

［102］苗长虹．黄河流域城市群基本特征与高质量发展路径［J］．人民论坛·学术前沿，2022，254（22）：62-69．

［103］牟牧戈，穆兰，汤鹤延．黄河流域水贫困评价及时空分异特征研究［J］．人民黄河，2023，45（3）：73-78．

［104］宁朝山，李绍东．黄河流域生态保护与经济发展协同度动态评价［J］．人民黄河，2020，42（12）：1-6．

［105］牛家儒．论黄河流域文化的保护传承和合理利用［J］．中国市场，2021（6）：1-4．

［106］彭再德，杨凯，王云．区域环境承载力研究方法初探［J］．中国环境科学，1996（1）：6-10．

［107］曲立，王璐，季桓永．中国区域制造业高质量发展测度分析［J］．数量经济技术经济研究，2021，38（9）：45-61．

［108］任保平．黄河流域高质量发展的特殊性及其模式选择［J］．人文杂志，2020（1）：1-4．

［109］任保平，豆渊博．碳中和目标下黄河流域产业结构调整的制约因素及其路径［J］．内蒙古社会科学，2022，43（1）：2，121-127．

[110] 任保平，杜宇翔．黄河流域高质量发展背景下产业生态化转型的路径与政策 [J]．人民黄河，2022，44（3）：5-10．

[111] 任保平，杜宇翔．黄河流域经济增长—产业发展—生态环境的耦合协同关系 [J]．中国人口·资源与环境，2021，31（2）：119-129．

[112] 任保平，巩羽浩．数字经济助推黄河流域高质量发展的路径与政策 [J]．经济问题，2023，522（2）：15-22．

[113] 任保平，邹起浩．黄河流域环境承载力的评价及进一步提升的政策取向 [J]．西北大学学报（自然科学版），2021，51（5）：824-838．

[114] 尚梅，尹洁，杨晴．中国工业高质量发展的空间网络结构研究 [J/OL]．西安理工大学学报：1-11 [2024-01-31]．

[115] 尚勇敏，王振．长江经济带城市资源环境承载力评价及影响因素 [J]．上海经济研究，2019，370（7）：14-25，44．

[116] 师博，范丹娜．黄河中上游西北地区生态环境保护与城市经济高质量发展耦合协调研究 [J]．宁夏社会科学，2022，234（4）：126-135．

[117] 师博，何璐．黄河流域城市高质量发展的动态演进与区域分化 [J]．经济与管理评论，2021，37（6）：15-25．

[118] 师博，何璐，张文明．黄河流域城市经济高质量发展的动态演进及趋势预测 [J]．经济问题，2021（1）：1-8．

[119] 石涛．黄河流域生态保护与经济高质量发展耦合协调度及空间网络效应 [J]．区域经济评论，2020，45（3）：25-34．

[120] 史歌．高质量发展背景下黄河流域生态补偿机制的建设思路 [J]．经济与管理评论，2023，39（2）：49-58．

[121] 侍旭，李万斌．能源消费与工业发展动态关系研究 [J]．统计与决策，2022，38（7）：127-130．

[122] 宋洁．新发展格局下黄河流域高质量发展"内外循环"建设的逻辑与路径 [J]．当代经济管理，2021，43（7）：69-76．

[123] 孙继琼．黄河流域生态保护与高质量发展的耦合协调：评价与趋势 [J]．财经科学，2021，396（3）：106-118．

[124] 汤婧，夏杰长．我国服务贸易高质量发展评价指标体系的构建与实施路径 [J]．北京工业大学学报（社会科学版），2020，20（5）：47-57．

[125] 田时中，余盼盼．创新要素流动、税制结构与制造业高质量发展

［J］. 工业技术经济，2023，42（7）：123-132.

［126］万丽. "双循环"背景下广州外贸高质量发展的对策分析［J］. 对外经贸实务，2022，401（6）：80-85.

［127］王成亮，李玮琦，韦雪岩. 黄河流域产业投入服务化的水平测度及特征研究［J］. 宁夏社会科学，2021（4）：43-54.

［128］王东波，张海莹，宋保胜. 黄河流域农业生态效率评价与比较分析［J］. 安徽农学通报，2022，28（2）：141-144.

［129］王海江，苗长虹，乔旭宁. 黄河经济带中心城市服务能力的空间格局［J］. 经济地理，2017，37（7）：33-39.

［130］王金南，秦昌波，苏洁琼，等. 美丽中国建设目标指标体系设计与应用［J］. 环境保护，2022，50（8）：12-17.

［131］王珏，吕德胜. 数字经济能否促进黄河流域高质量发展——基于产业结构升级视角［J］. 西北大学学报（哲学社会科学版），2022，52（6）：120-136.

［132］王琳，吕萍，贾峤. 基于熵值法的农业经济高质量发展评价研究——以辽宁省为例［J］. 农业经济，2023，430（2）：3-6.

［133］王瑞芳. 从黄河安澜看新中国的水利建设成就［J］. 江西社会科学，2021，41（7）：128-135.

［134］王韶华，王菲，张伟. 中国工业高质量发展水平双维测度与分布动态演进分析［J］. 地理与地理信息科学，2023，39（3）：77-85.

［135］王少剑，高爽，黄永源，等. 基于超效率SBM模型的中国城市碳排放绩效时空演变格局及预测［J］. 地理学报，2020，75（6）：1316-1330.

［136］王艳，雷淑珍. 黄河流域资源环境承载力评价研究［J］. 人民黄河，2022，44（8）：17-21，33.

［137］文玉钊，李小建，刘帅宾. 黄河流域高质量发展：比较优势发挥与路径重塑［J］. 区域经济评论，2021，50（2）：70-82.

［138］吴碧瑶，马志鹏，荆嘉诚，等. 江西省普惠金融发展的区域差异与动态演进［J］. 南昌工程学院学报，2023，42（1）：110-118.

［139］吴凤娇，王伟. 长三角城市群经济高质量发展水平差异及动态演进——基于Dagum基尼系数的测算与分解［J］. 池州学院学报，2022，36（3）：63-67.

［140］吴慧，上官绪明. 环境规制和产业升级对黄河流域经济高质量发展的

影响〔J〕. 人民黄河, 2021, 43 (9): 14-19.

〔141〕伍中信, 陈放. 基于新发展理念的高质量发展评价指标体系构建〔J〕. 会计之友, 2022, 681 (9): 146-150.

〔142〕夏军. 水资源安全的度量: 水资源承载力的研究与挑战 (一)〔J〕. 海河水利, 2002 (2): 5-7.

〔143〕向玲凛. 西部制造业发展动态及其高质量发展水平评价〔J〕. 统计与决策, 2023 (2): 120-124.

〔144〕辛岭, 安晓宁. 我国农业高质量发展评价体系构建与测度分析〔J〕. 经济纵横, 2019 (5): 109-118.

〔145〕徐呈呈, 胡蔚, 张晓妮. 西安市都市农业高质量发展评价及对策研究〔J〕. 中国农业资源与区划, 2023, 44 (7): 248-258.

〔146〕徐峰, 李想, 舒畅, 等. 黄河流域生态效率时空分异特征及其影响因素研究〔J〕. 中国环境管理, 2022, 14 (5): 70-78.

〔147〕徐福祥, 徐浩, 刘艳芬, 等. 黄河流域九省 (区) 生态保护和高质量发展治理水平测度与评价〔J〕. 人民黄河, 2022, 44 (6): 11-15.

〔148〕徐辉, 师诺, 武玲玲, 等. 黄河流域高质量发展水平测度及其时空演变〔J〕. 资源科学, 2020, 42 (1): 115-126.

〔149〕徐唯燊. 黄河流域建设特色优势现代产业体系研究〔J〕. 北方经济, 2022 (6): 7-10.

〔150〕徐维祥, 张凌燕, 刘程军, 等. 城市功能与区域创新耦合协调的空间联系研究——以长江经济带 107 个城市为实证〔J〕. 地理科学, 2017, 37 (11): 1659-1667.

〔151〕许光清, 邓旭, 陈晓玉. 制造业转型升级与经济高质量发展——基于全要素能源效率的研究〔J〕. 经济理论与经济管理, 2020 (12): 100-110.

〔152〕许宪春, 郑正喜, 张钟文. 中国平衡发展状况及对策研究——基于"清华大学中国平衡发展指数"的综合分析〔J〕. 管理世界, 2019, 35 (5): 15-28.

〔153〕薛选登, 温圆月. 黄河流域农业产业集聚对农业生态效率的影响——基于 PCA-DEA 和面板 Tobit 模型的实证研究〔J〕. 中国农业资源与区划, 2023, 44 (7): 150-160.

〔154〕杨东阳, 张晗, 苗长虹, 等. 黄河流域生态效率与产业结构转型驱动

作用研究［J］. 河南师范大学学报（自然科学版），2023（1）：1-11，171.

［155］杨华. 黄河流域农业高质量发展水平的时空格局与影响因素［D］. 西安：西北大学，2021.

［156］杨慧芳，张合林. 黄河流域生态保护与经济高质量发展耦合协调关系评价［J］. 统计与决策，2022，38（11）：114-119.

［157］杨丽娜，何星，姚秋昇，等. 区县资源环境承载力评价指标体系构建及主导限制性因素识别［J］. 国土资源科技管理，2020，37（5）：1-12.

［158］杨孟阳，唐晓彬. 数字金融与经济高质量发展的耦合协调度评价［J］. 统计与决策，2023，39（3）：126-130.

［159］杨威，郑腾飞. 加快破解五大障碍深入推进黄河流域制造业高质量发展［J］. 中国经贸导刊，2022（6）：73-76.

［160］杨昕蕾，凡启兵. 黄河流域农业生态效率测度及影响因素分析［J］. 湖南农业科学，2022，446（11）：96-100，106.

［161］杨燕燕，王永瑜，韩君. 新发展理念下黄河流域生态效率测度及空间异质性研究［J］. 统计与决策，2021，37（24）：110-114.

［162］杨屹，杨凤仪，蔡梓萱. 黄河流域城市群资源环境承载力演变特征及驱动因素研究——以关中平原城市群为例［J］. 环境科学学报，2022，42（2）：476-485.

［163］杨永春，穆焱杰，张薇. 黄河流域高质量发展的基本条件与核心策略［J］. 资源科学，2020，42（3）：409-423.

［164］杨永春，张旭东，穆焱杰，等. 黄河上游生态保护与高质量发展的基本逻辑及关键对策［J］. 经济地理，2020，40（6）：9-20.

［165］杨越，李瑶，陈玲. 讲好"黄河故事"：黄河文化保护的创新思路［J］. 中国人口·资源与环境，2020，30（12）：8-16.

［166］于法稳，林珊，王广梁. 黄河流域县域生态治理的重点领域及对策研究［J］. 中国软科学，2023，386（2）：104-114.

［167］于卓熙，李思琦，祝志川. 我国营商环境发展水平及其区域差异与收敛性［J］. 统计与决策，2022，38（19）：45-50.

［168］余红伟，林子祥，胡力元等. 高质量发展下中国工业企业碳减排路径选择［J］. 中国软科学，2024（1）：214-224.

［169］袁培，周颖. 黄河流域农业生态效率的时空演变及改善路径研究

［J］. 生态经济，2021，37（11）：98-105.

［170］曾刚，胡森林. 技术创新对黄河流域城市绿色发展的影响研究［J］. 地理科学，2021，41（8）：1314-1323.

［171］曾庆均，王纯，张晴云. 生产性服务业集聚与区域创新效率的空间效应研究［J］. 软科学，2019，33（1）：24-28.

［172］曾维华，王华东，薛纪渝，等. 人口、资源与环境协调发展关键问题之一——环境承载力研究［J］. 中国人口·资源与环境，1991（2）：33-37.

［173］曾小春，李随成，史官清，等. "双碳"目标背景下基于熵权 TOP-SIS 法的区域农业高质量发展水平综合评价——基于变化速度特征视角［J］. 浙江农业学报，2023，35（4）：962-972.

［174］张超，钟昌标. 中国区域协调发展测度及影响因素分析——基于八大综合经济区视角［J］. 华东经济管理，2020，34（6）：64-72.

［175］张顿，曾绍伦. 工业经济高质量发展与区域生态环境保护耦合协调研究——以贵州为例［J］. 生态经济，2023，39（11）：148-155.

［176］张国兴，霍晓楠. 可持续发展政策促进资源型城市绿色发展了吗？——来自黄河流域的证据［J］. 创新科技，2023，23（2）：46-55.

［177］张海男. 生产性服务业集聚对黄河流域经济高质量发展的影响研究［D］. 兰州：兰州财经大学，2021.

［178］张建涛，隋鑫. 环境规制、技术创新与工业高质量发展——基于中国省际面板数据的分析［J］. 技术经济与管理研究，2023（1）：8-13.

［179］张明志，刘红玉，李兆丞，等. 中国服务业高质量发展评价与实现路径［J］. 重庆工商大学学报（社会科学版），2022，39（3）：24-37.

［180］张明志，王新培，郇馥莹. 生产性服务业集聚与黄河流域减碳增效：基于碳排放效率的核算分析视角［J］. 软科学，2023，37（12）：65-72.

［181］张娜，郭爱君. 服务业集聚对黄河流域城市绿色经济效率的影响研究［J］. 城市问题，2022，321（4）：35-44，86.

［182］张瑞，王格宜，孙夏令. 财政分权、产业结构与黄河流域高质量发展［J］. 经济问题，2020，493（9）：1-11.

［183］张守凤，孟伟，赵芳. 黄河流域产业结构升级的就业效应研究［J］. 济南大学学报（社会科学版），2022，32（6）：102-113.

［184］张伟丽，王伊斌，李金晓，等. 黄河流域生态保护与经济高质量发展

耦合协调网络分析［J］．生态经济，2022，38（10）：179-189.

［185］张伟丽，魏瑞博，王伊斌，等．黄河流域经济高质量发展趋同俱乐部空间格局及演变［J］．生态经济，2023，39（4）：58-66，88.

［186］张晓昱，李玉璞，左其亭．黄河流域高质量发展水平时空格局及影响因素研究［J］．人民黄河，2022，44（12）：7-11.

［187］张筱雨．生态银行在流域生态补偿机制中的应用——以黄河流域为例［J］．财会通讯，2022，896（12）：155-160.

［188］张永姣，王耀辉．基于省际贸易隐含碳排放视角的流域生态补偿测算——以黄河流域为例［J］．生态经济，2023，39（2）：26-33.

［189］张有生，苏铭，田智宇．加快黄河流域能源基地转型发展［J］．宏观经济管理，2022，463（5）：38-45，51.

［190］张卓群，陈瑶，单菁菁．低碳城市试点政策对商贸流通产业的影响——以黄河流域为例［J］．商业经济研究，2022，853（18）：5-8.

［191］赵建吉，展瑞，王晏．黄河流域工业绿色发展效率时空格局与影响因素研究［J］．人民黄河，2022，44（09）：56-63，94.

［192］赵建伟，彭成圆，王宾．数字经济与制造业高质量发展耦合协调关系研究——基于江苏省面板数据的实证分析［J］．价格理论与实践，2023（5）：98-102.

［193］赵敏，夏同水，马宗国．黄河流域生态保护和农业产业高质量发展评价研究［J］．长江流域资源与环境，2022，31（9）：2096-2107.

［194］赵瑞，申玉铭．黄河流域服务业高质量发展探析［J］．经济地理，2020，40（6）：21-29.

［195］赵涛，张智，梁上坤．数字经济、创业活跃度与高质量发展——来自中国城市的经验证据［J］．管理世界，2020，36（10）：65-76.

［196］钟顺昌，邵佳辉．黄河流域创新发展的分布动态、空间差异及收敛性研究［J］．数量经济技术经济研究，2022，39（5）：25-46.

［197］周成，赵亚玲，张旭红，等．黄河流域城市生态韧性与效率时空演化特征及协调发展分析［J］．干旱区地理，2023，46（9）：1514-1523.

［198］周清香，何爱平．环境规制能否助推黄河流域高质量发展［J］．财经科学，2020，387（6）：89-104.

［199］周清香，李仙娥．数字经济与农业高质量发展：内在机理与实证分析［J］．经济体制改革，2022，237（6）：82-89.